让你爱得明白的婚恋心理学

牧之◎著

新时代男女必修的爱的觉醒课

立信会计出版社
LIXIN ACCOUNTING PUBLISHING HOUSE

图书在版编目（CIP）数据

让你爱得明白的婚恋心理学 / 牧之著. -- 上海:
立信会计出版社, 2015.3
（去梯言）
ISBN 978-7-5429-4494-8
Ⅰ.①让… Ⅱ.①牧… Ⅲ.①婚姻－社会心理学－通俗读物②恋爱心理学－通俗读物 Ⅳ.①C913.1-49
中国版本图书馆CIP数据核字（2015）第006644号

策划编辑 蔡伟莉
责任编辑 蔡伟莉 何颖颖
封面设计 久品轩

让你爱得明白的婚恋心理学

出版发行 立信会计出版社
地　　址 上海市中山西路2230号　　邮政编码 200235
电　　话 （021）64411389　　传　　真 （021）64411325
网　　址 www.lixinaph.com　　电子邮箱 lxaph@sh163.net
网上书店 www.shlx.net　　电　　话 （021）64411071
经　　销 各地新华书店

印　　刷 固安县保利达印务有限公司
开　　本 720毫米×1000毫米 1/16
印　　张 20　　插　　页 1
字　　数 285千字
版　　次 2015年3月第1版
印　　次 2015年3月第1次
书　　号 ISBN 978-7-5429-4494-8/C
定　　价 36.00元

前　言

男人和女人，都渴望甜蜜的爱情，向往美妙的婚姻，憧憬幸福的未来。男人和女人都将婚恋看成是自己一生中的头等大事，寻寻觅觅，用心寻找一生的真爱和幸福。恋爱中的男女海誓山盟，难舍难分，感觉彼此是天造地设的一对，如同生活在一个世外桃源的真空世界里。可是一旦双方牵手，迈进婚姻的殿堂，走进婚姻的围城，便出现了婚前婚后两重天的局面。原先双方眼中完美的你我，变得不再可爱，彼此身上各自的缺陷和弱点不断暴露。双方感到难以容忍对方，矛盾不断扩大，战争持续升级，婚前的甜言蜜语变成了争吵指责，婚前的似水柔情变成了怒火怨恨，一对心心相印的恩爱情侣变成了貌合神离的陌路夫妻，双方成天生活在不愉快中。爱情一旦蒙上了阴影，婚姻也就亮起了红灯，一些不和谐音调陆续闯入了两性的世界，寻求刺激、分居、婚外恋、婚外情，最严重的是双方闹得不可收拾，情感无法调和，婚姻破裂，夫妻各奔东西。即使是从小青梅竹马的情侣，婚后也有可能出现异常情况，难以一直保持美好的情感，维持稳固的婚姻。

现实生活中，婚恋中的不和谐现象每天都在上演着。婚恋似乎是一座围城，城外的人盼望着进去，城内的人渴望出去，男男女女常常叹息：婚姻很精彩，也很无奈！婚恋似乎成了世界性的难题，成了一个难解之谜。

其实细细考究，我们不难发现，导致夫妻关系恶化的因素固然很多，但最为关键的则是夫妻双方没有从心理上真正理解对方，未能在心理上完全接纳对方，缺少心理上的交流和沟通，不懂得心理上的交互式的对话艺术。

20世纪末叶，美国华盛顿大学的心理学家约翰·格特曼花费20多年的时间，以问卷、访谈的形式，通过血压、电波等生理信号测量、录影，做了超过2 000人的实证研究。在对结果做了详尽的分析之后，他发现了导致婚姻危机的四大杀手，即“Criticism”（批评、指控）、“Defensiveness”（防卫、反击）、“Contempt”（轻蔑对方）、“Stone-walling”（筑墙、冷战）。格特曼的研究见解可谓一针见血，他直言不讳地指出男女婚恋失败的症结所在——缺少理解、缺乏互敬，婚恋的一方长久地一意孤行，漠视对方的心理、生理、物质和精神要求，不懂得以建设性的方法从源头即内心来解决两性中的冲突，是婚恋失败的主要原因。

心理学告诉我们，在两性关系中，一旦一方有意识或无意识地对对方以关爱照顾，对方也会产生出相应的心理，并作出相应的回报行为。心理沟通的作用非常神奇，尤其是在婚恋关系中。如果婚恋中的一方能够与对方进行积极的心理沟通，每天试着发自内心地关心体贴对方，而不是挖苦、抱怨、指责，那么他（她）一定会发现，对方也在悄悄地改变——而且正是朝着自己所希望的方向。相反，消极的心理沟通则是婚姻的陷阱。

张爱玲有一句名言：“人这一生有三个人，爱你的人，你爱的人和共同生活的人。如果这三个人是同一个人，你就是最幸福的。”男人有男人的心理，女人有女人的心理，男女心理千头万绪、幽微奇妙。两性的婚恋世界，交织着心理的磕磕绊绊，充满着心灵的冲突对抗。两性婚恋的过程，就是一个心理困惑不断滋生、心理矛盾不断激化的过程，也是心理困惑不断消除、心理矛盾不断解决的过程。能否顺利解决这些心理困惑和矛盾，将决定恋爱中的男女能否拥有美满幸福的婚姻。治本才能治标，解决问题要从源头着手，内心的症结解决了，婚恋中的其他问题将一一迎刃而解。为此，学习一

点婚恋心理学知识，掌握一些婚恋心理学规则，用心理学的策略来指导现实的婚恋，是十分有必要的。

本书由心理学入手，从各个角度探讨了男女两性间的心理差异，阐述了婚恋的形成与演变，恋爱的进程与挫折，婚姻的缔结与发展阶段，性爱的本质与性爱特点，家庭生活夫妻双方的相处规律。书中既有科学的理论知识，也有现实的经典案例，理论和实践并重，点面结合，深入浅出地剖析了各种婚恋心理现象，列举和解析了各种婚恋心理问题，对各种婚恋心理禁忌也进行了细致的解释和指导，力图帮助婚恋前后的男女读者，走出婚恋心理误区，在心理上达到最健康、最积极、最稳定的状态，并通过改变心理来改变自己的婚恋状况，提高婚恋质量。本书不仅能为你提供最深层的情感解码、最有效的心理指导，也为你提供最恰当的情感应对、最温馨的心理呵护。

打开本书，掌握婚恋心理学定律和艺术，活学活用，将它们运用到你的婚恋每一个环节中，婚前跨越婚恋障碍，走出情感危机，打造美好生活，迈向婚姻的最高殿堂。用心爱，恋爱时不折腾，结婚后不动摇；用心爱，真爱没那么累，幸福没那么贵。幸福，就这么简单！

目　录

第11章 恋爱中的女人到底在想什么

第12章 男人约会向北，女人约会向南

第13章　初恋季节，可以单纯也别太单纯

第14章　调试心理，有多少爱可以从头再来

第15章　执汝之手，迈上婚姻红地毯

第16章　新婚期的心理磨合：爱情在升温

第17章 琴瑟和鸣，两性性爱心理探趣

第18章 用心经营婚姻后花园，让婚姻保鲜如初

第1章

看穿男人的隐秘心绪

男人的坚强有时是假装

有的女性认为男性是坚强的，所以就毫不介意地对男性说些令人生厌的话；有的女性因为男人微笑起来了，就越发地忘乎所以，纠缠不休地想驳倒对方。

他们容易动感情，讲义气，但正如刚强的人也会落泪一样，貌似固执的男人也是脆弱的。正因为他们是脆弱的，所以才勉强作出固执的姿态。那种强硬的男人，只是不懂世故的任性的人。这种人稍不合意马上就生气，并执意不肯向对方让步。可是，因为其不满意是由于自己不懂世故，所以，一旦被撤掉梯子（部下或妻子走了），就不得不面对无能的自己，陷入难堪之中。

不能因为哪个男人有思考能力、遇事打破沙锅问到底、坚持原则、埋头苦干、不发牢骚、遇挫折不气馁、泰然自若等等特征，就轻率地判断那个男人是卓越的、坚强的。不论怎样貌似坚强的男人，在内心深处也是胆怯的。所以才有这种劝诫的话："勇怯的差别是小的，责任感的差别是大的。"这

就是说，遇到可怕事情的时候，男人在心理上也是害怕的，之所以没有看到他害怕的样子，不是因为他不害怕，而是因为他有责任感。

所以，尽管害怕，但他们自我告诫、自我激励道："应该完成的事情必须完成！"从而坚持继续工作。就是说，责任感战胜了恐惧，在责任感的驱使下，完成了工作。男人对能够理解自己这种实际状态的女性是会敞开心扉的。

男人自信又自卑

台湾心理学博士吴静吉在一本书中曾经写道："自信是成功的一个重要的基础，如果一个人从来就没有失败过，那么，他无疑是个自信的人，但又是个不懂得害羞的人。不过，人多少都会遇到挫折，都会有失败的时候，而这失败和挫折都会使你的信心受到动摇。余下的便是你重新树立起男人的自信。"从这个意义上说，男人和女人存在着极大的差异。谁都知道，自信是步向人生成功的基石，缺乏自信，往往是性格软弱和事业不能成功的主要原因。男人的自信大大地超过女人，所以，男人成功的机会也就比女人多。

有一位学者曾调查过不少女性，让她们回答男性的魅力应表现在哪一方面，几乎所有的答案都是相同的——自信。男性的魅力不在于容貌，不在于健壮，不在于高矮，也不在于所谓的"男子气"，而是自信。

男人如果没有自信心，就不可能坚强、勇敢、大胆、无畏，积极地追求生活目标和美好未来，也就不可能形成男人特有的风度——男子汉风度。

在当代女性眼中，有自信心的男子最有魅力，作为女子，谁不希望自己能与一个顶天立地的男子汉共同生活，哪一个不希望自己的终身伴侣是一个坚毅、刚强、不畏任何艰难困苦、敢于面对挑战、不断追求进取的强者？谁又愿意与一个怕苦怕累、对生活毫无信心、悲观失望、浑浑噩噩的男人相依为命？

一位女大学生说道：“只要一看他的眼睛，我就知道我是否应该爱他。”一位女医生也说：“如果他的眼睛老是在转动，那说明他肯定缺乏自信心；如果他的眼睛不敢和我对视，那他就不配成为我的心上人。”

俗语云，潇洒随着自信生，男人拥有自信之重要由此可见。自信的男人大体分两类，其阳中之阳者，乃社会上之伟人杰士，大多历尽磨难，饮遍沧桑。其阳中之阴者，乃知天信命，安贫乐道者，他们大都过着闲适的生活，平淡从容。

男人的自信表现在事业上更具魅力。如毛泽东之“自信人生二百年，会当水击三千里”；如岳飞之“直抵黄龙府，与诸君痛饮尔”；如周郎之“谈笑间，樯橹灰飞烟灭”；如李白之“天生我材必有用，千金散尽还复来”……

但是自信的男人并非永远自信，他们身上又都存在着不自信。古人云，有所为，必有所不为。同理，有所自信，必有所不自信。如周郎之“既生瑜，何生亮”；如李白之“举杯消愁愁更愁”，“拔剑四顾心茫然”；杜甫之“同学少年多不贱，五陵裘马自轻肥”；如曹操之“何以解忧，惟有杜康”；如诸葛亮之“六出祁山，未竟全功”；如项羽之“虞兮虞兮奈若何”；如刘邦之“安得猛士兮守四方”……他们的自信造就了历史，他们的不自信也在打造着个人的人格魅力指数。

在女人面前，男人常常自视为强者，自负得不行，好像世界上所有的漂亮女人都得由他来呵护。其实，男人很多时候是自卑的，只不过总喜欢摆出一副强者的架势而已。

男人的自卑心理，通常来自以下几个方面。

1. 自我的怀疑

很多男人经历了一次或几次的失败，没有看到客观条件的制约，而只是一味地怀疑自己的能力，由怀疑而胆怯，再由胆怯而产生自卑。男人的自我怀疑，最可怕的莫过于对性能力的怀疑。如果一个男人内心深处对自己的性能力缺乏信心，心理上就会产生障碍，进而直接阻碍其性能力的发挥。在经历过几次不成功的性生活之后，这种怀疑就会变成严重的自卑心理。男人一旦怀疑起自己的能力来，就会将自己的自信一扫而光，坠入自卑的泥潭难以自拔。

其实，失败和挫折是在所难免的，没有人具有“百战百胜”的能力。

遇到失败和挫折，理智地分析原因，客观地评价自己，进而有针对性地改进自己，才是正确的做法。

2. 女人的拒绝

男人们尽管有时候会因怀疑自己的能力而表现出犹豫和胆怯，但多数情况下，他们还是具有敢打敢拼的精神的。其实男人真正惧怕的是遭到女人的拒绝。比如邀请女士跳舞、向女士求爱等，遭到拒绝很要命。被拒绝的男人会产生自卑心理，而且很难消除。即使能够消除，往往也需要一段相当长的时间。

3. 事业的失败

男人比女人更注重事业成败，因而对失败的恐惧要比女人强烈得多。可越是惧怕，就越难以充分发挥能力，失败就越容易降临。男性是主宰社会、负担家庭的性别，失败了难以找借口解脱。因而失败对男人来说异常可怕，会导致其强烈的自卑心理。

4. 性的阻碍

性自卑的男人有两种完全不同的极端表现。

（1）性夸张。性自卑的男人喜欢不断地邀约女性，并在半开玩笑的情况下，故意吹嘘和表现自己的好色和多情，仿佛自己是个情场高手，其实是性自卑心理在作祟，俨然是外强中干的纸老虎。

（2）性洁癖。对于女性表现出极端的洁癖，也是男人性自卑的表现。德国大哲学家康德就有可能是这样的男人。他有比哲学信仰更专心、更虔诚的信仰。那就是：终身坚守不结婚以及不近女色。据说，他在家里把有关结婚的字眼都列为禁忌。如果他的朋友向他提起男女婚姻之事，他就会怒不

可遏。

其实，自卑是一种普遍的心理现象，人人都会有一点自卑感，不同的只是程度和持续时间的长短而已。强烈的、长时期的自卑会严重妨碍人的正常生活，应该要有意识地加以克服。

男人有时候就像一块未成器的璞玉，需要女人慧眼去识，慧心去雕琢，因此“好女人是一所学校”的说法便广为流传。男人有时候就像一件脆薄的玉器，只能用爱心去擦拭，不能用卤莽去打敲，因此“女人坏，坏一家”的古话也常被世人说道。为女人者，定要谙熟此理。

男人的心是有游移的天性的——在上美如西施，下丑如吴盐的众多层次中来回游移，在事业和爱情间来回游移，在碗里和锅里来回游移，在社会上和家里，在江湖和庙堂间，在自足和不满间，在责任和嬉戏间，在癞蛤蟆想吃天鹅肉和吃不到葡萄说葡萄酸之间来回游移……

因此男人必然地在自信和自卑中轻重转化，来回游移。为女人者，要很好地把握这个“度”，该收时收，该放时放；该恩时恩，该威时威——若把男人困死在掌心，或拒男人于千里之外，其最终恐如镜花水月，好梦成空。

因此自信也是男人的易碎品，很容易被女人打碎，有时，仅仅是一个鄙视的眼神、一个不耐烦的动作。当然，男人的自信也容易被女人唤起，只要女人给他足够的崇拜。说实在的，一个再失败的男人，也希望有女人崇拜他，那样他才不会对自己完全否定，他才会重拾信心，走向成功的彼岸。

男人很胆小，男人很恐慌

人们的印象中，男性勇敢、刚毅，女性则胆小、柔弱。殊不知，男性也很“胆小”，存在五大心理恐惧：

（1）传统上，“挣钱养家”的应该是男人，并且现实情况也是男性工作收入占家庭经济来源的较大部分。所以，男性最大的心理恐惧是挣不了钱，即职业不好或失业。

（2）男性心理恐惧之二就是怕身体健康出现问题，尤其是失去自理能力而必须依赖别人的照顾。当身体出现不适时，这种恐惧更为严重。

（3）男性的另一心理恐惧是怕子女不成材。男性的“望子成龙”、“望女成凤”心理往往比女性更强烈。他们深恐子女不能达到其期望，甚至形成一种精神负担。

（4）体力衰退，尤其是性能力衰退，也是男性的一大心理恐惧。男性在性能力上的担忧要比女性强烈得多。

（5）和女性一样，男性也时常担忧被人抛弃，以致形成一种心理恐惧。尤其是在中年之后，往往担心妻子或子女离弃自己，因而家庭成员稍有不敬就会引起其强烈的反应。

恋母情结：男人是长不大的男孩

你或许能够觉察到，周围有很多男人喜欢年龄比自己大的女人，而且这种男人越来越多。为什么会这样呢？这多半是因为他们的恋母情结。虽然这些男人已经成年，看上去很成熟，可他们在精神上一直无法长大，对母亲始终心存依恋。

有恋母情结的男性，独立性差，做事情缺乏主见，如果无人指导或者示范，他们就会畏怯不前，甚至在性生活上也是如此。有恋母情结的男人对女性往往感到恐惧，不知道应该怎么和女性适度交往，并且对女性始终不怎么感兴趣。他们在工作上也缺乏独立性，没主见，而且还总喜欢听到上司的赞扬，不喜欢自己当上司。

总之，有恋母情结的男性总喜欢结交年纪比自己大的人，以获得安全感。

男人的一半是女人

中国有句俗话，“男人的一半是女人”，如果把男人分成两部分的话，那么男人的一半是事业，另一半则是女人。根据研究分析，男性对女性的性心理习惯有以下几个突出特点。

1. 喜欢看女人、饱眼福

生活中有一个有趣的现象：两对青年男女在大街上迎面走来，擦身而过时，都向对面的青年女子投去一瞥——男的看对面的女子是饱饱眼福，女的也看对面的女子是下意识的对抗、竞争，攀比心理使然。男人就是这样，怀里搂着漂亮的女朋友，还要用贪婪的目光在大街上寻找漂亮女人。女方对此不必太介意，因为这是男人的天性，而且多数也就是看看而已，并不会有什么实际行动。

2. 喜欢看女人的裸体

仅仅视觉就能够挑起青年男子的性欲望，女人则必须靠爱抚才行。所以说男性是“视觉型”，女性是“触觉型”。男子喜欢看女人裸体，而且女性越隐秘的部位，对男性越有刺激性；男人还喜欢性幻想，看到女人的隐秘部位，他就想到下一步更刺激的情景，还想亲自为她褪去所有衣服，感受因而愈加强烈。所以，实际上腼腆、遮掩的女人比轻佻、暴露的女性对男性更具有刺激性。

3. 喜欢触摸女人

男性先天就有强烈的“接触异性欲”。实际上这对人类的繁衍是有积极意义的，而且也符合自然界的一个普遍规律——性爱的行为，只有雄性发挥其积极性，方为可能。热恋中的女孩可能对此深有体会：男朋友特别喜欢触摸自己，而且如果自己拒绝，他就会很生气，会说自己不爱他。他们不但喜欢触摸，而且喜欢得寸进尺地触摸，就像契诃夫在《樱桃园》中所说的：

"如果让你吻手，接着你一定会要吻肩膀，吻吻肩头。"

4. 喜欢打听女人的过去

男人恋爱时总喜欢直截了当或装作无意地询问女方的过去。这是因为男人具有很强的独占欲。当他爱上一个女人的时候，他就希望永远独占她，甚至包括她的过去。女性则不同，不太在意爱人的过去，只关注他的现在和未来。

5. 喜欢说"下流"话

平日里常常可以见到几个男青年凑在一起说些"下流"话的情形，其实这是男性性心理现象的一种常见情况，不能简单地视之为低级下流。不同年龄、不同阅历的男人有着不同的"下流"话心理：年龄较大、性经验较丰富的人说些"下流"话，多是为了夸示其见多识广；年龄较小、没有性经验的男子这样做，多半是发自一种不愿被人认为是毛头小子的虚荣心；还有的男人这样做，是为了松弛紧张的性饥渴状态，发泄性欲。当附近有女性时，有的男人就更喜欢言语猥亵，想看看她们的反应。

男人总觉得别人的老婆好

男人们常嬉皮笑脸地说："别人的老婆好，自己的孩子亲。"似乎是在讲笑话，其实是他们真实的心态，而且女人们也绝对不想把这句话当作笑话。如果丈夫夸别人妻子的时候被自己的妻子听见了，她肯定会和他吵闹一通。可吵闹改变不了男人的这种毛病。因为这不是男人的习惯或品质问题，而是有深层的心理原因。

1. 男女爱情心理差异

男女在爱情心理上是有差异的。一般地，女性的情感来得慢，但去得也慢，她们对丈夫的爱通常是自始至终的；而男性情感来得快，走得也快，容

易移情别恋，有的喜欢在外面拈花惹草，希望“家里有个做饭的，外面有个思念的”，虽然有时候他不一定不爱自己的妻子。

2. 妻子在家中不注意自己的形象

女性在外面很注意自己的形象，外出时总要擦脂抹粉半天，然而在家里她们却无所顾忌，乱七八糟。可能她们认为，夫妻之间没有注意形象的必要，男人们通常也会这样说。可实际上，男人的潜意识没有休息，慢慢地，就会使他们对妻子的形象产生一丝厌恶。例如，有位年轻貌美的妻子容易放屁，在外面总是尽力克制，怕人家笑话，可在家里毫不掩饰，该放就放。丈夫开始还乐呵呵地笑她，后来开始规劝，妻子很不以为然：“在家里都不能放屁吗？”再后来，她一旦开始放屁丈夫就生气地走开，最后夫妻俩大动干戈。

做妻子的女性，应该改正这种错误观念，在丈夫面前也要注意形象，防患于未然。不妨学学已故英国王妃黛安娜，为了保持自己在丈夫心目中完美无瑕的形象，她每天早上总是要在梳妆打扮完毕后才与丈夫正面相对。

3. 妻子和丈夫说话不注意技巧

很多妻子和丈夫说话时喜欢用命令的口气，或者从来不夸奖丈夫。在我们中国人看来，客气就是见外，一家人怎么能客客气气的呢？除非闹了矛盾。这种看法也没什么错。丈夫与妻子都要负起家庭责任，为家里作出牺牲是理所应当的。问题是，如果夫妻之间经常互相夸奖，经常表示感激，说话注意技巧，夫妻关系会更融洽，家中的欢乐会更多。再说了，爱听颂歌也是男人的天性嘛。

4. 不公平的比较

金无足赤，人无完人。可男人们就是梦想自己的妻子是完美无缺的，而且喜欢拿自己的妻子和别人的老婆相比较。可他们的比较方法往往是不公平的。通常将妻子与众多的人相比，没有A的老婆皮肤白，没有B的老婆胸脯高，没有C的老婆屁股翘，没有D的老婆温柔贤惠……结果，这种“一对多”的比较方式，必然将妻子比得一无是处。

5. 彼此太了解

俗话说“距离产生美”，夫妻之间太了解了，也会使丈夫觉得别人的老婆好。妻子若主动与丈夫保持一点距离，给丈夫造成一种神秘感，对维系婚姻的美好是有好处的。夫妻间不需要隐私的想法和做法无疑会减弱彼此的吸引力。

6. 心理适应

心理学研究表明，同一种刺激次数多了、时间久了，人们在心理上就会适应它，反应就变得迟钝；新鲜的刺激更容易吸引人的注意力。夫妻两人同吃一锅饭，同睡一张床，日复一日，年复一年，妻子的美丽会令丈夫熟视无睹，对其吸引力自然就不如别人的老婆。另外，夫妻双方还可能因为志向、兴趣爱好、需要的差异等种种原因而发生摩擦，无疑会拉大夫妻间的心理距离，给丈夫造成别人的老婆好的错觉。

男人认为“别人的老婆好”，这是因为他接触到的只是别人妻子可爱的一面，而对她在自己家里的所作所为却不甚了解。另外，别人的妻子与自己没有利害冲突，自然说话客客气气、温柔甜美。别人的老婆好，是因为男人把她们当成了花瓶欣赏；自己的老婆不好，是因为男人把她们当成了油瓶使用。如果将花瓶与油瓶的用途交换，令男士欣喜的花瓶也会因沾满了油渍而失去昔日的夺目光彩；令男士埋怨的油瓶也会因插上鲜花而美丽动人。男士们若与妻子离了婚，娶了自己爱慕的人，就会发现一切都又发生了变化。离婚、结婚，再离婚、再结婚，转上几圈，最终发现还是自己原来的老婆好。

男人动粗，多半是心理出了毛病

随着我国社会经济的快速发展，家庭暴力现象也逐年增多。家庭暴力的受害者多是妻子和孩子，施暴者多是丈夫或父亲。他们通常会被人们斥为“野蛮”、“素质差”等。心理学家指出，家庭施暴者不是简单的、表面的“素质

差”、“野蛮”等，而是多有深层次的病态心理问题，尤其对男性而言。

1. 自卑心理导致家庭暴力

有些男性，看到妻子在社交、事业等方面比自己优秀，心理自卑，于是在家里逞强，关起门来“收拾”妻子，以掩饰和平衡自卑心态。

2. 自负心理导致家庭暴力

很多男性在家中有自以为是的优越感，尤其是高级知识分子、高社会经济地位者，认为是自己为妻儿带来了一切幸福，妻儿理应服从自己。在这种心理的作用下，妻儿如果对自己不敬，他们就会非常难受，而用暴力征服对方。

3. 猜疑与嫉妒导致家庭暴力

有的男性猜疑心重，常无端怀疑妻子红杏出墙，并且怒不可遏；有的男性嫉妒妻子能力比自己强，常无端发怒，侮辱妻子。这两种情况都会导致家庭暴力。

4. 过大的心理压力导致家庭暴力

很多男性因工作、在外面遭受挫折等问题导致心理压力很大，在外面没有发泄途径，又不会调适情绪，所以常将怒火发泄到妻子或孩子身上，对他们施以拳脚。

5. 暴力遗传导致家庭暴力

有的男性在暴力家庭中长大，经常目睹父母亲打架，潜意识里埋下了“解决家庭问题要用暴力”的种子，在成家以后种子开始发芽、成长。

6. 不当的社会观念导致家庭暴力

不当的社会观念也是导致家庭暴力的原因之一。比如，我国的男性通常有根深蒂固的“占有”和“男主外，女主内”的观念，把妻子、孩子当成自己的财产而忽略他们的自主权，或者坚持要妻子主内，从而引发家庭矛盾，导致家庭暴力。

男人的心理“营养素”

缓解心理压力，补充营养很重要。这里的“营养”既包括蛋白质、脂肪、糖、无机盐、维生素和水等人体生长发育必需的营养物质，又包括心理“营养素”。保持心理健康的关键就是要学会自我调适，善于驾驭个人情感，主动为自己补充健康的心理“营养素”。那么，男人的心理“营养素”有哪些呢?

1. 爱

爱，是男人最重要的心理“营养素”：童年时代最主要的是父母之爱，少年时代主要是伙伴和师长之爱，青年时代主要是情侣和夫妻之爱，中年时期的男人社会责任重大，同事、亲朋和家庭之爱会增加他们在事业上的信心和动力，增添他们对生活的欢乐温暖的看重，因而爱尤为重要。

2. 宣泄和诉说

宣泄和疏导也是男人缓解心理压力的重要“营养素”。转移注意力和自我安慰对于缓解心理压力也有一定的作用，但只是暂时的、表面的、治标不治本的方法。适度的宣泄和诉说则具有治本的作用，比如当感到压力甚大时，去踢足球、跑步来宣泄，或者对亲人和好友诉说心里的不快，等等。

3. 善意的批评

积极、主动地寻找和接受善意的批评，能够消除日渐滋生的自私、自负、孤僻、冷漠等不良心理，有助于维护心理健康。

4. 坚强的信念

包括远大的理想、宽容博大的胸怀等，也是重要的心理“营养素”。

男人必修的三大心理健康课

现实的生活不会一帆风顺，总是充满了挑战，有乐趣也有痛苦，既精彩又让人很无奈，对男人来说尤其如此。男人一出生就被社会打上了“干大事、成大业”的烙印。为了不辜负这个使命，他们几乎“不择手段”地去寻找机会，拼命去“赢”。好像只有如此方能有立锥之地。所以常常看见男人们疲惫不堪的样子。这还不够，苦命的男人还不能随意抒发情感，“男儿有泪不轻弹”、男儿有苦不能诉，否则会被贴上“软弱”、“无能”的标签。可能正是由于这些原因，男人的平均寿命才大大低于女人。所以，要想逃脱短命的命运，男人必须学会调整自己的情绪、平衡自己的心理，在苦中找乐，在压力中找解脱，努力适应环境。

下面的心理健康课是男人必修的。

1. 不要生气

男人们，首先要学会不生气，要记住一句话：“生气是自己虐待自己。”

在公司里被老板气，在家里被老婆气，在路上还说不定被交警气一通，没事的时候还往往想着气人的事而生闷气，男人们生气的时候实在是太多了，以至于“气死我了”都成了口头语。生气伤身，生气应该控制而且可以控制。一位美国社会学家曾说过：“生气并不是一种先天性的情绪和行为，而是后天学到的。人们生气不生气，是自己决定的。”要想不生气，其实也不难，只要做到下面几点：

（1）延缓发怒。如果遇到什么事实在是不能不发怒了，不妨试着延缓15秒再发作，下一次努力延缓30秒，再下一次延缓1分钟……不断加长延缓时间，多加练习，你就能学会控制情绪了。

（2）调整思想，遇事多向好处想。比如被上司骂，应该将它当成对自己工作的促进。工作不进步哪来的钱赚啊？又比如被老婆骂，将它当成对自己的关心，“打是亲，骂是爱”嘛。

（3）不要没气找气生。对别人不要太苛求，比如对下属，不要非要把他们打造成你想要的样子，其实他们按自己的方式去工作，说不定会干得更好。另外，对于一些无关紧要的小事，有些男人看不顺眼就想干预一下，分明是没气找气。

（4）用爱平息愤怒。生气的时候，不妨走近你所爱并且爱你的人，用他们的爱去平息你的愤怒。

2. 远离抑郁

抑郁是现代生活中一种常见的不良情绪。在外面打拼的男人，自然会遇到很多的挫折，如果不会调整情绪，很容易陷入抑郁：郁郁寡欢、百无聊赖、内心痛苦、失眠健忘、食欲不振、悲观失望等，严重的甚至想自杀。抑郁是幸福生活的大敌，必须注意防治。改变认知方式、灵活客观地思考问题、不钻牛角尖，是消除抑郁的最有效方法。

消除抑郁的一个常用训练方法是写“负性想法”日记，即用日记记录下产生抑郁情绪的日期、情景、抑郁程度及当时的“负性想法”。过一段时间，以旁观者的身份回过头来看这些日记，你会发现：自己总是以一种极端的非黑即白的方式思考问题、评估自己，故而产生抑郁情绪。

由此，你就可以有针对性地纠正自己的认知问题。

3. 克服不快乐思维

不快乐的男人有以下几种典型思维：

（1）“大好人”思维：有的男人喜欢把别人的过失都归罪于自己，为别人的不幸和过失承担责任。反省自己是对的，但要客观，不要太苛责自己。“大好人”思维会使自己陷入窘境，无谓地失去许多快乐。

（2）主观臆断：不快乐的男人往往喜欢在没有事实根据的基础上武断地做出消极的结论。

（3）以偏概全：不快乐的男人往往仅凭细节就对整体作出消极的判断。

克服上述不快乐思维，是男人维持心理健康的必须步骤之一。

男人的心思千千结

（1）男人在恋爱中，往往总是进攻型的。

（2）离异的男人是不会独身太久的。

（3）男人需要向女人倾诉。

（4）男人喜欢制服人，却不喜欢被人制服。观察一个男人，最好观察他怎样恋爱。

（5）痛苦，常常是男人心中的一种秘密，高兴的事才喜欢公开。

（6）一个失去了一生仅有一次的爱情的男人，是不会忘记爱情的。

（7）没有性欲的男人，就不可能有爱情。

（8）男人想得到女人，往往是从亲吻开始的。

（9）男人跟男人在一起，最感兴趣的话题是谈女人。

（10）男人最大的悲哀就是搂着一个别有他恋的女人。

（11）男人都希望有一个贤妻良母型的妻子，再有一个可人的情人。

（12）男人对女人大献殷勤，无非是想得到女人。

（13）最让男人得意非凡之乐事，莫过于获得漂亮女子的垂青和眷恋。

（14）在未婚男人的心目中，姑娘就是姑娘，在已婚男人的眼里姑娘就是女人。

（15）男人感到最惬意的事情是被女人理解。

（16）躲在石榴裙后边的男人不一定是懦夫。

（17）男人都喜欢会撒娇的女人。

（18）女人在说男人无用时，他还能笑出来，那是他相信自己在其他更重要的方面有用。

（19）总在女人面前笑脸盈盈的男人，往往是想讨得女人的欢喜。

（20）常常到舞厅去的男人，往往是想碰碰运气交上一个可心的女人。

（21）真正有血气的男人，既不曲意求人重视，又不能忍受忽视。

（22）男人喜欢一个女人容易，理解一个女人就很难。

（23）男人在没有进入女人的“禁区”之前总是想入非非。当他尝到“禁果”以后，对女人就渐渐无所谓了。

（24）有婚姻而并不幸福的男人，其眼光似乎总停留在独身女的身上。

（25）怕老婆的男人，多半是由于对妻子的不贞和负心。

（26）男人的眼泪更能打动女人的心。

（27）聪明而深思熟虑的男人，面对结婚，往往感到犹疑踌躇。

（28）风趣的男人，往往会给女人带来快乐。

（29）男人在未结婚之前，都觉得他的未婚妻是美的。

（30）男人发怒时，女人最好保持沉默。

（31）有钱的男人，大都有外遇。

（32）男人如果认真起来，女人往往是招架不住的。

（33）过分修饰和讲究的男人，往往有自私的动机和忽略女人的倾向。

（34）越是有礼貌、言谈中肯的男人，婚后越会计较芝麻小事。

（35）犯点小错误时解释很多的男人，婚后夫妻之间容易吵架。

（36）对女人过分体贴的男人，婚后容易变得专横霸道。

（37）对于男人来说，最大的打击莫过于自己的女人睡到了其他男人的床上。

（38）大多的男人，不太可能一辈子只喜欢一个女人。不过有的男人抑制了自己，有的却暴露了自己。

（39）拒绝诱惑的男人并不见得都高尚，他并不是从妻子的角度考虑后去抑制的，他们考虑的是自己的地位、前途、影响……

（40）男人抵御美色比抵御一头猛兽还困难。

（41）深刻的男人，往往喜欢用眼睛和沉默来表达；浅薄的男人，往往喜欢用嘴和手来表达。

（42）生活中，真正潇洒的男人不多，故作潇洒的男人却不少。

（43）有外遇的男人，在妻子面前，却是毫无顾虑地暴露自己的缺点；在情人面前，则是小心翼翼地展示自己的优点。

（44）大凡男人，对女人都有一种潜在的侵犯意识。

（45）男人一旦结了婚多少总会有点变，往往会使女人感到眼前的丈夫并不是自己熟悉的。

（46）大凡男人，都希望自己身边有这样一个妻子：在家做家务时像仆妇，谈情说爱时像情妇，出门交际时像贵妇。

（47）懂得倾听的女人，定能得到男人的喜欢。

（48）美丽动人的女子的微笑是男人的春天。

（49）美貌是女人在情场上俘虏男人的最有力的武器。

（50）对漂亮女人的喜欢，是每个男人内心里都会萌发的感情。

（51）男人成家时，喜欢贤妻良母型的女人，在床笫间却喜欢狂放的女人。

（52）有神秘感的女人的言谈令男人着迷。

（53）女人是男人一生中最主要的目标。

（54）有个性的女人，通常都具有吸引男人的魅力。

（55）女人的宽容，能够拯救消沉的男人。其实，男人都是为了追求更好的女人才拚命赚钱。

（56）大多美男子身旁的伴侣常常是个平凡的女人。

（57）越不受女人欢迎的男人越好色，越穷困的男人越贪财。

（58）一般成功的商人，都是追求女人的好手。

（59）对新生事物感兴趣的男人，往往对新近出现的女人亦会感兴趣。

（60）卑劣的男人不可能产生伟大的恋爱，浅薄轻浮的男人只会知道一点恋爱的娱乐。

（61）常在女人面前耍小聪明的男人，是不会有多大出息的。

（62）一般来说，男人欣赏女人的个性，而不能容忍女人的个性。

（63）男人最感兴趣的是性爱，不是情爱。

（64）男人大多欣赏有思想的女人，而不太喜欢没思想的女人。

（65）男人的高尚或卑鄙，都能在一桩婚姻中淋漓尽致地表现出来。

（66）男人只有在真正爱上一个女人而得不到时，才会有真正的痛苦。

（67）男人的眼泪，有时比女人还有效。

（68）男人最怕的是在女人面前丢面子。

第2章
读懂女人的幽微心思

新一代女性的内心渴望

随着社会经济的发展和社会理念的革新，女性的心理需求变得复杂多样，不仅要求得到男性想得到的一切——爱情、婚姻、子女、幸福、满足、金钱、权力、地位、成功，还具有许多男性所不具有的特殊需求，以至于今天的男人仍然迷惑于据传弗洛伊德曾经迷惑的问题：“虽然我花了三十年时间研究女性的灵魂，但有个大问题我仍然无法回答：‘女人渴望得到些什么？’”

现代女性具有如下的一些特性心理需求，现代男性至少应该知道这些。

1. 事业心强

现代女性大多渴望男女平等，追求事业成功，希望丈夫或男友认真看待她们的工作，就像重视他们自己的事业一样。

一位年轻女性，是个护士。丈夫是某公司的销售经理，整天全国到处跑，她也不得不屡次调整工作以跟随丈夫。丈夫不以为然，认为妻子有没有工作无所谓，只要自己挣钱够多就行，完全不了解这位现代女性的事业心。

终于有一次，她因工作获了奖，继而当众进行了一番催人泪下的演讲，在场的丈夫总算明白了妻子对于事业成功的渴望，心里充满了愧疚。他回忆道："真是惭愧，所有的人都在为一位女强人鼓掌欢呼，而我竟然根本不了解相处多年的妻子。"从此，他对妻子的工作分外敬重，夫妻关系也比以前稳固、亲密得多了。

2. 渴望真诚交流

以往的女性嫁人，看的是对方有没有钱、够不够富裕，结婚后大多安心地靠男人挣钱度日，全身心地生儿育女、照顾家人，至于有无夫妻感情似乎无所谓。现代女性不同，她们渴望真正的爱情，渴望真诚的交流，不像以前那样只看重对方是不是富裕。而且，她们对男人的赠与十分警惕，不喜欢男人将自己看作是可以收买的商品。

3. 喜欢恭维

现代女性喜欢恭维，无论年纪多大的女性，都喜欢别人恭维自己长得漂亮、年轻。这是因为她们心底里还是认为年轻貌美才能讨人喜欢，才能占得先机。年轻、漂亮的渴望使女性对于体重多了几公斤、脸上爬上了少许皱纹都难以忍受，以至于变成了巨大的心理压力。

4. 需要倾听

现代男性和女性对于交谈的认知和感受可能迥然不同。男性爱讲理、爱较真，将交谈作为解决问题的手段，因而他们会打断对方的谈话而摆出自己的道理。而女性和人交谈，很多时候只是需要一双倾听的耳朵，不需要什么忠告。她们更多地将交谈看作分享感情的渠道，往往说个不停，直到觉得好受为止。

5. 有时需要独处以作休整

女人和男友或丈夫生气的时候，往往拒绝对方的解释或道歉而要求单独待一会儿。男性对此通常不甚理解而感到很不安。独处对于一个女人而言非

常重要，可大多数男性都认识不到这一点。女性的独处并非是对缺少爱的抗议，而是在表达一种自主的需求，并且可借助独处完成某些心理上和精力上的调节，使自己能够在生活中更适应自己的角色。

6. 爱情实际、执著

女性的爱情是实际、执著的，不像男性那样容易动情且满足于一时的浪漫。女性远比男性更善于让自己的头脑去把握自己的激情。她们择偶时，看重伴侣身上的长期品质——诚实、有才干、富于同情心等，而且通常会想到结婚以后的事情。

7. 浪漫爱情始于厨房

在很多女性眼里，分担家务比性生活和谐更有利于维持健康稳固的婚姻关系。她们需要丈夫和自己一起料理家务，这样会感到更幸福。专家指出，夫妻在厨房里的亲密无间跟卧室里的亲密和谐一样重要。

女人心中都有一座麦迪逊之桥

有一首红极一时、现在还被许多女孩子传唱的歌曲《最浪漫的事》，其中有一段歌词："背靠背坐在地毯上，听听音乐聊聊愿望，你希望我越来越温柔，我希望你放我在心上，你说想送我个浪漫的梦想，谢谢我带你找到天堂……我能想到最浪漫的事，就是和你一起慢慢变老，一路上收藏点点滴滴的欢笑，留到以后坐着摇椅慢慢聊。我能想到最浪漫的事，就是和你一起慢慢变老，直到我们老得哪儿也去不了，你还依然把我当成手心里的宝。"

每当看到女孩子哼着这首歌，陶醉其中的样子，都会让人感叹，女孩子为什么这么爱浪漫？是不是也觉得她们有点傻呢？其实，对于初恋的少女，浪漫就是一杯香槟；对于经历过的女人，浪漫就是一杯浓浓的茶；对于迟暮的女人，浪漫就是一杯醇醇的酒。女人有了浪漫而更女人，浪漫有了女人而更浪漫。浪漫是所有女人心中永远的向往。

年轻的女孩子个个爱浪漫，尤其是处于情窦初开、花一般年纪的少女更是左一句“好浪漫哟”，右一句“好感动哟”，对浪漫的向往溢于言表。某高校一男生为了祝女朋友生日快乐，花了几千块钱，让一栋楼的男生配合，某点某分，全楼只有设计好的寝室开灯，寝室灯光正好构成了让女生动心的几个大字：I LOVE YOU！结果是惹得几乎全校师生围观，女生们更是羡慕不已。可以说，梦幻工厂好莱坞炮制的经典爱情片长盛不衰与一代代女人对浪漫的痴迷密不可分。还记得看《泰坦尼克号》时，影院里是哭声一片，当ROSE几乎绝望地对JACK说“你要活下去……”时，几乎全场地震一般，出场时许多女孩子眼睛红红的，可把男士们给辛苦坏了，不但要多费口水哄她们，更要誓死表示忠心，当然花钱营造点浪漫氛围，逗她们开心更少不了。

浪漫不是年轻女人的专利，中年女人也一样向往浪漫，只不过隐藏于内心不易察觉。风靡全球的电影《廊桥遗梦》讲述了两个生活在不同环境、有不同属性、过着不同生活、向往着不同生命情感的中年男女之间发生的浪漫爱情。据说此片上映后，婚外情的发生率大大提高。可见，人人心中都有一座麦迪逊之桥。

追求浪漫的心态男人也会有，不过女人更感性化，往往付诸实践，对浪漫的要求也更高。她们往往把男人够不够浪漫作为对她爱得深不深的依据，不懂浪漫的男人，也往往被视为缺乏情趣。

因为追求浪漫，女人谈恋爱时往往两眼全闭，逃离现实，陶醉在自己幻想的浪漫情景中，到婚后才睁开眼睛，发现现实一点也不浪漫。

粗心的男人常不知道女人要什么，浪漫的女人则以为男人会猜透她们要什么。结果男人因为舍不得买昂贵的玫瑰花而买其他花，在他们看来，这都是一样的，一片好心却惹来女人的一阵伤心。

不是男人不懂浪漫，而是追求浪漫的女人往往让人无法琢磨。既然女性与男性在浪漫问题上的取向天生有如此大的差异，也许女性自己制造浪漫或者给他点提醒，共同营造浪漫的氛围也是个不错的选择。

其实，浪漫，不是在生日时收到令人尖叫的花束，也不是在每一个纪念日里翻云覆雨一番。新兴的浪漫主义，要你偷取每一个能够相聚的小片刻，感性地分享，性感地共处。其实，亲密关系的营造并非一定要煞费周章才能完成；也不是劳师动众地邀集一整个乐队来伴奏的烛光晚餐才算数。不妨试着就只是一双紧握的手，一本两人共享的漫画书，一段有轻音乐陪伴的减压按摩，你会知道，原来营造浪漫，是可以如此轻易。

女人总是担心自己的世界不安全

女人比男人更多地感受到不安全，普遍意义上说，男人在婚姻情感发生危险后才会感到安全感丧失，而女人常常在危险发生之前就担心不安全。这是男女大脑生理结构决定的。女人的直觉更发达，使得女性更敏感，更会“未雨绸缪”。

另外，女性更在乎感情，她们追求那种托付终身的感觉，对婚姻可能发生的变故十分警觉。男人则更在乎感官和理性的决定，他们一旦界定了两人的关系，就懒得去反复考证这种关系的正确性，而仅仅满足于感官层次。

女性对丈夫的猜疑，也源于历史经济地位。传统社会男主外女主内，男人的工作是女人的生活保障。女性对丈夫的经济依附使得女性对婚姻情感的安全可靠性更加看重。现代家庭也还是家庭妇女多。而现代社会即便是独立女性，由于传统文化的影响，也更加看重家庭。当你对一样事物越是重视，你的不安全感就会越强。

情感中，女性缺乏安全感，主观原因是自卑。如果女性非常自信，相信自己能够让自己过得舒适开心，就不会缺乏安全感了。社会大环境纵容了男人，让女人在两性关系中更容易缺乏安全感。

一些女性身边的朋友可能已经有丈夫出轨的情况，身边的不幸使她们对丈夫的信任度降低，觉得安全的环境随时可能崩溃，一切都充满了不确定性。

再者就是人们相互影响，强化概念。比如，我们只见媒体报道女的被丈夫甩了，生活无依无靠，没见报道丈夫被妻子甩了之后生活凄凉。于是我们潜意识里就被灌输女人离不开丈夫，女人的安全感也随之降低。

具体对个人来说，能否拥有安全感还跟生活经历有关。比如离异家庭对孩子安全感的影响。如果家庭里缺少父亲，母亲一个人拉扯孩子可能会遇到很多困难，甚至有外在威胁，母亲自身的不安全意识和自我保护意识就会很强，并灌输给孩子，让孩子潜意识里过多警惕外部世界。另外看到父母的婚姻悲剧，单亲家庭的孩子总是担心自己的婚姻会像父母一样。

拥有安全感是一种心理健康的状态，是对自己、自然、社会的一种和谐、有序、平衡的心态，去掉心里的杂音，才能达到。那么，安全感如何获得呢?

首先，是认知方式上的，即针对“应激刺激”有个正确的认知评价。

所谓“应激刺激”指的是会引起不安的刺激。丈夫偶尔一次回来得晚不会让妻子太在意，这就不算应激刺激；如果丈夫整夜未归，问他原因又吞吞吐吐，这就算应激刺激了。这时候，不要盲目下结论，而要理智地看清形势。认知上发生了变化，从而可消除不安全感。

其次，是情绪调控上的。离开紧张的环境，听听音乐，做做自己喜欢的事，转移注意力，渐渐就不再缺乏安全感了。保持一颗平常心，也可控制自己的情绪。

最后，对“应激刺激”采取合理的应对措施。怀疑丈夫有外遇了，气急败坏地辱骂、盯梢，这当然不是解决问题的好办法。不妨跟丈夫态度诚恳地、开诚布公地讨论，也许就化解了。

女人崇尚性感主义

当城市温度在36℃~39℃时，甚至40℃左右跳过来又蹿过去的时候，在街

头、在人群中、在商场超市的橱窗里、在时装表演的T形台上，一场以露为美，以露为荣的流行竞赛正在展开。

从旗袍到连衣裙再到超短裙，从T恤到吊带装再到无带装，从洞洞装到露背装再到小肚兜，由此可见，女人们在穿衣打扮上的确有着非凡的创新能力和勇气。

这世间，还有什么美，能够比得上穿上一套活色生香，能够露的地方一点也不放过、不能露的地方绝对不露的时装，很招摇地走在街上，享受路人复杂目光后的万种风情，更能够吸引现代的女性呢?

时间与时尚虽然只差一个字，但时间代表着永恒，时尚却象征着瞬间。时间可以创造时尚，同样也可以淘汰时尚。我们完全有理由说，“露”特别是满街满城争先恐后地“露不惊人死不休”，无非是时间对时尚开的又一个玩笑，一个小小的玩笑。

都市街头漫天漫地露脐、露肩、露腰背的性感女人，万紫千红地“盛开”起来，这个世界似乎进入了半裸、半遮、半透明的新性感时代。

曾几何时，先是广告、电视、电影、杂志刊物大版大幅美人媚兮、露兮的照片铺天盖地而来；接着是一向保守的女性服装大唱简约主义的颂歌，抛弃不袒胸不赤臂不露肩的古典主义形式。近来有调查表明，全球女性平均每天花25分钟用在化妆和护肤上，百分之百的女人认定不性感的女人不但不迷人而且不漂亮。

很显然，性感已经成为时代潮流。尽管有人称穿着暴露的女人为“性感炸弹”，但是众女人依然铆足了劲儿为自己的“性感”加分，性感对于女性来说是挑战也是目标。

女人对性感的追求总是介乎于一半清醒一半梦之间。女人在性感的包装中，不但全面重新构建了自己“美丽”的标准，也滋润或污染了大众的审美视野。

性感这玩意儿霸气得很，它规定你的颜色、你的语言、你的口红、你衣服的尺寸，甚至于你的每一次呼吸、每一个眼神。性感游戏，使酷得不能再

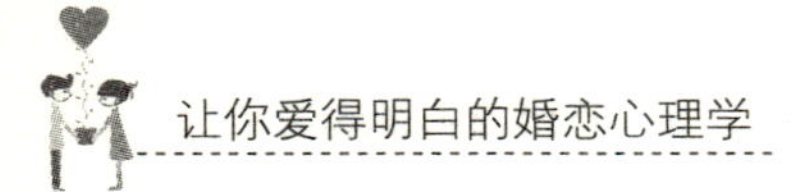

酷的女人最终酷成了草木皆兵。而性感中最实质的问题是：未来的性感游戏，还能有多酷？露多少才算媚而不荡？按美学家的说法，“过多的暴露反而降低了令人兴奋的程度”，而按时髦女郎的说法是“我爱怎样露就怎样露”。

性感就是这样，使女人们一不小心就掉入了它的陷阱。

女性主义不仅是要消除社会对女性存在的不公正不平等待遇，另一方面，女性主义还要肯定女性自身的价值和价值观念，肯定女性做人的尊严，以及她们对文化的贡献。

因而，女性主义对女人的至诚忠告是：首先做一个人格上美丽的有尊严的女人，并在无数不容分说的教唆中，镇定地问一声：为什么我一定要性感？

女人的五种常见心理病

据调查，接受精神治疗的病人，男女比率大约为1∶2，可见女性出现心理障碍、心理疾病问题的概率比男性大。这与女性自身的生理特点及特殊的社会环境压力有关。

女性常见的心理疾病主要有以下几种。

1. 忧郁症

此病是因长期压抑、忧虑而引起的心理疾病反应，主要有以下几个特点：

（1）情绪的消极反应。如心情沮丧、情感淡漠、爱哭，多忧伤。

（2）认知评价的消极反应。如自我评价低、否定自己或自我歪曲、总认为生活无希望、缺乏进取心等。

（3）身体及生理上的不良反应。如缺乏食欲、失眠、易疲倦，有的外表略有驼背姿势。

（4）有妄想、自杀的意念，总觉得自己的存在没有价值。

2. 焦虑症

女性的焦虑症通常是在家庭生活或工作中遭遇挫折或受到较强的精神刺激引起的，其异常心理表现是：

（1）心烦意乱、坐立不安、缺乏安全感，总觉得别人在危害自己，常常预感到将要大祸临头。

（2）植物神经功能紊乱导致手指麻木、四肢发凉、胸部有压迫感、食欲不振、胃部烧灼感等。

3. 癔病

癔病也称歇斯底里症，大多由强烈的精神刺激导致大脑失调引起。患者大多数是青壮年妇女。癔病的主要表现是：

（1）胡言乱语、意识模糊、阵发哭笑，严重时抓自己的头发、撕咬衣物、说唱谩骂、撞墙打滚等。

（2）不同程度地出现运动障碍、感觉障碍。如失明、耳聋、四肢抽动或全身挺直、失语等。

4. 神经衰弱

神经衰弱是一种大脑高级神经系统失调的病症，主要由长期思想负担重、过度紧张等负性情绪及极度疲劳引起。

神经衰弱的异常心理表现是：经常头痛、头晕、烦躁、容易兴奋和疲劳、夜间难以入睡、精神萎靡、注意力难以集中、记忆力衰退等。

5. 更年期综合征

女性的更年期又称绝经期，指最后一次月经来潮前后的一段时间，大约在45~55岁之间。女性更年期开始后，卵巢逐渐衰退萎缩、雌激素分泌减少，性腺功能下降，直至排卵停止，月经断绝。此过程中，内分泌激素紊乱，中枢植物神经功能受到影响，对外界适应力降低，交感神经应激性增加，所以导致情绪波动厉害。男性也有更年期，大致在55~60岁左右，但病态反应不明显。

研究证明，精神刺激因素是“更年期综合征”的重要发病条件。另外，此类患者病前多有性格缺陷。更年期综合征主要有如下症状：

（1）精神紧张、烦躁激动、情绪不稳、忧虑多疑、易怒等；

（2）眩晕头痛、失眠耳鸣、感觉忽冷忽热、心慌手抖、四肢发麻、神疲乏力等。

女人的五大事业心理误区

心理学家研究认为，女性在事业上比较容易失败，跟其在事业方面存在的心理误区有很大关系。常见的心理误区有以下几种。

1. 商业头脑不如男性

强烈的竞争意识对于事业的成功是不可或缺的，可在事业上女性多数都有些自卑，自认为商业头脑不如男性，竞争力不强，甚至主动放弃与他人的竞争。

2. 事业成功会失去爱情

人们普遍认为，事业上成功的女强人常常会失去爱情和家庭。这种例子确实是有的，但并不是一个定律。女性如果这样认为，在事业上有所顾虑，定然会影响成功。

3. 只要漂亮，什么都会有

我国传统观念认为“女子无才便是德”，只要漂亮贤惠就能被社会所接纳，很多女性至今仍然这样认为。她们容易因为漂亮的脸蛋而产生优越感，认为无需费力去竞争，进而不思进取，想吃青春饭。可到头来，往往搞得自己一无所有，或者至少生活得很不幸福。

4. 模仿和延续

女性多将注意力放在对原有思维结构的理解和模仿上，思维的目的也只

是为了延续已有的东西，因而女性在模仿和继承性强的领域易出成绩，而在创造性工作领域成就往往不大。

5. 嫉妒同性

女性特别喜欢嫉妒同性，不易团结，使她们失去了许多的优势。

女人为何最看重爱情

男人感兴趣的是女人，而女人注重的却是爱情。如果不明白两性之间这种本质上的区别，男女就很难沟通。

现在男人已经很少会写情书去追女人，想追谁当面不好说就在电话中说。那种痴痴追求一个女人数年不成，而又不另寻新欢的事已是童话。被女人拒绝，男人也不会痛苦，而是潇洒地将爱箭又射向另一位可爱的女人。总之，男人已被快节奏的社会发展逼得十分“进化”，以至于女人站在女人的角度惊呼：“现在已没有绅士般的痴情男人！”

当然，女人永远是女人，她们的爱情观永远都与男人不同。她们绝不会赞同男人的简单和粗糙，更不会相信什么社会节奏制约了男人柔情的怪论。女人理解的爱情就是被所爱的男人无微不至地体贴、关心和呵护，就犹如自己被浸泡到蜜糖罐中的感觉。

男人遇到动心的女人，很快就想上床。女人却不是，女人喜欢被追求的感觉，而且还会故意将被追求的过程弄得曲折、复杂和麻烦。她们会在一系列繁琐的被爱过程中，细细品尝做女人的幸福滋味。

不仅如此，女人也像男人一样在爱情上有无边无际的幻想。只不过男人容易幻想到性，而女人却幻想无比浪漫、无比温柔的激动人心的情爱过程。男人要想真的赢得女人的心，不懂得女人真是万万不能的。

聪明的文化商人明白女人是“爱情动物”，知道女人的需求。当他们发现目前男人十分简化的恋爱程序已令女人极端不满时，就知道这其中有巨大的商机。于是他们编了很多可供女人画饼充饥，又可使自己挣大钱的爱情故事来兜售给女人。比较成功的生意便有《廊桥遗梦》和《泰坦尼克号》。

这两个故事使许多女人沉浸在爱情的浪漫之中，女人在受感染的那一瞬间，的确是显得非常柔情。可是，当飘飘然中的女人发现身边的男人并不是故事中的白马王子，她们就会失望，也会更挑剔和扩大男人的缺点，有些还断然与他们分手。

不言而喻，《廊桥遗梦》和《泰坦尼克号》使许多男人成为冤枉的情爱牺牲品，因为生活中的男人真的很难像艺术作品中的男人那样具备艺术化的魅力。

其实，这两段爱情如果不分手或不沉船继续爱下去，也肯定是一场感觉玩尽的分手悲剧。文化贩子们用浪漫人物相互碰撞产生的火花点燃了女人，使女人在燃烧时忘记了现实。

这个世界上，几乎所有热烈的爱情都是由心灵空虚点燃的，这种爱情像闪电，非常美，但却很难长期维持。也许追求质量和感觉的现代人正需要这种刺激。特别是女人，一生中如果没有感应过这种“闪电”，心灵深处是不会罢休的。

女人对爱的追求是不断的。但是，女人往往是幻想的巨人，行动的矮子。女人很难在行为上轻易背叛，因为女人一定先有爱才可能把心和身交过去。

女人的爱视角是向上的，女人不会对一个水准比她低的男人产生爱的冲动，现在有些男人单纯花钱找女人，还自以为征服了女人，甚至还很幼稚地认为自己又经历了一次动人的爱情，这就是不懂女人心的表现了。

大龄单身女性的三大心理障碍

1. 封闭心理

很多大龄女性不善交际，喜欢独处，不愿在婚姻问题上主动出击，甚至

不愿与结过婚的同事来往，交际范围十分狭小。这种封闭心理只会使自己变得格外“清高”，也使相当一部分对她们感兴趣的男性望而却步，大大减少了她们本已不多的择偶机遇。

2. 逆反心理

大龄单身女性，很多是由于以往择偶要求过高而导致了今天的局面，本来应吸取教训，降低一下标准，可是有些人认为“事到如今，绝对不能让人笑话”，反而把高标准提得更高。要知道，婚姻是实实在在地过日子，脚踏实地地择偶，不像小说描写得那么浪漫。基本上，把爱情理想化的大龄单身女性将继续单身下去。

3. 自卑心理

很多大龄单身女性在清高的外表下藏着一颗自卑的心。她们认为大龄单身很不光彩，对自己悲观失望，最怕别人谈婚论嫁，也不喜欢别人以关心的口吻询问自己的婚事。她们通常有两种结局：一是把自己彻底封闭起来，不追求婚姻，即使有真心人追求，也加以拒绝；二是屈从于社会、父母、朋友的压力，将自己的婚姻问题草率了结。

大龄单身女性再怎么封闭、自卑或者逆反，也始终深藏着一种需要异性的真诚爱抚的心理倾向，当然外人是难以觉察的。只要有适合的男性给予细心的体贴和无微不至的爱抚，她们深埋的爱的火种就一定会点燃。不过光等别人来点燃是不行的，大龄单身女性们还必须积极地自我调适不良心理，才能尽快获得满意的爱情与婚姻。

女人对男人的要求很高

男人对女人的要求很高，女人同样对男人有自己的要求。女人对男人的要求除了生活上的，还有精神上的。女人对男人生活上的要求有哪些呢?

1. 对生活负责

婚姻有时候更多的是责任，有责任心的男人会勇于承担，跟这样的男人在一起生活，妻子会觉得踏实而安全。有责任感的男人是顾家的好男人：生活上懂得体贴妻子，懂得照顾妻子，心中能够牵挂着妻子和孩子，并能够适当地帮助妻子做些家务，细心地照顾一下孩子。如果一个家庭碰上些麻烦，男人就急忙躲开，在女人看来，他不但卑鄙，而且可耻，没有女人愿意选择一个这样的男人。

2. 心态平和

如果一个男人不能以一颗平和的心去看待自己的得失，整天愤世嫉俗，怪社会不公，怨生活不平，那么妻子和他在一起也会影响自己的心态，变得容易偏激，造成巨大的心理压力，这样的生活她是不会觉得快乐的。尽管这个世界已经习惯以一个人事业上的成功来衡量一个人的价值，但事实上，一个人的价值还在于他的存在对别人是否重要。即使那个人不能在事业上取得与其他人一样辉煌的成就，但是他的平凡生活对他身边的人同样很重要，这就证明了他的价值。

3. 交际自如

男人不仅属于家庭，属于妻子，他更属于社会，属于工作，因此，妻子要求男人具有较强的社交能力。当然，这并不是说丈夫一定要活跃到见人就笑、见手就握的那种地步，也不需要他在社交方面一定要有强硬的手腕。但起码不能做什么都羞羞答答，不善言语，两个人一起出去应酬，他只知道站在一旁傻笑，找不到话题与同事和朋友交谈，凡事都需要妻子出来撑场面，这样的男人，会让妻子觉得脸面无光。

4. 有足够的钱给生活提供保证

要过日子，首先就要有一定的经济基础，大多数女人是不会只为了爱情而选择跟一个男人在一起的，女人需要爱情，但也同样需要面包。女人当然

不会和金钱结婚，但是如果一个男人连孩子的奶粉钱都拿不出来，这个月初就开始担心下个月的供房贷款，那么，这份苦日子估计也就只有你自己过了，毕竟“经济基础决定上层建筑”嘛。

对于很多妻子来说，最理想的男人不一定非要拥有万贯家财，只要有爱情存在，有一定的感情基础，那么男人有一份稳定持久的收入就可以满足女人对生活的要求。

5. 男人气概

妻子还要求男人能有点大男人气概。这里说的大男人气概，可不是说大男子主义，那种典型的在家里一点家务也不做、衣来伸手饭来张口的男人不可取。日常生活中的妻子渴望的是她在外面受到欺负时，你能够挺身而出，毫不犹豫地为她出头，真真切切地保护她。有哪个妻子不希望自己的安全能够受到男人的保护呢?

最后，还有一点要补充一下，妻子还要求男人应该身体健康。她可能并不要求自己的男人有多么的威猛高大，但一定要身体健健康康的。

以上这些都是女人对一个男人最基本的生活要求，除此之外，女人在精神上对男人也有一定的要求。

1. 对自己要忠诚

相信所有的妻子都不愿意自己的老公“红杏出墙”，不愿意自己天天接到陌生女人的电话。虽然花花世界充满着太多的诱惑，但好男人应该在精神上（当然也包括身体）忠诚于自己的妻子，不在外边拈花惹草，惹妻子伤心。

现在男人常常觉得女人太“花心”，太善变，其实换个角度看，这实质上是女人追求个性解放必须付出的代价。从本质上讲，妻子跟男人一样，都是“花心”的，如果你还要求妻子从一而终，那已经不太可能了。女人花心也是对男人的一种挑战，客观上促使男人要提高自己的质量，以不断进步的状态去面对女人的变化，那么从自己做起，保持自己对爱人的忠诚就是一个好男人的分内之事。

2. 男人一定要独立

男人心理的独立是妻子很看重的，她可不喜欢一个毫无主见的、“乖宝宝”型的男人，整天“妈妈说这样，妈妈说那样”的没完。一个男人，首先在精神上应该是坚强的，是真正具有男子汉气概的。当然，这不是说就是不孝顺，孝顺的男人很善良。但是，夫妻之间的所有事都要征求家人的意见，自己没有一点主见，这样在妈妈面前的“乖宝宝”，女人是坚决不要的，因为她感觉不到一点放心的依靠。记住，她嫁的是一个男人，而不是他的母亲。

如果你是失败过一次就怨天尤人、萎靡不振、跌倒了就想到母亲那里哭诉的男人，就不要想得到优秀女性的芳心了。妻子需要有安全感的男人，如果她找的老公不仅不能够在生活上照顾她，还要经常在她面前哭诉自己的不幸，让她也承担他实际上是可以自己解决的痛苦，这样的男人是非常失败的男人，妻子会鄙视他。

3. 懂得浪漫

妻子拥有一个玲珑之心，她们无时无刻不充满对浪漫的渴望，懂浪漫的男人、善于制造浪漫的男人是非常容易打动妻子的心的。妻子希望男人能够给予她精神上、心理上的重视，希望男人时刻想着她，即使男人做不到，也一定要表现出能够做到的样子。如果你能够在适当的时候，为妻子制造点浪漫，比如偶尔送她一束鲜花、一份她念叨已久的化妆品，或者一份精心准备的小礼物，都会让妻子在精神上感到愉悦不已，因为她会觉得男人很关注她，重视她，这样她对你的感情自然就加深了。

4. 拥有非凡的气度

小家子气、委委琐琐的男人是引不起妻子兴趣的，即使你很爱她，但是却常常因为一点点小事就吃醋，也不管她是因公与上司出去应酬，还是因私与多年不见的朋友聚会，回家后你都要跟她大吵大闹，或者阴沉着脸半天不搭理她，这样的你是自私的。虽然你爱她，可她也是一个独立的人，她也有自己的生活圈。当然，你会说你是因为爱她才吃醋，可是不要忘了，爱一个人也要给她自由，她可不是天天留在家里为你洗衣做饭的家庭主妇。

5. 能主动和妻子交流

互补性是夫妻关系的结合点，女人更是这样，缺少了什么，她就有可能去寻找什么，尤其在精神上最为关键。妻子很在乎与男人的沟通和交流，这一点男人一定要清醒，要知道女人的要求与男人永远是有差异的。

每一个女人都想找到一个让自己满意的男人，她们会从上面几个方面去评价一个男人能否适合自己。如果你想找到一个非常满意的妻子，那么不妨从上面这些要求做起。

女人的心思千千结

（1）越是骄傲的女子越是懂得温柔。

（2）恋爱中的女子，总是透过理想化和精神装饰化的棱镜看待男人。

（3）外表看似快乐无比的女人，其心里不一定亦无比快乐。

（4）男人的温柔多情，是任何女人都无法抗拒的。

（5）作为女人，没有一个是想独身的，即使独身，也是因为没有一个适合的男人出现。

（6）女人最大的心愿是有一个安宁的归宿。

（7）对于女人来说，最大的打击莫过于自己在用心塑造了一个男人之后，却失去了这个男人。

（8）女人最感到快乐的本能嗜好是被爱。

（9）对中意的男人，女人原本不吝惜她的温情，但为了自己的面子，依然渴望中意的须眉首先对她表示倾慕。

（10）一个女子感到害羞的事情越多，她越纯洁。

（11）几乎所有独身女都经历过一次恋爱。

（12）再强的女人，其心里都会有一股隐隐的柔情。

（13）女人最大的弱点就是：爱感情用事。

（14）一个失恋而不甘寂寞的女子，一旦生活中出现新的机缘，她是不会轻易放过的。

（15）女人和男人一样，都企盼婚姻的来临。

（16）女人的潜在力量总是和温柔调和在一起的。

（17）凡是能满足女人的利益和情感的，都被她认为是千真万确之事。

（18）即使是经济方面充裕的女人，也企盼自己的男人在金钱方面能够支持她。

（19）女人越成功，越想得到“王子”般的男人。

（20）再本分的已婚女人，思想也有开小差的时候。只是诸多因素的抑制，使其依然本分。

（21）凡是女人，都希望找一个完美的男人。

（22）心中绝望的女人，男人的真诚会使她看到一线光明。

（23）女人的清高是做给男人看的。

（24）不轻易发怒的女人一旦在男人面前发起怒来，那么无疑是其男人深深伤害了她。

（25）男人给予女子恋爱上的打击，是对女人一生中最致命的伤害。

（26）完整的女人，是由男人完成的。

（27）女人总是渴望在众多的男人中，选择最适合自己的伴侣。

（28）女人一旦深爱上一个男人，付出任何代价她也在所不惜。

（29）女人不一定要有爱情才感觉到快乐。

（30）往往外表冷漠的女人，其心里不一定冷漠。

（31）自尊心很强的女子，往往在情场上不会属于进攻型的。

（32）失恋的女子，不会把爱情再看得那么神秘，那么甜美。

（33）女人最幸福的享受，是被自己钟情的男人深爱。

（34）女人即使有满柜子的漂亮裙衫，仍然希望自己的男人再送一件。

（35）女人一旦开始恋爱，便恋得糊涂起来。同时，女人一旦嫉妒起来，也会糊涂不堪。

（36）爱美是女人的天性。

（37）女人的心灵之窗多是虚掩着的。

（38）女人常常注意爱情的内涵。

（39）女人就像一架严肃的钢琴，但她从不拒绝弹奏者。

（40）当女人对你说她不漂亮时，那是希望你赞美她的漂亮之处。

（41）女人总有浪漫的一面。

（42）男人巧妙地指出女人的可爱之处，他便立刻受到她的欢迎。

（43）女人依然怀念给她造成创伤的男人，但是却不会真心挚爱给她包扎伤口的男人。

（44）在通常女人感情的分配中，丈夫得到的份额最少，这种吝啬并不一定因为感情的流失，女人感情有好大一部分，掷给了幻影。

（45）女人的尊严多体现在防卫上。

（46）叹息，是对女人的最大诱惑。

（47）女孩子最容易献身于敬畏与崇拜。

（48）对于一个情窦初开的女子，爱情或许就是她的一切。

（49）一个女人，最感到委屈和难堪的是男人不去关心她的精神本质、她的志趣和追求。

（50）有个性色彩的女子，往往钟情富于激情的男人。

（51）一个十分讲究的女人，对男人的要求也是很苛刻的。

（52）当女人对男人表现出冷漠时，不要以为她漠视了他的存在。要知道，她的“表”与“里”是相反的。

（53）一个女人无论有多少浪漫史，在她心底都往往有一个永远不会被任何人所代替的男子。

（54）独身女人更容易产生孤独感。

（55）女人一得到男人的施舍，就常常想着要如何报恩。

（56）女人天性爱幻想，爱憧憬。

（57）凡是女人都希望结婚。但独身女人对婚姻怀着喜恶参半的矛盾心态，而使婚姻成为可望而不可即的事。

（58）抱怨没有一个好男人的女人，定是吃过男人的苦头。

（59）玩世不恭的女子，大都在爱情上有过一次失意。

（60）凡是遭过难的女人，她的心等于一块极需要爱情的海绵，只需小小一滴感情，立即就会膨胀。

（61）婚姻如同赌博。女人往往在不知输赢的情况下便把终生的幸福作为了赌注。

（62）女人被爱情打击过一次，会成熟许多。

（63）几乎所有女人在结婚前，都只打算嫁一次人。

（64）再严肃再正统的女人，也渴望男人的追求。

（65）一个男人真心爱着一个女子，他就会用心灵去体会她最细微的精神需要。

（66）男人若爱着一个女子，与其作个先征求而后吻的懦夫，不如作个吻了之后再来道歉的勇士。

（67）处于恋爱中的女子，常常把意中人的缺点也看得可爱。

（68）只有完全成熟的女人，才有真正的秘密，不太成熟的女人，只有暂时的秘密，不成熟的女人，则根本没有秘密。

（69）失恋的女子，往往感情由此变得深沉，气质也由此变得成熟。

（70）女人的容颜往往和磨难呈反比，女人的魅力往往和磨难呈正比。

（71）大多女人都具有“黑色幽默”的才能，当她说“是”的时候，一定是“不是”；说“不是”的时候，一定是“是”。

（72）女人通常是，男人爱她一分，她就会爱男人七分。

（73）女人多是为了自己的男人不懂得她的心事而烦恼。

（74）当女人的心最软弱之时，就是爱情最容易入侵之时。

（75）女人的单相思是一种哀愁。

（76）一个心中没有秘密的女人，不会太幸福；一个心中有太多秘密的女人，一定有痛苦。

（77）女人耐不得寂寞，是因为她生活里不能缺少一个男人。

（78）女人爱得越痛苦，往往越高尚。

（79）女人的情趣越细腻，对意中人的个人要求也就越高。

（80）女人第一次向男人示爱，总是会被默许的。

（81）女人告诉你隔壁当真没有人时，男人该领会，她是在向你示爱了。

（82）有的女人，当男人去爱她时，她会拒绝。但当男人与另一个女人恋爱时，她又会嫉妒。

（83）当女人的目光羞涩地避开你时，爱情的种子已在她心里萌芽了。

（84）表面越冷的女人，其心里往往越炽热。

（85）女人在男人面前抚弄自己头发的时候，定是心已乱了。

（86）不以为自己美的女人，却往往有过人之处。

（87）女人问男人的问题越愚蠢，就表示她越喜欢他。

（88）麻烦通常是跟着女人一起来的，尤其是漂亮的女人。

第3章
男人交往向左，女人交往向右

男人走四方，女人上天堂

男性在年轻时会交很多朋友，但女性过了中年以后才会有更多的朋友。

据专家统计，约有25%的男性，在第一次约会时就会爱上对方，但女性到了第四次约会，才有15%爱上对方。

男性作决定的速度比女性快。

入学前到中学期的男孩子比女孩子更爱支配别人。成年后婚姻生活越长久，妻子就越成为被支配者。

男性时常害怕爱侣会被杀或自杀，而女性则常常害怕爱侣会遭受意外的事故或年老死去。

男人喜欢冲锋式的工作，间隔休息，而女人则喜欢以同一个节奏工作。

大多数对成年人所做的调查都显示，男性和女性爱搬弄是非、制造谣言的程度是一样的。

阻止犯罪的研究显示，遇到坏人时反抗的女性比男性多25%。

约有2/3或4/5的酗酒者是男性。十个丈夫中，只有一个会与酗酒的妻子生

活；但十个妻子中，却有九个会继续与酗酒的丈夫生活。

在犯罪的概率方面，单身男性比已婚男性大，而单身女性则比已婚女性小。

声称快乐满足的已婚男性几乎是单身男性的两倍。但已婚的女性却比单身女性更常表示不快乐，不管有无孩子。

流产的胚胎大多是男孩。

关于做梦。男性较常梦见陌生环境里的陌生男人，一般多与暴力有关，即使梦见女性，多半也与性爱有关。女性在梦境中，总是梦见熟识环境里的朋友和亲人。女性的梦境通常在户外，气氛大多友善，除非是月经来临前，这时女性做梦时会觉得懊恼、紧张和厌烦。

女人喜欢隐藏她们最深的感情，而男性喜欢让对方知道。如果你问一个男人："这个面包是哪里买来的？"他会告诉你；而把这个问题问一个女人，她通常会反问："有什么问题吗？"

女人到家门口才掏出开门的钥匙，而男人早就掏了出来。女人划火柴时，总是把火柴划出，而男人总是划入，也许是女人怕烧到自己。

一家德国报纸组织了一次测验，在慕尼黑的一间商店里装了一面长镜，然后观察经过长镜的男女，看他们有着怎样的反应。在8小时的观察中，共有1 620个女人经过这面长镜，1/3停下来短暂地望她们自己；而差不多所有600个经过长镜的男人，都停下来好好地望自己，大多数又往后望，看看是否被人注意。

男人的面子，女人的面孔

据一项调查显示：现在的都市女人用于美容的开支已经占到月收入的10%~15%。如果一个都市女人月收入3 000元，那么她每月就有300~450元是消费在脸上的，也就是说，单单保养脸部，平均每天就要花去10~15元，女人的脸确实挺值钱。翻开如今满街飞的各类时尚杂志，映入眼帘的是铺天盖地

的美容广告，想想这份调查，你就不难理解为何商家不惜血本做广告了。女为悦己者容，如果说这在以前专指男女情感而言，现在就不是这样了，女人的脸不仅是给爱人看的，更重要的是体现着职场上的形象和爱美、永葆青春的要求，翻开女人随身携带的手包，里面可以什么也没有，但化妆品是不能缺的，口红、眉笔、小镜子，至少这三样一样都不能少。说女人的脸武装到牙齿绝不为过，现在各类牙饰也是满天飞，估计过不了多久，舌头也会成为美容师倡导美容新概念的又一战场。

男人对脸就不这么爱惜了，顶多就是在冬天到来的时候给自己抹点儿保湿霜，要是效果好，就跟着电视广告里来一句“嘿，还真对得起咱这张脸”。男人爱惜的是面子，所谓人家敬我一尺，我敬别人一丈，讲的就是面子的事。北京男人是最会用语言给人面子的，不管相识不相识，他一开口就是“哥们”，更给面子的叫“爷”，敬人先嘴甜，很多人喜欢听北京男人讲话原因就在这儿。

男人和女人是两种不同的动物，女人爱脸，男人爱面子，这其实是一出精彩的侠骨柔情戏，就是再过一万年，也不会变的。

素以绅士风度著称的伦敦男人通常都是很有风度地先给别人面子，绅士嘛，总喜欢先做些姿态；而巴黎男人对面子的讲究就多了些浪漫的味道，浪漫之都确实不是浪得虚名；纽约男人对面子的讲究就复杂了，完全秉承了美国移民国家的多重性格；东京男人通常都是给人生硬刻板的印象，这似乎和他们传统的武士道精神有关，所以东京男人不管给人面子还是得到面子，常常都是不苟言笑的。

异性相吸——男女间的“放电”现象

1. “放电”是天生本能

谈到男女之间的神秘吸引力，美国韦伯斯特大学心理学家莫妮卡指出：

挑逗是人类与生俱来的本性。挑逗能够帮助男女双方尽量突出自己的长处去吸引对方，一则可测试一下双方的感觉，二则也可增加自己的吸引力，从而捉住对方的心，这样才有机会拉开生育下一代的序幕。

“挑逗本身是一种能引起快感的行为，因为人们会因为自己拥有魅力而快乐开心。又由于女性天生比男性敏感，所以一般来说都是由女方先发出挑逗信号，并且控制着整个挑逗行动的节奏，男方通常是处于被动的一方。”

照香港人的形象说法，这个挑逗的过程就叫作“放电”，“有触电般的感觉”、“来电了”则表示有了感觉。

2. 身体语言流露爱与恨

香港著名演员郭锦恩认为：“在‘放电’过程中，眼神是至关重要的。比如在饭店里吃饭，看到斜对面坐着一位帅小伙，我会立即移开视线，但接下来我就会装出不经意地侧过身子，让他能清清楚楚地看到我，当然，也方便我能看到他，观察一下他的反应。这时我会注意保持良好的仪态，尽量作出淑女状。但是经过观察之后，如果发觉他并非自己心目中的理想人选，即使他主动走过来找我搭讪，我也不会理睬他，最多是出于礼貌应酬几句，然后开始东张西望；又如果他装傻，甚至还想坐下来继续聊，那我干脆走开算了。”

3. 偏爱“以貌取人”

男女最初见面，要具备什么样的条件才能互相吸引呢？莫妮卡解释说：“挑逗的首要条件是必须觉得对方有魅力，能吸引自己，而漂亮的外表是其中的重要要素。”美的客观标准是有一副对称的五官，对男性而言，女性如果拥有一双大眼睛、樱桃小嘴，以及大小适中的鼻子，便是美。当然身材也很重要。

对女性而言，一个有社会地位和经济实力的男人，会最具吸引力。

在外貌上，女性特别喜欢那些面部轮廓分明的男人。

在男人或女人的脑子里，往往都有一幅理想对象的构图，当看到可吸引自己的人出现后，就会将那人的外貌、特点，与自己的拼图进行核对，一旦

吻合，便展开追求攻势。

这也难怪很多人一见钟情时，都惊呼终于找到了“梦中情人”。

4. “放电”有迹可寻

事实上，男女之间的“放电”是有迹可寻的，心理学家曾在饭店、酒吧等地方，做了长期的观察研究，发现两性之间的挑逗，可以分为三个阶段。

第一阶段，男女双方进行大范围“狩猎”，寻觅目标，倘若见到合自己心意的异性，一开始只会匆匆瞥一眼，然后便会移开目光，心里盘算着应该怎样发放挑逗的信号。

第二阶段，由单方面发展到双方面，双方开始积极传送信号，包括面部表情、姿势及其他身体语言，根据心理学家研究发现，男女分别有一套特别的信号用来吸引对方。

男性常用的“放电”信号——眼神：对望。笑容：微笑。身体：贴椅背直坐或挺腰站立，将胸部尽量伸展，显示其肌肉及男子汉气概；吸烟者会把玩打火机或夸大吸烟姿势。装扮：西装或一身名牌装扮，显示其身份地位。

女性常用的“放电”信号——头发：撩拨、抚弄或将头发绕圈。眼神：瞥一瞥、凝望、对视、睁大眼睛。笑容：含羞地笑、稚气地笑、温柔地笑、微微弯起嘴角似笑非笑。嘴唇：轻撅、轻舔、轻咬。颈项：轻抚颈项，突出颈部线条。身体：挺胸收腹，从而令臀部凸起，显露身体线条。动作：轻轻晃动小腿，微微摇晃身体。装扮：贴身衣裙、高跟鞋。

第三阶段，当接收到对方的信号，男女双方都想进一步发展关系时，便会采取实际行动，如向对方走近、攀谈，在谈话时会玩一些小把戏，例如把玩桌上物品之类的小动作，以期能借机触碰对方的指头，来开始最初的身体接触。

5. 外貌之外的吸引力

专门研究人际关系的香港中文大学心理学系陈钧承副教授指出，外貌在吸引异性上虽然占有颇重要的地位，但尚有其他途径可增强自己的吸引力：

（1）选择合适环境。酒吧、咖啡厅、舞厅等公众场合，是结识异性的好场合。场内昏黄的灯光可使面部轮廓看起来更美好，轻柔的音乐有助于营造浪漫气氛，强劲的音乐则可令人态度变得较开放、热情。

（2）勤“放电”。懂得发放“信号”者，无论男女，都会较受欢迎。实验证明，以女性为例，如在一个钟头内发出35个“求偶信号”，平均能吸引到4名男性的目光。但需注意发放信号时不能千篇一律，要不断转换方式。

（3）突出衣饰装扮。女士宜略施脂粉，使自己在人群中更显眼，男士则不妨以笔挺西装，或成熟稳重的衣着，来显示自己的社会地位。

（4）适当的眼神接触。用“心灵之窗”交流，是“放电”过程中极为重要的一环，眼神接触最好维持1~2秒，因为时间过长会令人觉得浑身不自在，但过短又容易被忽视。欲拒还迎的眼神，最能摄住别人对你的目光。

（5）恰当的对话。可尝试用一个较幽默的句子来打开彼此的话匣子。谈话内容可触及自己的学历或简单背景，从而与对方寻求共通点，增加彼此亲切感。

男女交往中的“3S政策”

男女交往往往只不过是一个两性互相吸引的过程。真正的“冲锋陷阵”、“两阵交锋”，往往就要靠男女交往时的某些“小技巧”来加以达成。所以，这里想介绍“两性吸引”的“3S政策”给大家，大家和异性面对面时可以自由发挥，增大阁下对对方的吸引力。

“3S政策”就是Smile——微笑；Sight——眼神及Skin-ship——接触。

1. Smile即微笑

向对方微笑立即就可以向对方发放“友善”、“好感”的讯息，亦可以令对方立时知晓，在对方出现的时候，发出微笑者的内在气氛是“快乐”、“开心”、“欢悦”的。换句话说，向对方轻轻微笑就可令对方立即知道，

自己是“开心之源”。而一个人一旦知道自己“受欢迎”时，就会产生一种“飘飘然”的感觉，容易对对方产生好感。

2. Sight即眼神

控制自己的眼神就可以同时控制对方的情绪。Sight之最有效的方法就是配合上一个Smile一同运用。在与异性互相吸引的过程中，如果我们一方面对着对方微笑，而另一方面又同时向他／她授以一个情深款款的眼神，对方就立即意会到，自己已经吸引了阁下，成为了“被爱者”。

3. Skin-ship即所谓“肌肤接触”

用微笑用眼神都还未能足够表达出一方对另外一方的“爱意”，一定要手牵手、肩并肩才可以连成这种“深爱”，这种爱意之深之广，相信对方能在第一时间领会。

另外，手牵手、肩并肩，甚至于皮肤与皮肤之间的摩擦，往往可以给对方造成一个感觉：你是想通过肌肤的亲密接触，和对方成为“两位一体”，构成一个“二人世界”，联成一个“共同体”，成就皮肤上面的“婚礼”。

男女瞳孔里隐藏的交往秘密

在用语言交流感情时，女人往往表现得比男人更紧张，出现瞳孔放大、凝视对方的紧张状态。

女性在幽会时都喜欢选择在暗处，原因是，在暗处她们的瞳孔会比平时更大、更明亮、更富有吸引力。尽管对于大多数女性来说，应用这种方法是不自觉的，但是，中世纪的意大利妇女已懂得放大瞳孔可以使眼睛明亮迷人且更具魅力。她们还常常使用药物来放大自己的瞳孔。

瞳孔变化确实能反映人的情感。心理学家曾经做过这样的试验：

让男女两群人坐在屏幕前观看不同的图片，同时用录像机将被试者的瞳孔

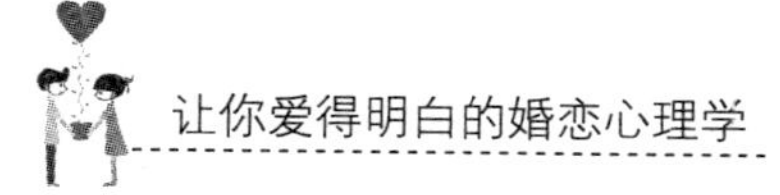

状态摄录下来。结果发现，当看到女性画片时，男性被试者的瞳孔明显比女性被试者扩得更大；而看到婴儿或男性照片时，女性被试者的瞳孔反应更甚。

心理学家对男女的互视做过比较，发现他们注意异性部位的顺序有所不同。

男人看女人时，视线的顺序是：

① 脸；②发型；③胸部；④服装；⑤腿；⑥腰部；⑦臀部；⑧拎包、手袋之类东西；⑨鞋子；⑩背部。

女人看男人的顺序是：

①脸；②发型；③上衣；④领带；⑤衬衫；⑥鞋子；⑦腹部；⑧皮带；⑨手表；⑩前半身。

由此可见，男人较注意女人的体形，而女人比较注重男子的衣饰。

男女的埋单哲学

想看清一个女人的真面目，要在她卸妆之后。想看清一个男人的真面目，则要在跟他分手之后。想知道男人和女人的感情心理，便要看他们付账时的态度。

这绝非金科玉律，但现实生活中却具有实用主义功效。在女性意识日渐提高的今天，女人可以和男人一样叱咤风云于职场，一样买房、买车，甚至比男人赚得更多。然而，与此形成落差的是，几乎没有一个女人不愿意享受男性替她埋单的幸福感。

男人们埋单时候的态度，也会随着两人的感情轨迹及时变换。譬如，如果男人完全不看账单便付钱，并慷慨地付小费，说明他正在追求着这个女人。

当他开始留意账单上的项目，说明他已经把这个女人追到手。

当他开始翻查账单，并埋怨收费太高，说明他跟这个女人感情十分稳定。

当他只是瞟一眼账单，然后由女人掏钱，则这个女人已经成为他的太

太，掌握经济大权……

相反，女人完全不看账单，只留意男人付多少小费，表明她刚刚开始和同去的男人交往。当她开始留意账单上的项目，并嘱咐男人不要付太多小费时，她已经爱上这个男人。

当她埋怨男人翻查账单，又批评他付小费太吝啬，表明她并不爱这个男人。

当她开始翻查账单，并埋怨男人付太多小费时，她已经成为他的太太。

倘若一男一女争着付账，那么完全可以判断：此两人，绝非情侣。

男人不能太小气。而这个男人到底有多在乎你，从他愿意为你“投入”多少，就能看出几分。没有一段恋爱离得了物质基础，而埋单付账这类事，虽然琐碎，却能从细微之处体现出一个人的性格和品行，进而不经意地凸显心理状态。

虽然现代人总讲究男女平等，约会实行AA制的也不在少数。但大部分人仍认为，AA制显得过于冷酷，缺乏人情味。那么，那些不愿意总是依附于男性的聪明女人，就会恰到好处地选择时机，适时地表示。

所以，当一个女人说：“让我们的晚餐AA制吧。”其实是说：“我的确是真心对你，但现在已经是21世纪，我已有一个很不错的工作，而且刚赚了一些钱。没有理由总让你为我付饭钱，是吗？”

但是，男友收到的信号却有可能是：“我不想因为钱的缘故觉得欠你什么。”所以，如果男友总是抢先埋单，那么她不会与其争抢，而是选择别的方式来平衡。例如送一些实用的小礼物之类。

还有一种情侣，他们从不把谁付钱说得清清楚楚，但是其实质仍与AA制异曲同工。其中的奥妙就在于一个简单的规矩——谁提出邀请谁付钱。

为什么男人女人都爱撒谎

诚实度会影响两性之间的关系吗？也许那要看谎言的程度而定。

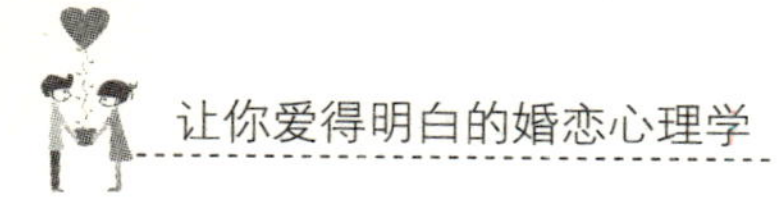

但是古谚说得好，“诚实比不贞更容易毁灭情谊”。该如何拿捏其中的分寸，恐怕就得靠经验和个人的智能了。

每个人多多少少都会为了一些小事说谎，从隐瞒自己的体重、身高，到是否动过整容手术，乃至于为了避免一场纷争或尴尬情况说谎等。最近美国的一个研究报告中也指出：人们平均一天撒两个小谎，不过倒也别感到太震惊，因为这些发生在日常生活中的小谎言大多无关紧要，而且谎言也实在有太多种了：有善意的、客套的、存心恶意的、不值得撒谎的……当然，还包括了枕边床上的谎言。

不可否认的，谎言多少会造成程度不同的罪恶感；然而，在复杂的两性关系中，谎言有时候却扮演着润滑剂的角色。以下归纳出两性间最常听到的谎言，并解读其背后的意义，帮助你了解他（她）心中隐藏的真相。

1. 谎言一：“我会打电话给你”

事实：我不想惹麻烦告诉你咱们不来电的事实。

解读：要不是他们太笨了，想不到其他更好的借口离开，就是他们虽然想打电话，但后来又改变了心意，甚至他们认为对方早就习惯这类应酬话，不会把它当回事。通常这种类型的谎言是因为懒惰。

2. 谎言二：“不会啊，你的臀围看起来并不大”

事实：我不想伤害你。

解读：大多数男人可能都有如此的撒谎经验。毋庸置疑的，他们只想在女人发飚前保护自己，也让对方听起来舒服，不再紧紧相逼。同样的道理，许多女人不也是只会告诉另一半他的头发又多又密？其实这种谎言在两性关系中难以胜数，因此男女双方可以说都一样“巧言令色”！

3. 谎言三：“喔！这是我有始以来最美好的一次”

事实：你大概需要“威而刚”了。

解读：有些时候，实话真的很难说出口。这个时候谎言就有许多不同的目的了。为什么某些时候女人会假装呻吟和高潮呢？其实她们只是想打破沉

闷的性爱过程，或避免让对方难过、失去自信。有时候这种类型谎言可能偶尔适用于较为敏感而缺乏自信的人身上，但长久下来，女方心中难免埋怨连连，男方其实也多少察觉到了实情。这时候若再继续以顺耳的谎言对之，可就不妙了！

4. 谎言四："我即将离开她"

事实：鱼与熊掌，总有兼得的办法。

解读：这句话背后真正的用意，其实是用来分散两边的注意力，争取较多的时间。事实上这个说谎者是因为想吃吃甜头甚至打算享享齐人之福，而对原来的伴侣这么说。如果你真的一点也不存疑，或者明知不对劲还是要说服自己温顺地相信，那么就只能请你自求多福了。

美貌女人与聪明女人对男人的影响

与美貌的女人交往，使男人学会花钱。与聪明的女人交往，使男人学会挣钱。因为聪明的女人，会将自己挣钱的途径和办法，不遗余力地告诉与自己交往的男人，又从男人那里获取更多的金钱。而男人对此也很乐意。因为挣多了金钱，也无所谓给聪明的女人花多花少。

与美貌的女人交往，使男人风光。与聪明的女人交往，使男人充实。毕竟，聪明的女人伴随在男人的左右，时时刻刻会给男人出谋划策，时时刻刻要男人去奋斗，去进取，去拼搏。作为男人，会感到聪明的女人是自己的良师，是鼓舞自己胜利前进的益友，从而产生一种生命不止、奋斗不息的境界。这就印证了一句名言：成功的男人背后必定站着一位伟大的女人。

与时髦的女人交往，使男人学会欣赏时装。与聪明的女人交往，使男人学会欣赏生活。现在的生活方式和内容是多方位的，多层次的，多元化的。如果拘泥于一种生活方式，就会显得枯燥乏味。而聪明的女人正是这一方面的楷模。她会凭着自己的学识，去引导男人进行多层次生活的构想，使男人们在欣赏中学会生活，在生活中进行美的欣赏和享受。

与美貌的女人交往，使男人学会浮躁。与聪明的女人交往，使男人学会作诗。因为，聪明的女人，会使男人们生活浪漫，而浪漫的生活更富激情，在激情的心态下特别能够产生诗歌。古代诗人是这样，现代诗人还是这样。所以说，古今中外，是诗人者必定有一个聪明的女人在自己的身旁。

男女交往的心理学“异性效应”

国外有关专家曾按现象的平均统计水平评价男女品质，认为男女是可以互相补充的，他们的不同倾向将相互补偿。对于男女交往的好处，可以从不同的角度去体验和总结，这里只是简单归纳出几条。

第一，事业上互助

随着社会的发展，人们的事业心大大增强，一般都渴望在某一方面、某一领域有所成就，以实现个人价值。如有一位女作家的爱人是科研所的研究人员，对创作一窍不通，虽然很支持她搞创作，但不能给予具体的指点、帮助。她结识了几位异性作家朋友，大家定期相聚，在相互探讨中提高了创作水平。类似这样交异性朋友，大都是“一棵树上的鸟”，为共同的事业相识，又在事业的进步中加深友谊。在这里，一个人不仅得到具体帮助，而且得到异性的赏识和鼓励，增强了自己的自信心。近几年，各种沙龙、小型联谊会的兴起，正是适应了这种择友的需要，不少人在这里结识了异性“知音”。

第二，智力上互启

科学证明，男女的智力没有明显的高下之分，但却有着智力类型的差别。比如在思维方面，女人比较讲求实际，她们的思维活动比较具体。妇女的智力更适应于应用科学和接近实际的科学。男人更倾向于抽象思维领域，

他们更多地用综合方法对待现实，善于概括，热心于抽象科学，思维往往是离奇和大胆的。在同异性的交往中，男女均可取长补短，提高自己的智力水平。

第三，气质上互补

男女之间的气质有所不同。男性气质多反应慢，意志坚强，一般有更强的迎战能力，进攻性强，富反抗精神。女性气质多灵活好动，感情充沛，情绪多变。她们的气质特性典型地表现为反应快，动作敏捷灵巧。在男女交往中，双方的气质可转化到对方身上。

第四，感情上互慰

人的感情是极其丰富的，除了爱情，还有怜悯之情、亲情、感激之情等，因此异性之间可以有不带爱情色彩的情感交流，它可以使人感受到温暖，达到心理上的平衡。

一般来说，女人细腻温和，多富有同情心，男人则情感热烈，意志坚强。有的男人愿向女人吐露自己的不幸和遇到的难堪，诉说自己心中的秘密，在同情声中平静下来；有的女人愿向男性朋友诉说自己的犹疑和愁苦，在鼓励声中稳定了情绪。有的“话逢知己”，总觉得有共同语言，在谈吐中慰藉各自的心灵。这种情感交流是微妙的，也是在同性身上得不到的。

第五，精神上互悦

有些人交异性朋友是为了娱乐，他们在共同活动中得到精神上的愉悦，接触多了就成了朋友，如牌友、球友等。在和异性朋友同乐中，感到一种和同性朋友在一起所没有的自豪、满足、和谐。

总之，男女交往的好处是很多的。一位伦理学家说过：男人真正的力量是带一点温柔色彩的刚毅。如果一个男人集中的全是男性的特征，就会因枯燥单调而令人生厌。男人具体存在于不同性别特征的搭配之中，这使他们的性格更加丰富多彩，更表现出男性的魅力。同样，对于女性而言也是如此。

现代社会，人们的生存压力越来越大，所以与异性交往是生活中最好的调剂。

许多人可以在异性面前非常愉快地完成那些在同性面前极不情愿完成的任务，有时还表现得十分勇敢、机智，这种现象，在社交心理学上称为“异性效应”。

在日常学习、工作和生活的交往中，如果能正确而恰当地运用“异性效应”，则往往会收到良好的效果。

在请求帮助和商洽事情时，“异性效应”不时闪现出独特的作用，尤其是俊男俏女，如果能合理地驾驭“异性效应”，则往往会取得满意的效果。

再说，在一般情况下，一位漂亮的姑娘主动表示愿意陪着你坐一坐、聊聊天，任何一个心理正常的男子都不会断然拒绝吧？甚至反应迟钝的也会变得思路敏捷；沉默寡言的也会变得侃侃而谈，头头是道，滔滔不绝……无数事实证明，除了某些出于政治阴谋或其他肮脏的目的而施用“美人计”外，一般来说，这种做法颇有可取之处，有时候，这种“异性效应”还能使素昧平生的双方在事业和爱情上互相促进。

第4章

男人说“男话”，女人说“女话”

男人与女人的思维为何如此不同

生活中，人们常常发现这样的现象：男人喜欢独占电视遥控器不断变换频道，而女人不介意观看哪个频道；压力之下，男人喝酒做糊涂事，而女人则吃巧克力或逛商店。

女人批评男人不敏感，不体贴，不爱说话，很少表达爱意；而男人批评女人不会看路标，废话连篇……男人认为男人是最理智的，而女人认为女人才是。

为什么男人与女人的思维方式如此不同？澳大利亚研究身体语言和行为学的专家皮斯夫妇在经过大量的研究和调查后认为，男女头脑的差异决定了男女之间的行为能力、生活方式和两性交往等方面的差异。

1. 为什么女人爱聊天，男人会“自言自语”

男性的大脑是高度区域化的，按区域来分类和储存信息。在度过紧张忙碌的一天后，男性的大脑信息会分类存档。而女性大脑并不以这种方式存储信息，所有问题不停地在大脑中涌现，女人从脑中排除问题的唯一方法是把问题说出来，她们的目的并不是要真正地解决问题，而是将问题排除出脑海。

男人把电话看作是将信息传递给别人的沟通工具，而女人则把电话当作联系的纽带。刚和女友度完两周的假，回到家中，她们两个还能在电话中聊上一个小时。

男人被要求解决问题时常说“把它交给我吧”，或“我会考虑解决的”。他会毫无表情、默默地考虑问题，只有当他找到答案，他才会说话或高兴地作出表示。男人在大脑中“说话”，因为这不需要口头表达能力，而女人用口头表达能力来沟通。当一个男人遥望天空发呆时，大脑扫描显示他正在大脑中“自言自语”，女人看到会以为男人不开心，就会尽力和他说话，给他找些事做，而男人常常因为思路被打断而生气。

如果男人和男人相处时，他们能长时间坐在一起仅有只言片语也不觉得别扭。如果男人安静地与女人坐在一起，女人们会认为他不易接近、沉闷乏味，或者不愿加入她们。如果男人想和女人相安无事，他们就不得不说得多些。

2. 处于压力之下时，男人和女人会有什么行为差异

有这样的说法：心情焦躁的男人喝酒并去侵犯他人，心情焦躁的女人吃巧克力并去抢购东西。在压力下，女人没有头脑地胡说八道，男人则不动脑子地蛮干。当男人和女人同时处于压力之下时，就可能像一个情感雷区，谁都想控制对方。男人可怕的沉默让女人感到害怕，女人开始大叫，男人就不知如何是好。为了让他感到好受点，女人试着去鼓励他说出他的问题，但这可能是最坏的事，他会告诉她滚开，让他自己一个人待着。

3. 男人和女人为什么会分手

一个男人的生物性冲动是向一个女人提供她需要的东西来证明他的成功。让女人欣赏他的努力，如果她满意，他就感到满足。而如果她不觉得幸福，他就会感到失败，认为那是因为他不能向女人提供足够的东西。男人常说“我从来没有让她感到幸福”，这是一个充足的理由，是使一个男人离开一个女人转向另一个自己能够满足的女人的理由。女人离开男人，不是因为她们不满足于男人所提供的东西，而是因为他们感情不合。她们想要的是爱情、浪漫和交流，而男人需要的是女人告诉她自己所提供的是最好的。因此，一个男人需要多些耐心，多数情况下，只需要听女人讲而不必发表任何意见。

4. 为什么男人隐藏他们的感情

现代男人具有勇敢和不示弱的遗传基因，所以女人都会问：“为什么不说说你们的感受？”当他生气和不高兴时，他会把自己逼入绝境或离群独思。

男人天性多疑，爱竞争，常自控，有防范意识，是隐藏自己感情的孤独者。对于男人，变得情绪化，被认为是失去控制。社会环境强化了男人的行为，教他们应“像一个男人”，“不能哭”。而女人的大脑已预先形成了更开放、诚实、善于合作，更有牺牲精神，更善于表现感情的机制，女人可以不必总是控制自己的感情。那就是为什么当男人和女人同时遇到问题，彼此都对对方的反应感到迷惑不解的原因。

5. 为什么情绪化的女人难对付

当一个女人难过或是情绪化时，她可能挥舞手臂乱哭乱叫，不停地用富有感情的形容词讲述自己的感受。她需要被照顾、被关心、有人倾听，但男人只会按照自己的思维打断她，认为她哭是为了“把我的问题解决了吧”。所以，男人不去安抚，而向她们提供建议。对于女人来说，情绪化的表现是一种交流方式，她可以很快恢复并忘记，但男人却感到对她的问题有责任找到解决办法，否则，就会认为自己很失败。这就是为什么当一个女人情绪化时，男人会感到难受或生气以及想叫她不要哭的原因，并且男人害怕女人一哭就没完没了。

6. 为什么男人讨厌被劝告

一个男人需要感觉到他有能力解决他自己的问题，如果他去麻烦好朋友，那一定是他认为别人有更好的解决方法。当一个女人试着让一个男人讲他的感受和问题时，他会坚持把这看作是对他的批评，认为他没有能力，而实际上，她是要帮助他使他感觉更好些。对于一个女人来说，提供劝告和建议是希望相互间更信任，而不是看你不行。

7. 为什么男人喜欢不停地转换电视频道

很多女人讨厌男人不停地转换电视频道。其实这种时候，他不想知道每个台在讲什么，他只是在找每个故事的结果。在换台时，他能忘记他的问题，而为电视节目中的人物寻求解决方案。而女人不会总换频道，她们关心故事情节，感受故事的人物关系。男人在读报时也是这样，女人应当明白当男人读报时，他们不能理会你在说什么或记不得你在说什么，此时很难与男人交谈。

8. 女人爱听“我爱你”，为什么男人不肯说

说“我爱你”对女人来说不困难，女人的大脑思维结构，使她的世界充满感觉、情感、交流和语言。女人凭她的感觉知道，她是处于依恋阶段还是坠入爱河，而一个男人不能完全确定什么是爱情，他可能分不清欲望、迷恋和爱，他所知道的只是不能放弃这个女孩……也许这就是他想象的爱情。在这种关系维持几年后，男人才会认识到自己是否在恋爱。而女人知道爱情是否存在，所以大多数关系是由女人结束的。许多男人是承诺的恐惧者，但当一个男人最终跨过那条线对她说“爱”时，他甚至想在每个地方告诉每一个人。

男人思考“下半身”，女人思考“下半生”

男人的爱可以给N个女人；女人的爱只给一个男人。

男人的爱是用眼睛看出来的；而女人则是用感觉！

男人爱女人的过程是：爱—怕—烦—离开；女人爱男人的步骤是：无所谓—喜欢—爱—真情难收。

当男人很爱女人时，女人可能还没有爱上男人；当女人逐渐喜欢并爱上

这个男人之时，也许正是男人厌烦了女人准备开溜之际。

男人的爱是把天鹅逐渐变成癞蛤蟆的过程；女人的爱是把青蛙逐渐变成王子的过程。

女人的爱是执著的，因为她经常对以前的爱人念念不忘；男人的爱是天气预报，经常阴晴不定。

男人总是用“下半身”思考；女人更多的是考虑“下半生”。

女人永远可以区分“爱”和“喜欢”；男人只知道哪个是最爱，所谓的“唯一”基本不真实。

和女人在一起时，女人是他的全部；和女人分开时，她什么都不是。

和男人在一起时，他是她的全部；和男人分开时，他还是她的全部。

男人的爱可以用名利、地位来衡量；女人的爱可以拿名声、生命去换取。

男人以得到好女人来炫耀自己；女人以守住好男人来炫耀自己。

好男人的责任感使他把自己看作一个战士，为婚姻垒个城堡，他就是守护的勇士；好女人的爱使她把自己看作一个护士，家庭就是她的病人，在她看来它总是有点令人担心。

男人无性无爱，女人无爱无性。

有多少心里话想对他（她）说

当人们心中有了烦恼时，常常希望能够倾诉出来，好友的劝告与抚慰，有助于使烦恼烟消云散。此时，倾诉也许并非期望寻求什么办法，解决什么问题，而主要是为了满足情感表达的需求，满足心灵慰藉的需求。所以，此时倾诉者往往不是寻求一个好参谋，而是想找一个好听众。

那么，同性与异性相比谁是更好的听众呢？当然是异性。

第一，两性性心理有“异性相吸”作用。为什么要男女相伴走过一生？

这除了繁衍生息的需要外，也是个体发展的需要，其中很大程度是心理发展的需要。异性朋友之间的交往当然不同于夫妻或情人之间的性交往，但由于对方是异性，当事人便比较容易缓解内心因苦恼造成的紧张和焦虑。这也是人际交往中异性朋友的功能之一。

第二，两性性格有“互补”作用。心理学发现，在人际交往中有一个“互补性”原则，男女双方的个性存在相反的差异时，往往相互吸引。一般来说，男人的刚毅和女人的温柔正好可以互补，给苦恼中的异性朋友以慰藉。

第三，两性交往有“异类群体”作用。人们常常愿意在自己同类群体之外的交往对象那里打开自己的心扉。比如，人们往往对外单位的人、外地人甚至陌生的人更容易袒露自己的内心世界，这是情感交往的特点所致，异类群体中的人相对来说安全系数比较高一些。两性各自分属不同的性别群体，因而也就比向同性袒露心迹更为安全些。

按理说夫妻也是异性，也可以满足上述条件，可为什么人们有烦恼时仍愿意向配偶之外的异性朋友倾诉呢?

第一，异性朋友比夫妻有更大的相似性。虽说人们常用“心心相印”来形容夫妻关系，可是，现实的婚姻中由于家庭、教育、职业、阅历等诸多原因，常会导致夫妻在兴趣爱好、个性特征、文化素养、价值观念等方面存在较大差异。而朋友则不同，异性朋友之间的相似性使他们在各方面更容易相互沟通。

第二，异性朋友与配偶相比有较大的新异性。求新求异是人的天性。夫妻之间长时间共同生活在一起，容易磨灭彼此之间的新鲜感，削弱了新异性。而朋友之间，无论交往多密切，相互之间也有一种“外人”的意识，这使朋友之间能保持心灵感应的敏锐度和对彼此的热情，也会对异性诉说的苦恼给予更多的关注。

第三，异性朋友可以满足两性感情的弥散性需求。婚姻要求夫妻感情的专一性，可两性感情有其弥散性的一面。人，既有自然属性，又有社会属

性，人的活动必须受社会规范的制约。婚外情通常是社会舆论所不容的，而异性朋友之间的感情体验，既没有违反社会道德，也可以满足人们对两性感情弥散性的需求。

当然，这里的所谓异性交往，不是指诸如开会、问路、办公事等一般性的男女接触，人们对此是没有非议的，也不是指特定的夫妻关系，夫妻天天都在交往，且受到法律的保护，而是指已婚男女出入酒会、沙龙等正当社交场所，或在工作、学习、娱乐中加深了解，结交异性朋友，并有较多的接触，保持高尚、真挚的友谊。

它比例行公事等一般性接触要深，且又排除了夫妻之间特有的性爱关系，是男女双方自觉自愿，为事业进步、丰富人生、增优补劣、愉悦感情而进行的有益活动。它是社会进步与文明的一种表现和反映，它的规范和程度虽因国情的不同而有所差别，但从总体上说，社会越是进步，越向人们提出交往的要求，同时也为男女交往创造了物质条件、思想条件和良好环境。

男人表达向左，女人表达向右

男性和女性，不仅身体素质、性格特征以及免疫力有很大差异，而且在语言交流的表达方式上也不大相同。

比如，有一对夫妇正在驾车行驶，妻子问丈夫道：“想停下来喝点什么吗？”丈夫实话实说：“不想。”他们继续行驶。结果呢，确实想停下来喝一杯水的妻子十分懊恼，因为丈夫没有理解她的愿望；丈夫看到妻子在生气，自己也气得很，心里嘀咕：“她干嘛不直接说？”在这种情况下，如果双方都了解一点彼此不同的交流方式，绝不可能都生起气来。很遗憾，丈夫没能看出妻子问他想不想停下来，不是想立即得到一个决定，而是想和他商量一下。妻子呢，没有意识到丈夫说“不”的时候，只是在表达自己的意愿，而不是在支配她。

一般来说，男人受着来自外部环境和内心的双重压力，被公认为“勇敢、果断、有胆识”——这是外界对他们的重压。另外，为了维护“我是顶天立地的男子汉”这一信条，男人发言有攻击性，时时担心自己的尊严是否受到了蔑视，自己的能力是否得到了认同等，内心十分紧张。于是，男子几乎将生活中的一切活动视为验证自己是好汉的机会，谈话自然也不例外。结果，谈话成了维护自我形象的一种竞赛，在这场竞赛中，要么为了取得某种优势，要么为了阻止摆布。而女人，交谈是获得别人确认和支持的有效方式，女人从彼此交谈中，或者找到双方的共同点，或者体会到对方的同情。

男人更关心自己的形象地位，所以，男人必须首先证明自己凡事都能做主，不听命于任何人；而女性，由于竭力保护与别人的亲密关系，获得别人支持，所以在“独立自主”上并不十分敏感，有时甚至以与别人的亲密关系而感到自豪。因此，生活中很少听到男人说“这事我得回家和老婆商量”，而女人则很乐意说“我得和丈夫商量一下再作决定”。

此外，男人认为抱怨意味着“必须找一个解决的方法”，而对女性而言，在大多数情况下交流与其说是为了获得信息，倒不如说是为了寻求感情上的支持和安慰。妻子向丈夫抱怨自己有的毛病，并不是真的想改变它。如果丈夫竭力安慰说自己不在乎，在他眼里她依然很有魅力等，则妻子会十分满足。

由此可见，男人与女人的表达方式不同。男人应将女人的琐碎看作她们兴致很高、与自己亲密的表示。而女人也应理解男人有利用谈话来引起众人注意和钦佩的爱好。

男人沟通靠“说”，女人沟通靠“感受”

男人认为有不满就要说出来，对方才能知道，不必猜来猜去；而如果不把不满说出来，对方便无从改善，所以表达不满是为了点醒对方、解决问

题，是一种善意沟通的桥梁。

女人是不习惯有什么不满就立刻发泄出来的，往往为了不想破坏感觉与关系，多半会先采取容忍的态度。女人也不习惯用清晰明白的言语来表达情绪，女人认为如果男人真的在乎，就不会一点都察觉不出女人的不满情绪，即使没说出来也该知道；但如果男人不够真心，说出来有可能就有危机。

男人要先沟通，才会有好的感觉；女人要先有好的感觉，才愿意沟通。

夫妻沟通最大的障碍在于语言不同，又不肯迁就对方的语言，结果是连沟通的意愿也没有了。

男人常把女人的抱怨当“故障报修”来排除，女人则常把男人的抱怨当作“移情别恋”的象征。

男人总把女人的抱怨当作是对自己缺点的不满，以为只要将这些缺点改掉，就可以解决问题，关系也就可不受影响。女人常把男人的抱怨当作是“不再爱我”的象征，然后便开始怀疑是否“魅力不再”，或怀疑对方是否有了新欢，于是她们经常进行面部护理或是去美容中心整容以挽回男人的注意。

男人的无知在于以为行为的改正可以挽回女人受创的感觉，其实抚平伤口最有效的方法是创造一个甜蜜的感动，而不是发誓“下不为例”。而女人的天真在于以为把自己打扮得像朵野花，就可以让男人不会去摘野花，其实有时男人的喜新厌旧不是真想另起炉灶，而是想证明自己还有人要……此时，越是一哭二闹，越是适得其反。

男人和女人天生在感情世界的行为模式就是不同的。当男人在婚后将热情冷却、由浪漫转为理性生活的同时，女人却才开始打开心门准备享受浪漫……

除非这辈子你都不再相信婚姻，否则与其去等待上帝会带给你奇迹，还不如学会认识男人女人真正的沟通方法吧。

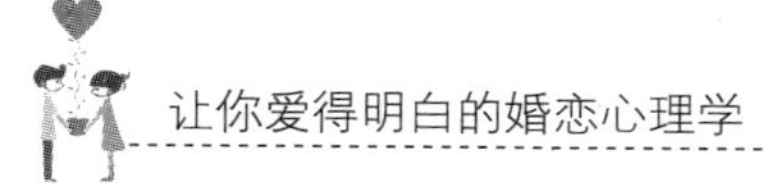

女人与男人的六种错误交流方式

有时女人对男人的爱恋表示，可能会令毫无准备的他手足无措。如果交流方式不当，她越想努力与他接近，反而越会让他越远离自己。

我们知道女人在与别人交谈时，总认为通过兴致勃勃的谈话，能与男人保持密切的关系，殊不知喋喋不休的女人，不但难令男人谈兴大发，反而易使他们缄口不语，兴味索然。但是，为了尽力让男人开口，她们却一而再，再而三地犯着同样的错误。

如果我们早读过《说你想说，有话直说》一书的作者齐瑞尔·克朗所说的这番话，可能会让你做得更好。她说："男人和女人的交流方式有所不同，女人的谈话比较感性，是真实情感的流露，而男人的谈话却趋向于实际。所以，女人不要勉强男人跟你的想法一致。"

但是，不要放弃对和谐交流的追求，了解他谈话的思路，把握他的谈话技巧和风格，就会令你俩的谈话顺畅自然。如果你与男人谈话无意中说错了话，使谈话氛围受到破坏，双方交流陷入困境，该怎么办呢？不要紧，这儿有一些小技巧供你参考，或许它能帮助你，使你俩的谈话峰回路转，柳暗花明。

1. 下班后，你仍然追问他的工作情况

你跟男人正在一起愉快地交流，你却突然冒出一句："今天工作如何？"他只是咕噜了一句"凑和吧"，就盯着体育节目不理你了。你应该清醒地意识到他不愿跟你说话是暂时的，也是情有可原的。

因为刚下班后不是跟男人谈正事的好时机。女人以为下班后聊天是与男人增进感情的一个好方式，但男人却希望只是与你在一起享受无言的宁静与温馨。这种沉默行为也有他生理上的原因：男人的大脑在处理某件事时是相对专注的。当男人沉思于工作或专注于球赛时，他的大脑正忙于逻辑思维，而此时他的语言功能正处于休眠状态。

给他时间让他平静下来，可以使他恢复谈话状态。28岁的洪英发现：“男友回到家，打开电视，就处于半休眠状态。我还记得我们第一次住在一起时，我竭力想跟他说话，他却似乎不认识我，我简直惊呆了。但后来我发现，只要我让他安静地待上一个小时左右，他就会主动给我讲他工作中发生的事情，这样我们就有话可谈了。”

2. 你说话时，死盯着他的眼睛

不知你有没有注意到这样一个现象：如果你直直地盯着一条狗的眼睛，它可能会以为你有敌意而避开你，甚至会扑上来咬你。男人的反应也大致如此。

男人和女人在跟同性谈话时，坐的位置和目光交流的方式有所不同。女人面对面坐着，倚靠在沙发上，眼睛直视对方；男人则肩并肩坐或对角坐，眼睛环视周围。对于女人来说，面对一个老是注视着天花板上剥落的油漆的男人，她是很难敞开心扉的；而对于男人而言，谈话时有人盯着他，会让他们局促不安，难以放松。

为了避开男性这个特殊的习惯，你可以利用你在他身旁的机会同他交谈，如在车内、在电影院里等，只要你不死盯着他的眼睛，他就会很舒适放松地与你进行交谈。26岁的叶晓说：“男友和我最愉快的谈话是在我们的一次旅途中，他谈及他的童年趣事及我们美好的未来，这是他不常谈论的话题。我们谈得很热烈，直至到了目的地还不想停下来。”

3. 你期望进行长时间的交谈

男人的谈话既实际又有目的，所以当你进入闲聊状态时，他就会找借口中止你们的谈话。男人是以音节为单位来思考和谈话的。这就是男女两性的基本差别之一。女人用谈话作为两人关系的柔和剂，她们对男人无所不谈以求密切关系。而男人则喜欢有既定目的的谈话。当你只是陶醉于有话可说的闲聊状态时，他却可能因为抓不住你的谈话要点而一头雾水，兴趣全无。

你和爱人一起做事情时，是你俩谈话的有利时机，男人在没有压力以及积极性高的状态下，通常比较善谈，而且也愿意敞开心扉。

让男人开口讲话的另一个小“伎俩”就是不要塞满每一个沉默的时刻。谈话时间太长，会令男人厌烦。女人在沉默时会感到不安，男人则不然。所以，如果你想打破沉默，也不要老是喋喋不休，这样反而会令男人有意避开你缄口不言，结果适得其反。

4. 你企图通过不断提及你俩的关系来保持两人关系的热度

世上所有的女人都会在不同场合问身边的男友“我们的关系好吗？你爱我吗？”但是，不断逼问男友类似的问题，会令他离你远去，女人总是在不断提到她与男友的关系时，才感到两人的关系正常与和谐，而男人则恰恰相反，如果他认为两人关系正常，就不会提及它。

男人知道你在寻求一种口头的承诺，但是利用提问这种间接的方式，可能会导致问题的发生。

你需要细心冷静地检查男人的行为，而不用逼迫他说出心中的不满。因为他可能不会直接告诉你你们之间出现了问题，但是你可以通过他的一些无声的行为来判断他是否幸福。握着他的手，亲吻他，抚摸他，看他是否回应你的温情。男人更愿意通过行动而不是言语来表达感情。

5. 你太诚实了

你意外地收到前任男友的E-mail，他表达了失去你的后悔之情，并希望能够重新和好，等你略带调情意味却又坚决地回绝了他的要求之后，考虑再三，你仍然认为作为一个诚实的伴侣，你有责任把这一切告诉现在的男友。如果你这样做的话，那就大错特错了。

虽然说诚实和信任是维护两人关系的基础，但有时你最好放弃“不告诉他会伤害他”这个观念。女人容易以为如果不告诉对方，就会或多或少地破坏两人的关系，但是男人却只在有确定必要的理由时，才会告诉你一些事实的真相。

所以你提到前男友，他可能会推测你们之间关系仍非同一般。虽然你确信你们的关系仅仅是一封电子邮件，你的男友却可能在想，他们之间还有没

有其他的事情发生？

提倡自我批评而不是全部告诉对方的另一个原因是：诚实的全盘托出比保留一点无伤大雅的秘密，对男友的伤害反而大得多。所以说：“绝对的诚实也可能是很残忍的。”

6. 你用沉默来惩罚他

男友的行为惹恼了你，但是你没有警告他下不为例，而是装作冷若冰霜，沉默不语，为什么呢？你只是想让他主动检讨一下发生问题的原因。女人利用沉默战术是因为她们认为在两人关系中男人多数处于主动地位，让他向你主动认错会使你感觉被重视。

但是，你的报复心理是白费心机：男人特别不擅长解读这些微妙的体态语言。这样做简直是对牛弹琴。而且即使你的行为非常明显，最木讷的男人都能看出你的意图时，他可能仍然一声不吭。男人认为沉默战术是一种无声的控制行为，男人的对策是如果她想要我干什么，她直截了当地说好了，摆什么谱？

遇到这种情况，你千万不要控制不住你的情绪而把他大骂一顿，最好的方法是过一段时间，你冷静下来之后告诉他，你对他哪儿不满，此时他会愉快地接受你的批评。

女人谈话不能触碰男人的软肋

对许多女性来说，要想去“喜欢”男人，她必须去除恐惧、不安全与理想化。简言之，她必须试着去接受男人。

接纳对方是喜欢的第一步。喜欢通常是紧跟在情感上的接纳之后的。聪明的女性在了解男人后便会喜欢上他们，而她们之所以了解男人，主要还是在于她们清楚自己的需要是什么。接纳、喜欢男人最常见的障碍就是缺乏了解。许多女性就因为不是真正了解男人，才会难以喜欢他们。而女性经常自

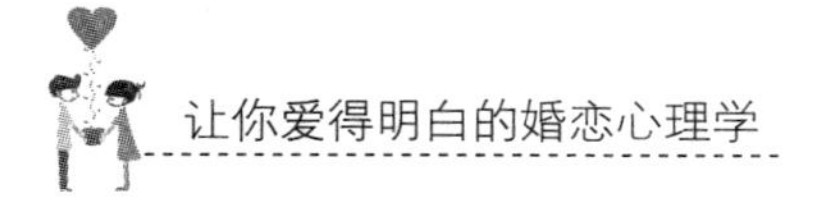

以为了解男人，却往往是来自神话故事或传统概念。

在传统角色上，男性即代表主动、自我克服，他们从不表明自己的需求。他们确保自身安全的方式就是防止女性看到那些足以威胁到他们的阳刚之气的事物。许多女性所不能了解的就是关于男人的脆弱与敏感。

这些范围还包括对无助与被动的恐惧，对诱骗的恐惧，对依赖以及无法达到女性的理想的恐惧。就算是脆弱的男人，他们也需要被喜爱、被尊重。一个真正被接受、了解及喜欢的男人他所回馈于女性的是对她们的关心、爱恋与尊重。只有那些愚蠢的女性才会犯下贬低男性自尊的错误，从而使他们对她恨之入骨。

1. 切忌谈及他们的“秃顶”

如果是男性的朋友取笑他秃顶，他往往能一笑置之。但如果女性提及时，则会感到极端不快，原因是他产生了恐惧感，生怕在女性眼中丧失了吸引力。

2. 勿在男士面前批评他的母亲

因为母亲是男性生命中第一个眷恋的“异性”，母亲受到恶意的批评，定会大大地伤害他的感情。

3. 不要对他的“浪漫观点”加以贬斥

几乎所有男性都以大情人自居，假如女性低估了他的浪漫气质或罗曼蒂克幻想力的话，那是一种致命的伤害。

4. 不要把他的饮食偏嗜作为谈话题材

男人最不愿别人剥夺他享受喜欢的食物的权利，也不要指出他对某种食物的喜嗜可能导致健康受损。

5. 不要在男性面前嘉许另外一个男士的成就

男性中很多人气量较窄，在他面前提及别的男士会使他认为自己被看扁，被有意奚落。

6. 不要指责男性

男性向其他女人投以目光，是男性的一种天性，但却经常受到女性的责备，因此，男人不喜欢女性提及这件事。

7. 不要对他的工作做批评

当你让他争取升职加薪或调换工作等，他会认为你对他的能力、野心及进取心等缺乏信心。

第5章

男人最喜欢什么样的女人

男人都渴望得到女性的“青睐”

男人在男女关系上是胆怯的。男人对女性的慎重，绝不是人格正派或厌恶女性等。在女性认为“那个男人好极了”时，男性也认为“某个女人很有魅力”。男性对女性是十分关心的，只是在表面上要作出不关心或被动的样子。所以，男性经常在心里盼望女性来接近自己。尽管自己不去积极地试探女性的心情，不去主动地接近女性，但如果女性来接近自己，则一定是相当愉快地接受的。女性接近男性，是极少会受到冷遇的。

有些女性认为，主动接近男性的女性是“下流”的，并认为男性对这种女性的评价很低。其实，并没有这样的事。在想和某个女性约会又说不出口的时候，一旦听到女性问：“一起回家吗？”男性是很乐意顺水推舟的，绝不会认为女性冒失，也不会认为伤害了男人的自尊心。男人讨厌的是多嘴多舌的女性，是对谁都讨好的女性。

许多女性没有想到男性是胆怯的，并且在精神上很容易受到创伤。因为男性被教育为不应该拘泥于小事，所以他们在外表上总作出泰然自若的神情，但他们的内心却未必如此。一旦被人说：“你那么做也算是个男人吗？”或“你是男人吗？”他们马上就沮丧起来。在多数情况下，他们会装出不介意的神情，或用玩笑话来搪塞，可在心里却是不平静的，一般总要失去自信的；而一旦有人称赞：“你还真是个男人呐！”即使是年纪很大的男性，心里也是喜滋滋的。

有的女性害怕伤害了脆弱的男人，因而沉默不语，就像抚养任性的孩子那样，只在心里担心。用这种态度对待男性，男性是成长不起来的。所以，女性应在使男人既不彻底地灰心丧气，又不盛气凌人的程度上，把男性的自恋粉碎；而在另一方面，在不巴结的程度上，也要承认男性的气质。

男人世界的竞争是异常激烈的。所以，男人想在自己的小王国里彻底地放松一下，想有安安静静的一刻。他们不想像什么都向母亲坦白的小学生一样，向家里人打开自己的世界，男人有寻求孤独和沉默的倾向。聪明的女性一定要理解和谅解这一点。

男人喜欢与有神秘感的女人交往

我们通常说某个女人神秘，并非不了解有关她的情况，而是指很难了解她的内心想法和行为动机。

譬如，这种女人有时会以非常性感温柔的眼光看着异性，不一会儿又突然换上修女般冷漠的表情，令本来心神摇荡的异性不知所措。可是，男人们通常都无法抵抗这种女人的诱惑。这是为什么呢?

原因之一：男人都有很强的好奇心。

神秘感是这类女人的武器，也是她们的魅力所在。世界上的事情就是这样，你不了解的事情就会给你一种神秘感，而神秘感就是一种吸引力，吸引人去探索和发现它的秘密。富有神秘感的女人常令男人神魂颠倒。

原因之二：男人天生就有一种对女人的征服欲。

在男人眼里，这类女人莫名其妙而充满诱惑力，其诱惑力恰恰在于她们的莫名其妙，难以驾驭。男人为了能最终征服和陪伴她们，不仅不会觉得辛苦，反而会觉得其乐无穷。有时离开了她们，还不自觉地想她们，想她们那些不可理解又令人着迷的行为呢！

假如一个男人加入了这样一个女人的俱乐部，周围的人由于担心而向他提出忠告时，他很可能会得意地回答说：

“你可别胡说，我最了解她了，只有我才了解她！”

其实呢，也许他对她根本不了解！

男人习惯在女性面前逞威风

男人为何喜欢在女性面前逞威风？一言蔽之，那是男人对“社会性承认”的欲求很强，又残留着幼儿性使然。

所谓的“社会性承认”欲求者，乃是一位名叫A·I·凯兹的心理学者所创造的名词，意指透过他人的尊重或者称赞，以获得满足的欲求。一旦这种欲求，以力求上进的姿态被发挥的话，将带给男性特有的冲劲，实在非常地叫人欣赏……然而很遗憾的是，多数男人一直还不脱幼儿一般的自我显示欲。是故，往往会以可笑的方式自吹自擂。例如：动不动就搬出毕业自哪所学校，喜欢坐在庞大无比的旋转式椅子上，甚至使用下巴指使人等。

一般来说，越是伟大的人物越不会吹嘘。因为他的成就已经获得了社会大众的认可，再也不必以自我吹嘘的方式显示自己。而且，不管旁人如何地评价，他仍旧能气定神闲，不为所动。就以公司来说，上级的人员、负责管理的高层人员，几乎都能够虚心地对待人（难免也有例外），热心地为人服务。但是，门卫就不然了。他们往往如此吆喝人：

“喂！你要到哪儿啊……没有我的允许，统统不能进去。”

在很多地方，傲慢的人，几乎都是一些底层的人员。他们之所以显得傲慢，不外是在夸示自己的存在，并且希望大众能够承认。在平常的日子里，老是在上级那儿抬不起头、缺乏自信的主管，喜欢对自己的属下作威作福。而受尽委曲的属下们，一回到家里，就把自己的老婆当作出气筒——如此循环不息。

有的人对于“社会性承认”的欲求不满，必定会找出一个“泄洪口”，以便把心中的不满倾泄出来。正因为如此，有时作威作福乃是劣等感的反应，虽然，大多数人还不到这种地步，但与缺乏自信有所关联。

真正伟大的人物不仅不会欺负弱小，反而会保护他们。至少，所谓的作威作福，必定包含“虚张声势”的要素。例如，不曾上过大学而感到自卑的资深老职员，特别喜欢找大学毕业的新职员麻烦。就以人际关系来说，越是实力微小者越会为了顾全面子而盛气凌人。这些无非都是自我显示欲的表现。根据各人性格的不同，作威作福的方式，亦有各种不同的类型。

其一，拼命夸示自己的优点以及长处。这种男人具有歇斯底里性格，而且又多见于爱慕虚荣的男子。“我在你这个年纪时，一天就把那种工作做完了”，就像这般地夸耀他的才能。如果缺乏足以夸耀的才能，就会说：“我的手表是欧米茄的呢！”转而夸示自己的所有物。在酒吧的吧台上不断耍弄汽车钥匙，是名不见经传的市井小民最喜欢做的。

其二，挑剔型的人。这种内向性理性型的男子，最喜欢指责对方的缺点。失败、分裂性气质的男子，亦有不少属于这种类型。“所以嘛……我再三提醒过你了呀……你以为只要说一声‘对不起’就可以把这件事打发过去吗？”说着，便用力地拍打桌子，摆出一副傲慢的德行。更有一些人简直是从鸡蛋里挑骨头，经常找茬儿地说：“你写的字就像鬼画符！这个8看起来却像3！你要注意一点！”这种情形不胜枚举。

其三，作威作福的谦逊型。这种男人多见于内向性感情型的男子，他们是属于自命清高的人。“哪里……我可没有那份能耐（装出很谦逊的样子）……不过，托您之福……”然后一件一件说出自己得意的事。“您那样夸奖我，我实在感到惭愧……”既然是感到惭愧，那又何必说出来呢？

不过，最可怜又最可笑的是，本身缺乏夸耀的本事，只好以声音作威作福。以“威震四海”的声调说话，笑起来中气十足，惹人注意，即是一般所谓的豪杰型笑谈——别名为“政治家型”。

男人热衷于说黄色笑话

男人为什么喜欢说黄色笑话呢？如果一口咬定，那是因为男人生来就是下流坯子——那么就没有话可说了，不过，还是可以分析一下他们喜欢这种调调儿的心理的。

第一，有些男人是为了打发时间，才会口不择言地乱讲一通。如果男人跟无所不谈的同伴，在没有任何目的之下，眉开眼笑地说些脏话，那就表示——他把现实的忙碌工作跟“性”清楚地划分开来了。性是性，工作是工作，两者绝对不混淆在一起。

换句话说，由于工作太单调，毫无趣味而枯燥，不然就是太辛苦、太紧张。遇到这种场合，这种猥亵之语，就是世俗所谓的“脏话”，就会变成他们的安慰，并且使他们喘一口气。

第二，有时为了增进宴席间融洽的气氛，往往会把脏话搬出来。不喝酒时一本正经的男子，一旦三杯黄汤下肚往往会口出秽语。男人们都公认，在酒席间谈论正经事，乃是最叫人倒胃口的事。

那么，想要博得喝彩的话，应该以什么为话题呢？东挑西选之后，还是会回到这种女人所不齿的脏话上。

没有一个男子听到黄色笑话会表现愤怒。当觥筹交错时，谈论一些有关男女间的事儿，说来也奇怪，往往会带来轻松而和谐的气氛。以致他们就很自然地把它当成社交性的话题。

不过，这种笑话大致上有两种——一种是，经验丰富者所道出的“荤话”。它有两种作用：第一种作用是：此道的老手夸示他高超的手段；第二种作用是藉此追忆昔日的光荣。本来，这种事情应该深埋在内心里面，不对任何人道出。男人却是毫不隐讳地把它道出来——对于这种心理，女性实在很难以理解。可是，以男人的世界来说，包括了性在内，不管是任何事情，只要是具有丰富的经验，都可以用来获得同性的肯定。另外一种是，经验少者所道出的“荤话”。这一类人说荤话的动机，不外是不想被看成是经验少的“菜鸟”，没有融通性的怪物罢了。也就是说，基于奇妙的虚荣心而胡诌一番。本来嘛！默默一语不发地听才是上策，偏偏他也要凑热闹，以致非但以夸张的方式，道出自己的经验，有时甚至搬出自己“编造”的故事。

至于办公室“上班族”所说的荤话，不外是性的欲望被压抑而产生的反作用。也就是说，等于一种“性的发散”。如果你的周围有这种男同事的话，你别立刻把他们断定为最下等的男人。如果那些荤话略有文饰，而又富有幽默感的话，女人就放他们一马吧！

有些男人很恶劣，他们知道有年轻女子在场时，故意会说出不堪入耳的话。他们如此做的目的，无非是想看看女人的反应而已。逢到这种场合，最先开口讲脏话的男人，不外是希望女人多多注意他。因为他缺乏自信，不能以正当的方法接近女人，只好采取此种手段。是故，她如果对这些话表示出什么反应的话，那正好中了他的圈套。对他发娇嗔，或者表现出羞答答的样子，都是对女孩有损而无益的。

碰到这种情形，应该如何才好呢？女人最聪明的办法是：装成不在意的样子。这件事说起来很容易，做起来可就相当的困难了。对于气盛的年轻女人来说，要装成若无其事的样子，实在不容易办到。是故，最消极的策略莫过于——先抬举对方一下，再对他吐露不满。不妨如此对他说：“某某先生，您的工作能力超人一等。可是，一旦说起脏话来，让人对您的印象也大打折扣呀！”听了你这一句话，对方会立刻紧闭脏嘴，再也不敢吭气。

教训——最大的效果，乃是叫敌人察觉到他的手法只能带来相反的效果。

女人有些事，男人从不想知道

1. 男人不想知道：她交过多少个男朋友，她跟他们在一起都做了什么

虽然男人比女人更在意另一半的过去，可是有些男人宁愿装聋作哑也不想打听这些陈芝麻烂谷子。倒不是他们的胸襟有多宽广，气量有多大，是实在受不了女人陈述这些事情时细细回味的表情，更受不了听到那些能令男人怒火中烧、咬牙切齿的细节。跟女人更看重两人的现在和将来正好相反，男人对女人的过去总是耿耿于怀。

2. 男人不想知道：她如何对她的女友评价我

因为男人曾经听过别的女人怎么在私底下交流对他们的男友或伴侣的看法。“他才挣那么点钱，叫他换家公司他又不去”、“他妈妈可真烦，成天给他打电话”、“他太小气，过生日就送几朵花，你多幸福啊，有人送钻石”……天啊，这真是可怕。如果男人听到女友对别人这么描述他的话，他是无论如何也无法接受的。

3. 男人不想知道：她抚摩我的肚子时怎么想（5年前我可不是这个样子）

男人们很羡慕施瓦辛格，尽管他当了州长以后身材也走了样。不过女人不总是说太肌肉了像怪物吗？不是每个男人都是演员，保持体形这么辛苦实在没必要。看过《美国丽人》吧，只有人生有了新的憧憬，男人们才会注意自己的体形。

4. 男人不想知道：她刚买的两双名牌皮靴的价钱

这些都是在她感觉“压力很大”时，为了那些非常稀少的“正式场合”购买的，还有很多都睡在壁橱里。要知道男人们一直想换台等离子电视，银行的贷款还没还清，一想起这些他就生气。甚至他想买个打火机都被她大骂

“浪费”。

5. 男人不想知道：她是否对她最好朋友的婚礼感到嫉妒（那个姑娘嫁给了一个大款）

虽然女人一个劲儿地说那婚礼太俗，可仍然津津有味地描述人家有多少辆名车开道，包了私家花园，请来歌星捧场，摆了多少酒席（海鲜酒席）和一米多高的大蛋糕，送的多少克拉的钻戒……

6. 男人不想知道：她跟办公室里其他女同事闹别扭的细节

好像女同事之间特别爱为一些小事较劲。跟男人在一起的女人总是一副小鸟依人的样子，别让他知道她们也有强悍、泼辣的一面，那会降低女人在男人心中的淑女形象。如果这个女人不需要他保护，他也许可以保护一下其他弱者。

7. 男人不想知道：她去酒吧的那个晚上喝了多少杯

女人在外面喝多了终究是不太安全的事。在酒吧放纵地买醉的女人是色鬼男人的目标。女人以为自己酒量大，姿态潇洒，能把持得住，其实在男人眼里是很幼稚的。如果女人是借酒浇愁，既然愁事不愿跟他们讲，男人们也就无话可说了。

8. 男人不想知道：你的父母怎么是这样的！他们……

女人如果真的尊重他们，就不会有这番谈话了。不过看在他们那么大岁数，养男人那么多年的份上，女人有什么意见就忍忍怎么样？

9. 男人不想知道：她是否偷偷翻了我的皮包和钱包

男人要是真有什么事，是不会留线索给女人的。女人的占有欲很可怕，明里紧盯，暗里抽查，想翻就翻，不过别被男人撞上，会很尴尬的。

10. 男人不想知道：一杯啤酒里有多少热量

也许他已经很控制脂肪的摄入了，他还经常运动，做家务，这时候如

果她每次在他端起酒杯的时候就皱眉头，把那点乏味的饮食热量知识抬出来，那对男人来说真是超不爽！女人在大吃水煮鱼的时候，男人通常什么都不说的。

11. 男人不想知道：她曾和别人偷情

如果不想分手，那么这种事他宁愿不知道，否则很难说服自己接受。如果他想分手，这也许是一个最好的借口，可既然已下定决心，知道不知道这事又有什么分别呢?

12. 男人不想知道：由她来告诉他如何更换水龙头

如何给汽车换备胎等有些事他可能不会做，但他是绝对不会请教女人的。男人都是自己动手解决问题的，这样才有创造性。尽管出错率很高，也不愿意虚心认错。

男人认为11种值得深交的女人

对于男性来说，心目中认为以下几种女人值得深交。

1. 她很想陪着男性

男性开心的时候，她很想在男性身边看到男性微笑的样子。男性失落的时候，她第一时间在男性旁边安慰男性，想破脑袋想帮男性。男性熬夜到很晚，她的QQ或者MSN陪男性一起亮着。如果男性下线了，再登录一看，她的头像就暗了。她熬到那么晚只是在等男性。

2. 懂事

知道什么时候该撒娇，什么时候该像爱小孩子一样疼惜男性。如果男性是个学生，她不会任性地要求男性翘课陪她逛街，不会让没有经济来源的男性买奢侈品。如果男性已经工作，她不会埋怨男性忘记打电话给他，不会在

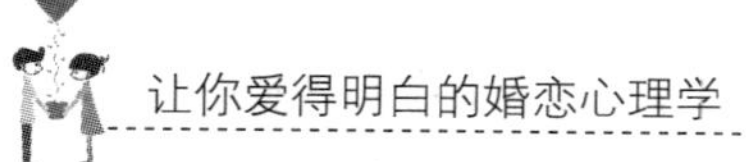

男性工作烦心的时候要男性甜言蜜语，即使自己心情再不好，也会轻轻拥着男性，始终站在男性这边。

3. 不放过任何与男性有关的信息

融入男性的生活圈，朋友圈。结识男性的朋友，点击任何在男性空间留言的朋友的页面，看男性喜欢的电影和书，去男性喜欢的餐厅，逛男性喜欢的品牌店，甚至笨拙地模仿男性欣赏的异性类型。她不是不够好，而是想变得更好，更适合男性，更容易得到男性的认可和赞许。

4. 觉得男性是最好的

她绝不会在男性同事同学家人朋友面前提男性的缺点，嘲笑男性，哪怕只是玩笑。她可能觉得男性这么做那样做不对，但会给足男性需要的面子，帮男性打圆场，帮男性找台阶下，只晒幸福，只说男性的好。

5. 有限地依赖男性

她需要男性的肩膀，但是绝不会凡事都依赖男性。她在男性面前很弱势，常常需要男性来把持局面。不是她笨，只是喜欢在男性面前装傻，喜欢被男性照顾。但她不会粘着男性，把男性当保姆，该独立的时候她可以一个人。

6. 善解人意，知情识趣

在发生争执后，她不会总是要求男性先让步。男性要懂得包容和迁就，不是因为她是女人，而是因为自己是男人。但她绝不会因此被宠坏而从头至尾都等着男性主动向她道歉，而是会很小心翼翼地跟男性撒娇，求得和解。

7. 在乎男性

她发给男性的短信几乎不会有错别字，不会有歧义。她很注重跟男性在一起时的一切细节，连发消息之前都会反复确认好几遍措辞、语气、甚至表情。

8. 漂亮但不轻浮

她和男性朋友一起聚会时候会打扮得漂亮但不会妖艳，只会在男友面前偶尔穿很火辣的衣服。

她永远会把男友与其他男生区别对待，而不是总是孔雀开屏般向所有人展示美丽。

9. 紧张男友

看到女人围着男友转，她会吃醋，那些女人很优秀，她更容易吃醋，但是不会无理取闹，兴师问罪。她关心男友，在乎男友，想要抓住男友。只要男友肯耐下心，不要吝惜让她安心的话。她需要的只是一句别人听不到只有她能听到的话。

10. 肯定男友

她也许会有很多异性朋友，也许不乏追求者，但是她会明确告诉他们她喜欢的是男友，而且不会拿这些人的优点跟男友作比较。她会时不时告诉男友谁谁谁要追她，看到男友紧张的表情，会很满足地加一句，我心里只会有你……不是她无聊，她很需要被重视。

11. 懂男友，理解男友，支持男友

她会很认真很专注地看着男友，听男友说话。看清男友的样子，记住男友的声音。她不仅爱男友，也懂男友并欣赏男友。

了解男人心理要用男人的方式

男性，是人类的一半，了解他们，与他们交往，是女性生活的重要内容。由于男性心理特点与女性不同，所以不能用了解女同伴的方式去了解男性，而应当用了解男性的方式去了解他们。

首先要全面地看问题。了解男性，不可以偏概全。在男性身上，往往优点与缺点互相掺杂，集于一身。倘若不能全面看待他，从总的方向把握他的特质，就可能失之偏颇。

其次要动态地看问题。了解男性，要从动态的角度出发，不能静止地看待他们。人是活生生的生命体，他的思想、品格、经验每时每刻都在发展，都在变化，要认清他的主导方向，他思想脉络的主流，要以宽容的态度对待他身上的小缺点，不能忽略其难能可贵之处。

从以上两个原则出发，了解男性心理就能比较准确、比较客观。具体地讲，了解男性心理有如下几种方法。

1. 交谈法

通过交谈去直接了解男性是最重要的方式。要注意在交谈中不能有任何不适合的气氛和环境，应当创造一个自然的、愉快的、轻松自如的谈话气氛。不一定要盲目地提什么关键性问题，可以随心所欲地谈些无关紧要的话题。在谈话中，通过男性发表的对各种各样的问题的看法和采取的态度，去把握他的心理。要善于区分对方的话语中哪些是真实的、能够体现其个性的语言，哪些是信口开河、没有任何意义的语言。谈话是一种艺术，要掌握谈话的技巧，还需要你在生活中细心揣摩、用心体会。

2. 激将法

这本身不能作为一个独立方法来讲，但由于它的应用范围很广，所以单独谈一谈。这种方法对于了解男性心理是很有效的。激将法的秘密在于其所运用的逆反心理。所谓逆反心理，指的是在某种特定条件下，某些人的言行跟当事人的主观愿望相反，产生一种与常态性质相反的逆向反应。这种现象在日常生活中是屡见不鲜的。比如某篇文艺作品本来不大引人注意，但一经评论便会引起人们的极大兴趣；某些东西越是被严禁，人们就越是希望得到它；在交往中有些青年对狂热追求自己的人不屑一顾，却倾心于冷落自己的人。这都是逆反心理的作用。

逆反心理产生的心理基础，是人们的好奇心和求知欲。好奇心是求知欲的心理动机，某事物在被禁止时，最容易引起人们的好奇心和求知欲，尤其是当只作出禁止，而又不加以任何解释的情况下，更容易引起人们的各种猜疑、揣度、推测，甚至追根究底。利用这种现象去了解男性往往奏效。举一个最简单的例子，你当着某位男性的面，说他做不了某件事情，对此有些失望等等，他便会立刻想方设法去做成这件事，让你知道你对他的估计错了。通过这一激一反，你可以从中观察出他的心理特点和性格中的独特之处。

但是，逆反心理毕竟是一种非常态的心理。在运用这种方法时，要注意分寸，要从善意出发，否则易出危险。

3. 观察法

通过观察法了解男性也是一个良好的途径，观察法是指在特定的环境中，对某个男性的各种表现、接人待物等方面进行考察，得出综合印象，再经过自己的分析加工，最后把握其本质特点。这种方法是最易于实行的一种方法。因为它既不需要观察者去亲身接触其观察的对象，也不需要有意安排或预先准备，只需经常与其一起参加活动，能够在各种场合中看到其表现就行了。观察法又分为横向观察与纵向观察。前者是说要观察男性在与各种人交往，遭遇各种事情时的态度、方式、风格、优点、弱点等；后者是说要有一段时间的观察，比如1个月、2个月、半年、1年等。因为仅通过一两次的观察，很难完整地了解一个人，必须经过一段时间，从动态的方面去把握对象，才会形成完整的印象。

4. 调查法

以上三种方法都是当事人亲身与所要了解的男性正面接触才能取得结果的。而调查法则不必如此，它通过与被了解者的朋友、家人、同事、上下级等交谈，从这些人那里获得材料。这种方式所获得的材料，仅是第二手的材料，不如前三种方法所取得的材料可信度高，一般来说，你所接触的被了解者周围的人的范围越广，这些人的个性越成熟，你得到的印象就越正确。但

是，若想真正了解一个人，最好的办法还是亲自与他打打交道。这是最有效的方法。

以上是了解男性心理的四种方法。在生活中，不可能独立运用某一种。人们往往几种方法交替使用去了解、考察一个人。

第6章 女人最喜欢什么样的男人

女人葫芦里到底卖的什么药

世界如果没有逻辑，就会混乱，而女人“没有逻辑”，有时倒显得无比可爱，独具魅力。

不信，你瞧瞧恋爱中的女人，如果女人满脸庄重地说“你是个好人”时，这就意味着事情快要“黄”了；如果女人一脸笑容拧着你的耳朵，说“你真坏”时，那么，小伙子准备吧，离洞房花烛的日子不远了！

如果男人情不自禁地吻了她，女人故作娇嗔地说“你真讨厌”时，那么，这就说明她从内心里在喜欢你，希望你“再来一次”；当男人对女人说“你好漂亮”，她会涨红着脸，叫他“快滚开”，其实她心里甜丝丝的，希望他再说一遍。

当男人和女友手挽手在街上看风景时看到一位的的确确十分漂亮的女郎时，女友问他：“她漂亮还是我漂亮？”他如果说假话：“你漂亮。”此时尽管女友心里希望他这么说，但话到口里就变了调，必定会半真半假地骂他：“马屁精！”他若实事求是地回答“她漂亮”，女友立刻就会眼泪汪汪。聪明的男人最好这样说："都漂亮，你的眼睛还比她长得更好看一些。"这时，女友就会破涕为笑，把他的手挽得更紧。女人的逻辑是"口是心非"的逻辑，女人的逻辑就是"没有逻辑"。

女人的这种"口是心非"，培养男人说"假话"，逼使男人彻底"坏"透顶的矛盾逻辑，恰恰使许多各方面都很优秀的男人显得左右为难，不知女人葫芦里卖的什么药。他们之所以找不到老婆，原因就是没有很好地读懂女人的逻辑，言谈举止缺少幽默和女人所指骂的那种"坏"。

真心读懂女人的逻辑却并不容易，女人的逻辑是令人销魂而又深藏无穷奥秘的逻辑，里面写满了聪慧、善良、美丽、温柔，太正经、太深沉、太死板的"好"男人往往读不懂它，只有会哄会逗会宠会疼会察言观色的"坏"男人才能读懂它。

女性心目中的魅力型男人

魅力来自一个人的复杂经历，经历单纯的男人不要奢谈魅力。

1. 奋斗中的男人最有魅力

不成功的男人无力衬托爱情、养育家庭，终日窝窝囊囊，看别人脸色行事；太成功的男人易惹是生非、走火入魔，容易生出别的痛苦来。

所以女人认为，介于太成功和不成功之间，奋斗中的男人最有魅力。

2. 执著、有冒险精神的男人才有魅力

探险旅行已成都市时尚。上海的一次探险旅游收费不低，但参与者不少。在参与探险的男性中，有的人平日或许很节约，却舍得花钱去徒步穿越罗布泊，足见他们的冒险精神。上海出了个余纯顺，他执著地走啊走，最终在壮行中献出了生命，他的个性很具魅力。其实无论是做事还是旅游，具备执著的信念和冒险精神的人往往也比别的人易于成功。

3. 有魅力的男人是女性用欣赏的目光浇灌出来的

现在有一种奇怪的观点，即认为男人婚前对女友来说是“魅力男人”，结了婚以后在妻子眼里却不是“魅力男人”了。一般来说，男士在办公室里很有魅力，回到家里就没有什么魅力了。当你用放大镜去打量一个男人，西装上的一片头皮屑都让人倒胃口。所以未婚女孩觉得“好麦重穗都被采光了”，而持有麦穗的人却从鼻子里嗤一声：“这也叫值得羡慕的麦穗？”这就是所谓的“皮翁”效应：你越觉得他值得欣赏，越觉得与他在一起是你的幸运，他就越光彩照人；你越抱怨他，他也许就越发光泽黯淡了。

4. 男人的魅力在于“自行消化生活压力”的能力

这是幽默口才和娴熟风度的由来，因为在生活压力较大的今天，如果一个男人连消化这一点压力的能耐也没有，要靠发泄来平衡身心，可以说他的说服力和吸引力都降到了零。

女人心目中的成功型男人

女人眼中的成功男人，往往别有一番风味……

据一项调查显示，女士们认为，男人成功的途径可能各不相同，但成功的男人都有一些共同的心理特征：

（1）有主见，即通常非常执意于自己的决策，不习惯只听命于人。

（2）自信，即成功男人都有很强的自信心，有时表现出咄咄逼人的感觉。

（3）急迫感，即创业家通常很急于想见到事物的成果，常给别人带来许多压力。

（4）脚踏实地，即做事实在，不会为了使自己舒服一点而马虎从事。

（5）理想崇高，即为实现个人的理想而计较虚名。

（6）情绪稳定，即成功的男人通常不喜形于色，也很少在人前抱怨、发牢骚。

（7）喜欢挑战，即喜欢承担风险，但不盲目地冒险。

（8）身体、心理健康，若有某种宿疾，则创业之路困难重重。

（9）知识面广，即大事小事无所不知。既了解事情全盘，又明察秋毫。

（10）超人的能力，即能在杂乱无章的事物中，整理出一套逻辑的构架。

（11）客观的人际关系态度，即为了事业而给人“大公无私，就事论事”的感觉。

女人心目中的成熟型男人

尽管男人不能容忍女人说自己“不够帅”、“不幽默”、“不聪明”甚至于“不性感”，但更恼火女人自以为是地说：“哎，你太不成熟了。”

每个男人在内心里都自认为是很成熟的，面对女人口口声声说喜欢“成熟的中年男人”，尤其很多妙龄少女身体力行地追逐已过“而立”乃至已“不惑”多年的中年男人，年轻的男人多少有些忿忿：你们不过是喜欢能够接送你们的车子和为你们埋单的饭票罢了。而当男人真正奋斗到了“车子”和“饭票”的地位，女人依然会坐在他的车子里，想着自己心目中“成熟”的男人。

“成熟”的男人是女人从小就模拟出来的巨大的幻影，是女人恋父情结的极致发展，其内容之丰富超出了男人所有想象：成熟的男人是女人的肩膀（天塌下来为女人扛着）、臂膀（给女人有力的拥抱）、胸膛（疲倦时可以依靠）、双腿（带女人走遍天涯海角）……

不过凡是指标一类的东西大都可以打折。好在女人也不总是按照心目中成熟丈夫的形象来要求每一个男人，于是成熟的标准也就有了七折、八折优惠，多少给了男人一点希望。在女人心目中，成熟男人的标准是这样的：

（1）成熟的男人应该有经济基础。尤其当男人成熟到想成为她的丈夫时，既然人们用金色来形容收获，女人也就理所当然地将金钱作为标准之一来判断男人的成熟。

（2）成熟的男人应该有事业基础。也许发财并不是每一个男人都能做到

的，但如果他自己都觉得自己一事无成，在女人心目中的形象又怎能立得起来呢？

（3）成熟的男人知道自己想要什么，而不是什么都想要。懂得坚持也懂得放弃。

（4）成熟的男人勇于承担责任。虽然有些过错并不都是他造成的。

（5）成熟的男人是宽容的。过于计较是男人最不能被原谅的错误。

（6）成熟的男人拥有大智慧而不是小聪明。

（7）成熟的男人一言一行都能让女人学到很多东西，而小男生只能让女人教他。

（8）成熟的男人懂得珍惜和照顾女人。出去郊游，他一定不是自顾自跑在最前面的人。

（9）成熟的男人不会在大街上和女人吵架。

（10）成熟的男人不会强迫女人穿他喜欢而她不喜欢的衣服。

（11）成熟的男人不会随便和女人开低级玩笑。

（12）成熟的男人让女人知道她错了，却不会让她没面子。

（13）成熟的男人让女人放松而不会让女人紧张。

（14）成熟的男人在女人面前既会做父亲也会做儿子。

（15）成熟的男人会把他的儿子培养成真正的男子汉。

说到最后，男人发现女人眼中成熟的男人依然是个圣人。其实，成熟与否说到底是男人心中一种无法道明的感觉。不过，“以女人为镜”，可以知魅力得失，哪怕能做到的只有一点两点。

女人让男人哭笑不得的三个回答

1. “随便”

男：今天晚上咱们吃什么？女：随便。男：吃火锅吧。女：不行，吃火锅脸上要长痘痘。男：那咱们吃川菜？女：昨天刚吃的川菜，今天又吃！男：那吃海鲜去？女：海鲜不好，吃了拉肚子。男：那你说吃什么？女：随便。男：……

2. “都行”

男：那咱们现在到底干什么？女：都行。男：看电影怎么样？好久没看电影了。女：电影有啥好看的？耽搁时间。男：那打保龄球，运动运动？女：大热天的运什么动啊？不嫌累啊？男：那找个咖啡店坐坐，喝点水。女：喝咖啡影响睡眠。男：那你说干什么？女：都行。男：……

3. “看你”

男：那咱们干脆回家好了。女：看你。男：坐公交车吧！我送你。女：公交车又脏又挤，还是算了。男：那打的。女：这么近的路不划算。男：那走路好了，散散步。女：空着肚子散哪门子步去？男：那你到底想怎么着啊？女：看你。男：那就先吃饭。女：随便。男：吃什么？女：都行。男：……

30个瞬间，女人觉得男人最酷

（1）不说话的时候。沉默但目光专注地看你说话的男人，一定内心丰富，女孩最心仪这一刻的男人，因为他身上似乎有一种致命的磁场，让你觉得他酷极了。

（2）含着半口饮料微笑。为了回应你，他哪怕嘴里含着咖啡或者美酒，也不急着咽下，先反馈给你一个积极友好的笑容，这样尊重女性的绅士举止，当然会让你心头顿生暖意与好感。

（3）果决而内疚地摁灭烟头。只是因为你的出现，正在抽烟的他，立即用这一动作欢迎你，无声，但那动作非常男性化，这比为你脱外套拉椅子，更贴心也更有说服力。

（4）“我干，你随意”。酒桌上说这话的男人，豪爽，但不乏柔情，非常善解人意，仿佛可以为你赴汤蹈火，但背影一点也不冰冷。

（5）“不要在风口接电话”。他在街头用手机给远方的女友打电话时说了这么一句话，风吹着他的脸，他眯着的眼，很迷人吧！

（6）一下子强有力地把你拽到怀里。一切不容置疑，男人的霸气通过一种温暖的手段淋漓尽致地表现出来，你绝对拒绝不了。

（7）镜子前拉一下领带。这时的男人很认真，而且有种片刻的孩子气，这很会让女性激发出温存欲望。

（8）下楼时吹着口哨。那是一小节美妙但已成他记忆一部分的旋律，女性喜欢考究男人的唇齿，而那一刻，他会满足她的。

（9）无辜地耸耸肩膀。女人喜欢看男人这时的身体语言，每一个细节都令她怜惜疼爱。

（10）嚼口香糖的男人。虽然有些玩世不恭，但是NBA的球星，总是忙里偷闲地嚼着口香糖，一副无所谓的感觉，带点男人的“痞”。

（11）在海滩上躺着晒太阳的男人。古铜色皮肤，迷离的双眼，你是不是有种“活埋”他的冲动?

（12）突然把车开到她身边，摇下车窗对她笑。这是许多浪漫故事的开头。

（13）在寒风中不停跳着等人，双手插在口袋里，领子高高竖起这一刻，她也许希望她就是他要等的人。

（14）弯腰轻抚一只摇尾巴的狗。有爱心的男人，看起来特别舒服。

（15）掏钱埋单的男人。男人的慷慨常常是干大事业的标志。

（16）双手从背后变出一朵玫瑰的时候，她一定会认为他是最好的魔术师。也许他改变不了风向，但可以改变她的心情。

（17）他做俯卧撑的时候，脸上性感的汗珠很有男人味。

（18）就职演说前的停顿，目光扫视全场。大气的男人，很有慑服力。

（19）坏坏地注视着她，光明正大地暧昧。

（20）灿烂地笑，关键是露出两排洁白清新的牙齿。女人的唇，男人的齿，都是性感利器。

（21）额纹，这是思考或疑问时的皱纹。35岁以上男人，如果没有额纹，那就是如同外婆没有白发。眉宇处如果有个昂扬的“川”字，那就更有内容了。

（22）奔跑或大步流星。因为豪迈，也是自信。

（23）男人刮胡子时的白色泡沫，非常有遐想空间，青亮的下巴，如果还有美人沟的话，那是种会让女人发出尖叫的性感。

（24）正在换灯泡或钉钉子的男人。动手能力强的男人，有种让人踏实的感觉。

（25）教孩子读书弹琴的时候。许多贵夫人会与其孩子的钢琴教师发生不伦之恋，原因就在此。

（26）男人快速作出决定的时候。女人最怕男人拖泥带水，当然，床上活动除外。

（27）接吻的男人。那一刻有种贪婪的魅力，仿佛要一手遮天，独吞天下。

（28）在游乐场单手持枪射击的男人。如果他是光头，效果会更好。

（29）咬紧牙的时候，那是一张充满张力的刚毅的脸。“用力”是男人的“第三”性征。

（30）美好地“勾引”她的时候。不会“勾引”的男人是残缺的……

总之，“酷”和“帅”是瞬间的，因为需要捕捉；“酷”和“帅”也是永恒的，如果你有爱。

女人最吃男人哪一套

在异性交往中，女人究竟最吃哪一套？男人又该如何才能打动女人的芳心呢？这还是要从心理学的角度予以阐释。

1. 鲜花攻势

虽然十分老套，但鲜花依然是经典且历久不衰的武器。台湾女影星胡慧

中在一次拍广告时，有一位神秘男子一下子献上了3 600朵玫瑰，令她大为娇嗔地说："看了这么多玫瑰，真令我一时头昏得有结婚的冲动。"可见，鲜花仍是女人很难抗拒的求爱强心针。持续3个月，天天送一打玫瑰花，肯定有效；或者挑个特定的日子，一口气送去千朵玫瑰。要知道，女人鲜有被花海包围而不感动的。

2. 意外惊喜

出其不意地制造意外惊喜，自然也是女人难以招架的奇招。

担任导游的林丽丽和年长她15岁的男友才相识3个月，就到广州开会，刚住进宾馆，即见到房中有一大束她最喜欢的香水百合和一张男友发来的传真。刚看完信，男友电话接踵而至，两人情话绵绵两个小时以后，她不好意思地说："很晚了，而且长途电话费好贵，我们改天再聊吧。"男友一声"可是，我现在就想见你"让丽丽的心不融化都不行。3分钟后，男友已经站在门外，她既惊且喜。原来他搭了另外一班飞机跟随她到广州来了，而且比她还早到宾馆。本来她的心中有些疑虑彼此的年龄相差过大，但自此全面"缴械"。

3. 甜言蜜语

一名纵横商场的女强人去年年底嫁了人，夫君是她的一个普通客户。她有一次开完会，将一袋资料遗落在对方的办公室，她打电话给那位风度翩翩的市场经理询问："请问我是不是有什么东西掉在你办公室？"对方心诚语柔地说："有啊！你的倩影。"阅人无数、见多识广的她，对这句话永生难忘。

事实上，一个男人要让一个女人爱上你并不难，只要在适当的时机用对了方法，刹那时，即能擦出爱的火花。

女人认为11种值得深交的男人

对于女性来说，内心通常认为以下几种男人最值得深交。

1. 懂得尊重女性

他对女性的爱比要求多，他对自己有主见，对女性则不会太过坚持己见。他尊重女性作出的各种人生选择，鼓励女性发展自己的专长。现代好男人的一条重要标准是，尊重所有的女性，包括仅有一面之缘的人。

2. 他很有诚意

也许他不一定属于女性十分喜欢的异性类型，但是他追女性追得很有诚意，而且女性喜欢的类型，交往再多都是失败的例子。他们没有女性前任男友的优点，但也没有女性前任男友的缺点，而且他有的优点，很多人都没有。

3. 他对女性嘘寒问暖，关爱体贴

女性对他已经很熟悉，虽然没有了热恋的心跳感觉，但他确实比任何人都关心女性，在女性苦恼的时候，他永远站在女性这边，耐心倾听女性倒苦水；他记得女性提过的朋友名字；女性渴时他轻轻递上香茶……这些都无声地传达他真心喜欢这位女性的信息。

4. 女性的家人朋友欣赏他

长辈们经风历雨阅人无数，眼光自然比女性毒。女性对他很挑剔，但他却很能够赢得女性朋友、家人的欣赏。他懂得让每个人心情舒畅，懂得给人安全感。从性格上说，他不是一个非常易变的人，不会让人觉得很难把握和相处。

5. 他会提很多对女性有益处的要求

他对女性要求很多，但是都很合情合理，而且这些要求对女性有益无害。这样的男友是真心爱护女性的。

6. 他胸襟开阔

两人发生争执，通常是他最先让步。他懂得如何表达自己，并耐心听女性说话，如果女性是对的，他能够承认错误；即使女性不对，他也愿意原谅

女性。有话可以好好讲，不会动不动就拉下脸来，送女性一脸的表情暴力。也不会为一点小事发脾气或赌气，自虐虐人。

7. 他喜欢小动物

善待女性的宠物。通常这样的人都有一颗爱心。女性可以从他对待宠物的方式了解他的待人接物。对动物有爱心的男人，也一定会照顾好自己的家人和伴侣。而一个会在路上踢打流浪猫狗的男人，都有暴虐的天性。

8. 他有自己的爱好

有运动的习惯。有某种运动爱好的男子，较容易找到情绪的出口，不会没事找事折磨女性，和一个心中有热情的男人在一起时，日子就会充满乐趣。一个能在生活中找到自己爱好的男人一定会给人生机勃勃的感觉。

9. 他对感情无怨无悔

专一的定义并非是他只能一生爱一人，而是每爱一个人的时候他都一心一意。如果他曾经有过刻骨铭心的感情经历，并为此真心付出过，那么至少可以证明他是个深情，敢于承诺的男人，一个愿意为感情破裂分担部分责任的男人。

10. 愿意倾听女性的苦恼

向他倾诉是安全的，他能开诚布公地与女性沟通，他懂得倾听，知道什么时候该说话，什么时候该闭嘴。女性不会害怕对他表达，当女性和他分享自己的感受与思想时，能觉得安全。良好沟通的基础是信任，在他面前，女性确信不会因为表达内心深层想法而遭受到嘲笑或伤害。这就叫安全感。

11. 不会因为朋友而忽略女性

他有正常的社交圈，有彼此信赖的好朋友，并且重视他们，但他不会为了朋友而把女性晾在一边。他能够独立思考和行动，而非唯朋友是从。并且，不需要女性耳提面命，他就能清楚女朋友与异性朋友的分界。

第7章
择偶，谁才是你生命的另一半

择偶找对象，男女所见略同

现代社会，每个人的择偶心理各不相同，并且往往是多种心理的交织，只是以某种心理倾向为主罢了。现代人复杂的择偶心理，取决于社会时代背景、个人人生观、恋爱观、价值观等多种因素。

1. 追求外表美的择偶心理

在年轻人中，追求外表美的择偶心理是很普遍的。希望自己的对象漂亮点、英俊些是人之常情，但如果一味地追求这种外表美，则会进入择偶误区。仅靠漂亮的外表维系的爱情，往往是短暂和肤浅的：当岁月使容颜衰老时，爱情拿什么来继续呢？相对于漂亮的外表，一个人的品行、才干和经济基础应该是更重要的择偶条件，就像歌德所说的：“外貌美丽只能取悦一时，内心美才能经久不衰。”

2. 追求完美的择偶心理

具有这种择偶心理的，也是以年轻人居多。年轻人选择对象时，往往事先制定一系列条条框框，凡不符合其中一二点的，哪怕其他方面都中意，都不在考虑范围内。比如常听一些女孩子这样说："我的白马王子，要帅、要心眼好、要会关心我、要家庭背景好、要聪明，更要有钱……缺了一条，一概不考虑！"具有这种择偶心理的年轻人，常常等到成为大龄青年的时候才找到爱情，但对象往往也不符合最初的完美想象。这是因为处处完美的人几乎没有，即使有几个，大家都抢着追，成功的几率又何其小；纵使终于抓到一个完美的情人，交往中不可避免的瑕疵也会使追求完美的人无法忍受；经历了孤芳自赏或几度甩人之后，年龄大了，不得已，委曲求全嫁了人。

3. 追求精神满足的择偶心理

随着社会经济、文化的进步和个人素质的提高，使得追求精神满足的恋情的人越来越多。这类人在择偶时，不拘泥于某种外在的东西，而是追求心灵上的相互沟通和共鸣，注重对方的道德品质、思想感情、性格爱好等方面情况。建立在精神和感情上的爱情是让人称颂的爱情，但如果过于忽略爱情的物质基础，将会使恋人们爱得坎坷。

4. 金钱至上的择偶心理

在现代社会，拜金主义流行，有这种择偶心理的人有一定数量。对于有一部分人来说，经济状况是择偶的首要考虑因素，婚姻是过上富足生活的手段。建立在物质、金钱基础上的爱情与婚姻，铜臭会淹没感情的温馨。再者，当金钱失去的时候，这种关系何以维系？

5. 寻找政治靠山的择偶心理

在官僚主义社会，这种择偶心理相当普遍。婚姻，自古就有政治功能。比如众所周知的昭君出塞，还是一大壮举呢。通过婚姻打通自己的仕途之路，或者巩固官场上的裙带关系，即所谓的政治联姻。现在的中国社会，政治联姻仍有人为之。在他们眼里，感情算什么东西，婚姻又有什么了不得，什么浪漫的爱情更是荒谬，唯有仕途才是最重要、最迷人的。有政治目的的恋情和婚姻是可耻的。

6. 以事业为重的择偶心理

在酒足饭饱、享乐型社会里，以事业为重的择偶心理并不多见。可在各类人群里，还是大有人在的。他们把工作成绩、事业进展看成是人生最大的快乐；把对方有无事业心和拼搏精神，作为择偶天平上一个重要砝码；把爱情的幸福寄托于事业的奋斗之中。共同的奋斗会巩固两个人的爱情，可有时候事业与爱情又是矛盾的——事业上的奋进消耗大部分的时间和精力的时候，疲惫的人儿又如何柔情缠绵呢？

7. 游戏择偶心理

有一部分年轻人，朝三暮四、寻花问柳，以爱情为掩护去玩弄他人的感情，以伤害别人为乐趣。这种人的人生观、恋爱观是无耻的，伤害了别人的同时也浪费了自己的青春。

男女的择偶心理多种多样，以上所述不过是几种基本的类型。无论持有什么样的择偶心理，都要牢记这样的格言：以利交者，利尽则散；以色交者，色衰则疏；以心交者，方能永恒。

男性择偶如是想

由于受各自所处环境、文化教养和个性差异的影响，男性的择偶心理各不相同。比如说，体力劳动者的择偶心理和脑力劳动者不同；大学教授的择偶心理和一个搬运工人肯定也是不一样的。但毕竟都是男人，基本的共同点还是有的。

1. 较好的外在形象

外在形象包括三个方面：一是容貌神韵；二是身材体态；三是肤色。男性择偶大都很在意对方的外在形象，即着重对方的性吸引。若感觉不好，往往就不愿再了解下去。女性择偶是不同的：除了外在形象之外，她们往往还

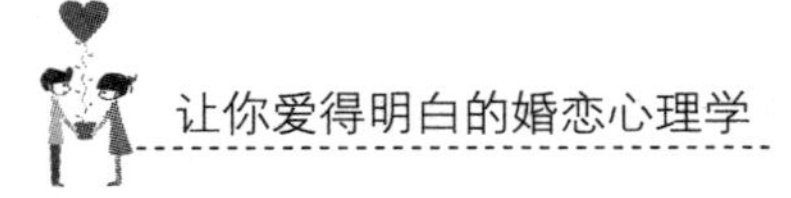

会考虑到个人品行、经济收入、社会地位、家庭状况等其他相关条件，因而不会一口回绝男方，而愿意进行试探性的接触。如果其他条件不错，很可能就走到了一起。

2. 有较强烈的性欲

男性的性欲比较强烈，择偶自然看重性的吸引。择偶中的男子一闭上眼睛，就满脑子女方的最佳动作、服饰及面部表情。这就是体内性冲动使然。恋爱过程中，男性多数会有强烈的性要求，如果得不到满足，就会感到很压抑和失落。在婚姻生活中更为严重，妻子的性冷淡甚至会使婚姻终结。

3. 温柔贤惠

所谓温柔贤惠，具体来说，就是在夫妻关系上，对丈夫温柔体贴；在待人接物上，温文尔雅；在对待长幼上，贤淑大度。温柔贤惠的女性，尽管可能缺少一些爱恋激情，大多数男性还是会比较喜欢的。

4. 女方年纪较自己小

既然男性喜欢追求体貌美丽、感情纯真、温柔贤惠又性感的女性，自然倾向于和年龄较小的女性做爱人。一般来说，年龄较小的女性对男性的爱有较强的依恋性，而男子又最易被年轻女子所吸引和征服，两者相辅相成，会爱得比较持久。

5. 会体谅人

为爱恋的姑娘费尽心机讨她欢心，哪个小伙子不希望姑娘说一声情意绵绵的关心话？为了家庭在外面劳碌一天的丈夫回到家，哪个不希望得到妻子的体贴和照顾？爱人的体贴和关心，始终是男人们最渴望得到的财富。

6. 有学识又含蓄

没有哪一个男人会喜欢一个没什么学识的老婆，但也不喜欢老婆太过炫耀。女方要懂得隐藏自己的学识、智慧，要懂世故又要守本分。这样的老婆，

丈夫即使不明言夸奖，也自然心悦诚服，喜欢和敬重得不得了。

总的来说，男性的择偶条件较少且较为宽松，多是要求女性长得漂亮、温柔，择偶的感情和审美色彩比较浓厚；男性的择偶条件比较现实、易变。比如，自身条件差的男青年虽然也希望找一个年轻美貌的女子，但更倾向于找一个和自己般配的女性；男性对女人的才学不那么看重，不大欣赏女强人那样的女性，比较愿意找一位各方面条件不如自己的女性；另外，男性的浪漫情趣比较少。

女性择偶如是想

1. 择偶条件具体、现实

女性择偶条件比较具体、苛刻，更多考虑和关注现实问题，尤其是经济方面。女性找男朋友的时候就考虑到了结婚及结婚之后的生活，男性则注重目前的恋爱感受。

2. 坐享其成心理

择偶时，许多女性坐享其成的心理突出。许多女性不是想如何靠自己的双手去创造财富，那样她们会觉得太累，总想走捷径，而最好的捷径就是嫁给一个富有的男人。如目前流行的“找大款”就是这种心理的表现。女性对金钱的欲望往往通过结婚这种形式体现出来。如高尔基在《克里姆·萨姆金的一生》中的感叹：“对于别人的财物，女人比男人更贪婪……”

3. 择偶的理性色彩比较重

女性择偶时，对男性的个性、气质、才华、品行等内在素质比对他的容貌、身材更感兴趣。女性希望她的恋人具有才华出众、个性开朗、幽默、风趣、诚实、有事业心、刚强等优点。女性喜欢可以信赖和依靠的男性，喜欢能在精神、情感和心理上给她抚慰的男子汉。

4. 择偶条件苛刻，过于追求完美

女性择偶条件有时显得很苛刻，有的甚至脱离现实。如要男友的身高在一米八以上，差一厘米也不行。这样就人为地缩小了自己的择偶范围。她们在择偶时挑挑拣拣，高不成，低不就。有的女青年跨进大龄青年行列，仍在坚持择偶条件的既定标准而不肯降低要求，显得比较任性和好钻牛角尖。另外，女性由于受文艺作品的影响，常将爱情看得过于理想化，在择偶时要求十全十美，这也是不好的。

5. 攀比与从众心理

由于女性的自尊心和虚荣心，女性在择偶时常有攀比心理。比如，自己的几个小姐妹的男朋友都身材高大，她就会担心选择一位身材略矮的男友将遭到姐妹们的小视，从而定下了身材高大的择偶标准。女性从众心理较强，如果同伴的恋人比自己的强，她会觉得在她们面前抬不起头来。因此，她需要攀比，以便在同伴面前炫耀，令她们羡慕、嫉妒。

女人择偶心理的两个阶段

女人的择偶心理一般要分为两个阶段：浪漫的女孩阶段和现实的女人阶段。但女人毕竟是感情化的动物，无论在哪个阶段，若遇见自己真正爱的人，女人大都会不顾一切地跟随，她的理智程度与社会经验呈正比。

1. 浪漫的女孩阶段

这时的女孩子，大都在找一种感觉，这种感觉取决于对方的形象、气质、言谈举止等个人素质，与经济条件、家庭背景等其他条件无关。但也并不一定，这仅仅是一种“感觉”。这时的女孩拒绝你的唯一理由很可能就是：“没有感觉！”

2. 现实的女人阶段

这时的女人已经疲倦了，如果她曾经找到了“感觉”，而一无所获的话，她就自然会变得现实起来；如果她一直也没找到“感觉”，而她的年龄在增长，她的心越来越疲惫，她将不得不变得现实起来。这时的女人将认真考虑自己的将来，她会在决定是否与你发展之前，了解你的经济状况，家庭背景，职业种类等硬件水平。

（1）较好的外形。一般要求男子的身高比她高10厘米以上，身材匀称，体格健壮，五官端正。良好的外形能给她以极好的第一印象，女人也一样好“美色”，说好听点是“爱美之心，人皆有之”。但是这一条在你强有力的其他条件下也可以变得无足轻重，所以如果你不威猛，不潇洒也不要灰心，只要你不断地从各个方面（精神与物质）充实自己，就总会获得美人心的。

（2）安全感。女性绝大多数还是比较喜欢“被呵护”的感觉，即使是女强人也不例外，在家里她还是希望得到伴侣的关爱。安全感的内容很广，包括有一定的经济实力，为人稳重，成熟，负责任，处世果断有魄力，当然高大威猛的外形，健康的体魄将大大提高你给她的安全感。

（3）男方年龄比自己大。既然女人要求“被呵护”，希望男方比自己大就很自然了，男方比女方大就自然不会与小妹妹一般见识（至少她们是这么希望的）。

（4）学历比自己高。女人一般要求男人比自己强（男人也有这个愿望）。

以上四点，是普遍的要求，下面的两点不作严格要求。

（1）细心，有情调。这也与女人喜欢“被呵护”有关，她希望你能体察她的喜怒哀乐，与她分担这一切，也希望你不像一块木头疙瘩，因为毕竟要相守一生。

（2）机巧。婆媳关系实在很重要，这就需要你在其中周旋，懂得什么样的话该说，什么样的事该做，这是美满婚姻不可或缺的一部分。

成功择偶，要走出这些心理误区

1. 太过追求外在美

择偶时太过注重对方的外在因素是心理误区之一。有的甚至制定身高必须多少、身材必须怎样、容貌必须如何等等硬性标准，不达标准不罢休。忽视了人的内在素质会给将来的婚姻埋下隐患。性格不合、兴趣迥异、好吃懒做等缺陷会使美丽的外貌顿失色彩，也会使婚姻最终走上末路。更严重的是，这可能影响你的命运、改变你的前途。比如，俄国文学大师普希金，娶了个美丽的女人，却最终因为她的美貌与贪图玩乐享受的性格而荒废了写作，更因为她而与人决斗，落了个英年早逝的结果。这是一个典型的因为太注重美貌而造成的悲剧。

2. 太注重社会地位

太注重对方的政治地位、经济地位、学历等因素而忽视了内在素质，也是择偶的误区。要知道，人的地位是不断变化的，因为地位而维系在一起的婚姻，当地位丧失的时候，该如何是好？忽视品行、个性等心灵因素是不可取的。

3. 太在乎别人的看法

择偶时缺乏主见、太在乎别人的看法也是不可取的。毕竟是你自己的终身大事，一定条件下征求他人意见是有必要的，但最终决定者是你自己，不要被他人的错误意见所左右。择偶时也不要跟朋友攀比：自己爱人的外在条件不如朋友的爱人，并不代表内在素质比他们差；目前不如他们，并不代表以后不如他们。人没有十全十美的，也没有一无是处的，对一个人要综合评价，不要因为在乎他人的看法而误了自己的幸福。

4. 过于相信一见钟情

一见钟情而定终身的美丽浪漫爱情故事，似乎在文学作品中更为多见，

现实中较少，这是因为一见钟情是不可靠的。一见钟情只是被对方的某一优点所强烈吸引，而没有仔细考量其他因素，就草率结合。一见钟情的婚姻，往往会因为婚后生活中才暴露出来的个人缺陷而导致矛盾重重，或过早终结。

5. 补偿心理

恋父、恋母情结会导致爱情上的补偿心理。有些人从小缺少父母的爱护，为了弥补这种感情的缺失，择偶时就会无意识地选择在某些方面与父母相似的人。与父母相似，并不代表婚姻上会融洽，所以，婚后生活也很可能会不幸福。

6. 自卑心理

有的人自卑心理严重，反映在择偶上，会比较随意地选择一个条件不如自己的人在一起，而且往往不会主动去追求对方。婚后夫妻生活里，这种自卑心理会有所缓和，不满足的心理就会凸显出来，婚姻也不会幸福。

第8章
你的爱情心理学分是多少

缺一不可的十大爱情心理素质

健全的爱情心理素质是甜蜜爱情的坚固后盾。爱情的成功与失败，除了许多外在的原因，爱情心理是否健全也是十分重要的因素。

那么，健全的爱情心理有哪些特征呢?

1. 关心

弗洛姆曾经说过："爱是对所爱对象的生命和成长的积极关心。哪里缺少这种关心，哪里就没有爱。"

关心在爱情中的重要作用，恐怕人人皆知。关心首先是对所爱对象的密切关注，时刻在意所爱之人的种种感受和需要，并随时准备予以安抚和满足，这也是爱的奉献。关心可以体现在一点一滴的生活小事上，比如给恋人整整衣服、理理头发、擦擦眼泪等等，也可以体现在人生大事上，比如关心恋人的前途与命运。无微不至的关心是爱情的基础，也是爱情的添加剂。

但是，关心不是自作多情，不可以不顾对方的感受而强加于人。如果关心过了头或者关心错了地方，反而会令恋人厌烦。真正的关心应该是满足对方所需的关心。

2. 专一

爱情，是最忌讳三心二意的。对你的恋人，你可以不够理解、不够奉献、不够关心或者不会欣赏，但千万不可脚踏几只船。幸福的爱情必须有专一的投入。保加利亚伦理学家瓦西列夫在其《情爱论》中说过："爱情对象的选择是对熟悉的众多异性中某一个人的具体偏爱，是对这个人的价值理想化。没有一个人会同时深深地、忘我地、热烈地爱着两个或三个人。那必然会导致心理动荡，使人面临困难的抉择，分散感情的洪流。爱情首先要求一个人将注意力集中在一个对象上，要求感觉的和谐完整。"

一个人一生可能不会只爱一个人，但不应该发生在人生的同一时刻。正如学习需要专注一样，爱情也需要专一，只有这样才能获得充分的感受。

3. 奉献

从某种意义上说，爱应该是一种主动的、无私的、不计回报的、勇敢的奉献。只有懂得奉献的人，才会获得真正的爱情。爱应该主动给予，不应消极等待。

但是现实生活中，人们更多地关注如何被爱，如何被给予，喜欢以矜持、躲避和傲慢来回应别人的主动奉献，以为这样才有身份，才有意义。特别是拥有大量财富和权力的男男女女们。懂得爱情真谛的人毫不做作，他们真诚、主动地向爱慕的人示爱，为了爱的人可以奉献一切。而无私的奉献换来的，自然会是一份真挚的感情。

4. 信任

爱，就要相互信任，不要胡乱猜疑。不要苦苦询问对方为何不接你的电话，不要非得搞清楚对方为什么约会迟到了几分钟，也不必质问爱人为什么偶尔不回家。这样只会让对方产生厌烦心理，不利于双方感情的稳固。如果愿意告诉、有必要告诉你的，对方必然会让你知道。亲自或雇佣他人跟踪对

方更是不可取的，爱得再深也需要一定的自由空间。试想想，即使他或她真的对你不忠诚了，苦苦追问与盘查就能挽回你的爱情吗？那样只会让对方逃得更快、更远。

信任就是尊重，只有你信任对方，对方才会信任你；信任对方就是信任自己，不信任对方的往往也是不自信的人。无根据的胡乱猜疑，不会换来美满的爱情。

5. 尊重

弗洛姆说过："尊重意指一个人让另一个人成长和发展顺其自身规律和意愿。尊重意味着没有剥削。让被爱的人为他自己的目的去成长和发展，而不是为了服务于我。如果我爱一个人，我感到与他或她很融洽，但这是与作为她或他自己的她与他，而不是我需要使用的工具。"

真正的爱情是两相情愿、相互尊重的。没有尊重的爱情，就是残酷的占有，会让一方产生心理压抑，会剥夺他或她的幸福和应有的感情。尊重对方就要尊重对方的爱好、职业、选择和个性，不要粗暴干涉和强迫对方。

6. 自信

心理学大师马斯洛认为，心理健康的人能够接受自己、热爱自己。"他们能够不带忧虑地接受自己的任性，包括其中之种种缺点及与理想形象之间的种种差异等。但是如果称他们自满自得，显然是不恰当的。我们要指出的是，他们对待人的脆弱、罪恶、虚弱、邪恶等，恰如对大自然的种种特点一样，以同样不加怀疑的态度表示接受认可。"只有自信，才会有一定的心理承受能力，才会有魅力，才敢于主动地去爱别人，才敢于接受别人的爱。自卑会令人封闭，令人躲避，躲避自己的爱，更躲避他人的爱。

7. 理解

"理解万岁"，爱情离不开相互理解。只有理解，才会有爱情；只有不断加深相互理解，爱情才能不断地升华。心理学上有一种"移情心理"的说法，就是指专注于他人的情调，经历他人所有的种种感情。以自我为中心，总是从自己的利益或观念出发来考量别人，永远不会理解别人。理解，就要设身处地。相近的文化背景和相似的经历更容易产生共鸣与理解，但根本上，理解依靠双方的关心和交流。

8. 欣赏

“情人眼里出西施”。处于热恋中的男女们，总是觉得对方是这个世界上最好的。先不要管是不是错觉，其中的欣赏情怀是值得提倡的，更是爱情中不可或缺的。这种欣赏，使你感到愉快、奇妙甚至疯狂，或许你的“西施”对别人来说普普通通。爱情的欣赏不仅包括对所爱对象的欣赏，还要包括对其周围一切有关事物的喜好，所谓“爱屋及乌”就是这个道理。懂得欣赏，更懂得赞美，你的爱情怎么会不甜蜜呢？

9. 独立

爱情中的独立不是对恋人的疏远，更不是与他人隔绝。独立就是自信，独立的人一旦遇到理想的爱情对象，会毫不犹豫地表达爱意。独立就是坚强，独立的人不求缠缠绵绵、朝朝暮暮，而是为了爱情去奋力拼搏，给所爱的人一个幸福的家。独立，是一种成熟的心理品质。独立的人，能够承受爱情的打击，能够很快从感情挫折中站立起来，重新来过。

10. 宽容

德国哲学家布鲁诺·鲍赫说过：“彼此在爱中的互相参与，是将自己的一切毫无保留地给予对方，并取得对方的一切。”每个人都有优点与缺憾，爱一个人要欣赏对方的长处，更要接纳对方的短处，爱需要宽容。宽容就是理解、同情与原谅；宽容就是最大限度地接受对方。太过苛刻的人不能包容别人的缺点，将意中人的标准理想化，因而永远找不到爱情。

宽容就要原谅对方的错误。真正的爱情永远值得珍惜，一方犯了错，如果真心悔过的话，为何不给双方一个重新来过的机会呢？

丢掉几样负心态，找回100分爱情

猜疑、控制和嫉妒是三种不健康的爱情心态，是爱情的三大敌人。

这三种心态常常使爱情蒙上阴影，严重的会使爱情枯萎，必须加以克服。

1.克服爱情中的猜疑心理先来看三个案例

案例一

阿云是一个温柔体贴的女人，曾经和丈夫很是恩爱。可是，她却有一个喜好胡乱猜疑的坏习惯，最终毁了自己的爱情与婚姻。

结婚前，她的丈夫曾经有过一个女朋友，是他的大学同学。他们曾经深爱着对方，可是由于女方家人的反对和两人工作异地，最终忍痛分手。后来，痛苦之后，在工作期间他认识了阿云，并在朋友的撮合下，与她结了婚，双方也很恩爱。后来，丈夫的前任女友又调回到同一个城市，阿云听说后非常紧张，害怕丈夫旧情复燃。于是，她开始仔细研究丈夫的一言一行，疑心重重。她经常偷偷检查丈夫的钱包、公文包，想找到蛛丝马迹；经常往丈夫办公室打电话，以确定丈夫在不在工作；丈夫外出时，她还经常偷偷跟踪。丈夫逐渐觉察到妻子的种种猜疑行为，很是反感，觉得自己受了侮辱，对妻子的爱渐渐淡去。他开始讨厌妻子的关心，讨厌回家听到妻子的盘问，于是向单位主动要求长期出差，回来后也常找借口不回家。妻子的疑心为此自然越来越重。最终，他们离婚了。

案例二

小丽的丈夫是个事业型男人，大部分精力放在工作上，这也是养家糊口必需的。可这样一来，对爱情和家庭的情感投入自然就少了许多。小丽原本是个喜欢幻想和浪漫的人，但整日面对的是哭闹不止的孩子和永远做不完的家务，而且懒于学习，与丈夫差距逐渐拉大。时间一久，心理便开始失衡了。她认为自己为家庭和爱情投入了这么多，丈夫却不爱家庭、不爱自己，肯定是因为爱上了别的女人。于是，她开始疑神疑鬼，丈夫一回家就问个不停，越问越怀疑，越怀疑越问，尽管丈夫一再发誓只爱她一个，她根本不信。丈夫觉得小丽确实为了家庭牺牲了许多，自己应该多陪她，便努力留出精力和时间来陪伴她，并经常偷偷地买礼物，想给她惊喜。可是，这下更是“欲盖弥彰”。小丽冷笑着说：“突然对我这么好了？在外面做了亏心事了吧？”丈夫顿时无言。

案例三

芳是一个漂亮的大学毕业生，工作中喜欢上了长相普通、个子又矮并且学历很低的勇。勇的朴实、善良、聪明吸引了她，她爱上勇一点也不后悔。可是勇却很自卑，认为年龄大、学历低、长得又不好，根本配不上芳，再加上芳开朗活泼，经常和一些男性在一起说笑，使得他对芳的爱持一种怀疑的态度。勇和芳在同一个单位上班。他每天第一个来到单位，偷偷观察芳的一举一动，而且偷偷查看芳的信件和电话记录。他也知道自己的心态是不健康的，可是又控制不住，很是苦恼。幸好，后来芳帮助他克服了这种心态。

案例一说明，再真挚的爱情也经不起猜疑的折磨。阿云无休止地盘问、调查丈夫，全然不顾丈夫的反抗，把丈夫的离家当作印证猜疑的证据，最终导致婚姻破裂。猜疑是一个可怕的心理误区和一片阴暗的沼泽地，一旦陷入，几乎不能自拔，使人失去理性，失去爱情与婚姻。在猜疑者看来，自己的猜疑总是正确的，对方对猜疑保持沉默则被认为是默认或理亏，对猜疑进行解释则被认为是狡辩。这是一个死胡同。培根说过：“心思中的猜疑就像蝙蝠，永远在黄昏里飞。猜疑的确应当制止，至少应当节制，因为这种心理使人精神迷惘，疏远朋友，而且扰乱事务，使之不能顺利有恒。猜疑，使君王易施暴政，为夫者易生嫉妒，有智谋者寡断而抑郁。”

案例二说明，爱情中的猜疑有时候是情感失衡引起的。一方对爱情投入多于另一方时，前者就会产生情感失衡，比如案例中的小丽。情感失衡的人常常抱怨自己投入之多，对方回报之少，对自己感情之冷漠。抱怨之后，总是会归结到一种原因上：对方定是另有所爱。接下来的，就是到处搜寻证据了。喜欢猜疑的，一般是女人为多。追求持久、热烈的爱情，是多数女人的

共性，可是热恋结婚之后，一切都会逐渐平淡下来，她们就会变得失落，并经常沉浸在对过去热恋的回忆之中。她们希望永远拥有这种爱情，于是加强对家庭生活和情感的投入，总是处于爱的饥渴状态。投入和期望越高，失望自然就越多，情感失衡便容易产生。把一部分精力投入工作中去，可以有效地减轻这种失衡感，减少猜疑的发生。那些有事业、有信心的女性一般都是不怎么猜疑丈夫的。

案例三说明，爱情中的猜疑也可能来自一方的自卑心理。弗洛姆说过："爱是信心的行为，谁没有信心谁便没有爱。"自卑也是一个让人无法自拔的陷阱，会使人自毁爱情的长城。比如案例中的勇，若不是芳帮助他解脱，他们的爱情定是要结束的。克服自卑，首先要建立信心。比如案例中的芳可能是这样开导勇的："你虽然学历低，但是聪明进取，工作认真；虽然个子不高，但你很健壮；你虽然年龄大，但是很成熟啊。我喜欢你是因为你的善良、朴实、聪明又成熟，这些都是很珍贵的。"建立信心的关键是不要拿自己的短处和别人的长处比较，要反过来才行。此外，要积极进行沟通。对于勇的种种猜疑行为，芳没有一味地讨厌和反抗，而是坐下来相互沟通，找出问题的根源，解决问题。

2. 克服爱情中的控制心理

爱情生活中，相互的控制无处不在，很多的争吵都是控制与反控制的结果。诸如对某人的态度、饮食的习惯、家居的摆设、作息时间的安排、对孩子的教育、经济开支等问题，每天有多少相爱的人在较劲、伤害、冷战、争吵甚至打架。不妨来看看下面几个案例。

案例一

涛是某广告公司的品牌经理，应酬很多，答应的事说变就变。他的妻子菲是自由职业者，总在家里。这天是他们的结婚纪念日。菲早早地准备好了可口的饭菜和礼物，要涛早点回家。他满口答应，可当晚无奈实在抽不出身，到了半夜还没回家，手机也不接。

菲很伤心，又困又饿，迷迷糊糊和衣而睡，眼角挂着泪珠。凌晨一点的时候涛终于回来时，妻子大发脾气，不听任何解释。此后几天，涛都千方百计推掉应酬，陪妻子，好不容易菲有了笑容，可不久，老问题又来了。

案例二

红和丈夫住了好几年破旧老楼，终于要搬新居了。没想到因为装修，小两口整日战火弥漫。红心目中的新居，要有情调，多放些装饰品，而丈夫认为装饰品俗不可耐，不如实在点，搞套家庭影院；红要买一盏华丽的枝形吊灯，丈夫却觉得烦，枝枝杈杈的什么灯，吊在客厅里多难受。结果，红一气之下回了娘家，把丈夫扔在装修了一半的新居里。

案例三

蓉和丈夫吵架，动不动就提上小包，夺门而去，不管什么时间和什么天气。这是她的杀手锏。丈夫只能追下去，找到在小区里转悠的蓉，好言劝回。时间久了，往往不等蓉拿起包来，老公就发话："又出去啊？烦不烦呢？"杀手锏没有了，蓉叹息道："以前是相互折磨，现在是自作自受。"

蓉和丈夫经常为了孩子的问题吵架。丈夫经常出差，回来就给孩子买玩具、巧克力、动画片等。蓉见了立即出面，告诉孩子别要这些没用的东西，弄得孩子左右为难。丈夫要送儿子到一家高额赞助费但离家较远的幼儿园，蓉受不了每天长途接送。两人都诱导孩子否定对方的意见，结果又爆发了一场激烈的争吵。

案例一分析：必须明白这样一个道理：爱一个人，不是让他把一切都交给你控制，让事情只像你所希望的那样发生。爱情的权利，不在于对方必须回报爱；爱情的意义不在于保证你一定可以得到照顾。害怕黑夜的女人，仍然需要准备独自面对黑夜。爱不可以交换爱，付出是自愿，得到是幸运。付出金钱可以得到某种东西，付出爱却不等于你可以得到爱。爱是双方的，只要两厢情愿，不管是和睦还是折磨，不管是不是幸福的爱，都是爱。爱的权利就是都自愿为对方多做些事情，你不能比这要求更多。

案例二分析：爱情中的相当一部分人，只了解自己不了解对方，而且喜欢想当然地把自己的意见强加于人。家的摆设是一个人观念的体现。在这个

例子中，当没有条件按自己的意愿布置家居时，双方相安无事；有条件之后，两个人潜在的观念都体现出来了，矛盾也就来了。为什么自己喜欢的就必须强加于人呢？爱的奇妙感觉往往使我们形成错觉和偏颇的信念。要知道，不管两个人多么相爱，观念却可以相差十万八千里。爱情需要观念的相互接纳与协调。

案例三分析：要记住一点，不管爱情多么真挚，对方都不可能照顾你一辈子。不要以为找到了真挚的爱就找到了最终的归宿，就应该得到无微不至的、永远的照顾和保护。得到爱人的支持和帮助，当然是幸福；但是别忘了，爱你的人是会变化的，无论什么时候都要保持你的独立性。

如果你把自己的人生托付给他，就给了他控制你的权力，你就没有权利抱怨了。既然你把照顾自己的权利交给对方，或者全盘接受照顾他的要求，那你就应该准备接受可能的烦恼与婚姻中的不快。

3. 克服爱情中的嫉妒心理

嫉妒也是爱情的一大敌人。说起嫉妒，不得不先说一下吃醋，因为两者是分不开的。吃醋是一定程度上的嫉妒心理。吃醋到了一定限度就成了嫉妒；嫉妒是一种非健康的心理。因此，在恋爱中，首先要掌握好吃醋的尺度。

某种程度上说，吃醋对爱情可以起到一定的积极作用。

首先，吃醋在某种程度上是爱的体现。没有爱也就没有醋意，没有醋意的爱情等于没有灵魂的躯壳。假如自己对恋人所做的一切都无所谓，看到自己的恋人与别的异性去春游、跳舞等，一点反应也没有，这实在不能说你是爱他（她）的。

其次，吃醋能促进爱的追求。例如，一个男孩对一个女孩，可能开始并没有很强烈的好感，但若发现某一天另外一个男孩正在苦苦追求这个女孩，那么他就会开始吃醋，并立刻加入追求的行列中来。

再次，吃醋还可使女孩显得更加妩媚可爱。爱情具有排他性和独占性，女性的情感难以捉摸，一会儿怡然自得，一会儿愁云密布。当女孩发觉她的恋人对她的爱减弱时，她会采用疏远的行为，以退为进的方法，或声东击西，用故意对别的男孩表示好感的方法来刺激恋人的爱，锁住恋人的心。这种逆向刺激使对方神魂颠倒，强化爱的专注。因此，女孩子在恋爱中的撒娇、赌气、猜忌、泪水既是爱的伎俩，也是女性情爱中一道美丽的风景线。

要注意的是，醋意要有限度，如果太离谱，就变成了嫉妒。爱情中的嫉妒心理在群婚制的时代几乎不存在。它更多产生于一夫一妻制。在群婚制的时代，一个男人，可以和一群女人“结婚”，其中任何一个同某个男人或女人发生性关系的异性，一般都不会去嫉妒别的异性。在人类婚姻史上，一夫一妻制占据主导地位、两性关系在法律和伦理意义上得到框定之后，爱情就不仅仅是异性间的吸引，而是具有了更重要的社会属性。这时，爱情中的嫉妒心理就蓬勃发展起来了。

与人在其他行为中的嫉妒心理不同，爱情中的嫉妒心理，几乎每个爱情中人都难以彻底摆脱。另外，自然的性嫉妒实际上可以促进爱情的发展与稳固。正如哲学家所说的，“爱情的快乐同人类的所有快乐一样，需要一定的刺激——愉快感的对立面。这种快乐绝不会长期‘晴空万里’（连一片几近透明的薄云也没有）。如果没有不快乐作陪衬，则快乐也会显得平淡。感受总是一幅色彩比较鲜艳的情感镶嵌画。‘晴空万里’的爱情、幸福一般都是很快就要消失。爱情的幸福是不能离开陪衬的感受而单独存在的。正因为如此，爱情需要薄薄的一层忧伤，需要一点点嫉妒、疑虑、戏剧性的游戏。”

嫉妒的危害也是很大的。一位医学家曾经说过：“一切不利影响中，最能使人短命夭亡的，是不好的情绪和恶劣的心境，如忧虑和嫉妒。”嫉妒心理犹如心灵的肿瘤，危害人们的身心健康。美国科学家通过调查研究发现，嫉妒心理弱的人在25年中仅有2%~3%的人患有心脏病，死亡率只占2.2%；嫉妒心强的人，竟有9%以上的人患有心脏病，死亡率高达13.4%。嫉妒心理能使人体大脑皮层及下丘脑–垂体促肾上腺皮质激素分泌增加，造成大脑功能紊乱，免疫机能失调，从而使自身免疫性疾病以及心血管、周期性偏头痛的发病率增加。嫉妒心强的人还常会出现一些不良现象，如食欲不振、胃痛恶

心、头痛、背痛、心悸郁闷、神经性呕吐、过敏性结肠炎、痛经、早衰等。强烈的爱情嫉妒心理，还会给爱情生活带来裂痕，如果处理不当就会发生矛盾，甚至会导致爱情的枯萎。

嫉妒是恋爱心理中的心理障碍之一。那么，应该如何克服爱情中的嫉妒心理呢?

（1）要认识自我。分析自己是否过于敏感、缺乏自信。自卑的人容易产生嫉妒心理。

（2）分析嫉妒根源。嫉妒心的产生往往是由于误解所引起的，首先要搞清楚是不是误解了自己的恋人。

（3）积极消灭嫉妒心。要主动进取、充实生活、转移注意力，比如将更多的精力放在工作上，就像培根说的："每一个埋头沉入自己事业的人，是没有工夫去嫉妒别人的。"

（4）要学会控制情绪，尊重对方的感情。尤其是在恋爱时，要允许对方有自己的人际交往空间。

第9章
一部爱情戏，四步热恋曲

俄国文学大师托尔斯泰有句名言：“一千个人就有一千种爱情。”的确如此。现实生活中，每个人的爱情都有不同的对象、不同的经历，各有特色。可你情我愿、动人心弦、美丽浪漫是共同的特点。还有一个共同点，就是完整的爱情都可以分为四个自然阶段，即“爱的四步曲”：

第一步，寻找梦中情人。

第二步，求爱与接受。

第三步，热恋。

第四步，心理宁静期。

序幕曲：寻找“梦中情人”

从青春期开始，每个人的心目中就出现梦中情人的影子了，虽然并不清晰。梦中情人，其实就是一个抽象的爱情理想。它是个人社会价值观和审美观的综合，包括了一个人对理想对象的身体素质、外在形象、思想品质、道德情操、个性气质、社会地位等各方面的取向。

除了一些相对恒定的审美取向，如美丽、健康、善良等，一个人的梦中情人的形象还受时代背景的影响。例如我国的女青年，在反帝反封建的革命年代，英勇无畏的革命者是她们的梦中情人；新中国成立后一段时间，善良纯朴的劳动者是她们的理想对象；抗美援朝的时候，志愿军战士是她们眼中最可爱的人；20世纪70年代，国家提出实现四个现代化，知识分子的地位和贡献逐渐得到确认，大部分女孩子都喜欢知识分子；现在改革开放了，女孩们一提到梦中情人，眼前就浮现出一个英俊逼人、玉树临风的帅气男儿形象。

文化因素也影响人们的爱情理想。有文化、有品位、有情调的恋人是包括在理想对象的概念之中的。另外一层意思是说，社会文化决定着人的审美观，也决定着人的爱情理想。比如，我国女青年的理想对象一般都是身材高大的白马王子，而西方女青年似乎不怎么在意身高；黑皮肤的人觉得人越黑越美，其他肤色的人自然不这么认为；有的国家的人喜欢胖的人，而有的国家的人以瘦为美。

“众里寻他千百度，蓦然回首，那人却在，灯火阑珊处。”当一个人猛地碰见梦中情人时，这句词最能形容其惊喜的心情。碰见意中人，很容易沉醉其中，进而“情人眼里出西施”——把梦中情人理想化了，出现了审美错觉。正是这种理想化和审美错觉，才让人觉得找到了理想对象，才让人如痴如醉。

主题曲：“求爱与接受”阶段

1. 求爱

找到了梦中情人，下一步要做的就是大胆求爱了。一般地，求爱是一场艰苦卓绝、又苦又甜、既需要力量又需要技巧的战役。由于女方一般而言比较含蓄、害羞，而男方一般比较大胆、主动，因此，下面所谈的技巧都以男

方向女方求爱为例来讲述。

（1）结识技巧。

一般情况下，女子都不太讨厌陌生男子的搭讪，因为潜意识里她们会觉得这是自己的魅力所致。在搭讪前最好想好交谈的内容，表达要恰当、自然。如果你的用词不当，神态又不自然，女孩子就会起戒心并迅速离去。下面举几个恰当用词的例子说明。

①如果对方是浓妆艳抹又自信十足的女孩子，你可以这样搭讪："小姐，你这身衣服真好看，在哪儿买的呢？我想告诉我表妹。""小姐，你真漂亮！可以请你喝杯咖啡吗？""小姐，你的秀发真是飘逸迷人！""小姐，你的气质真迷人，我们可以交个朋友吗？""小姐，你是时装模特儿吗？麻烦你签个名吧……什么？你不是？难以相信。你这么漂亮，还是请签个名吧？"

②对于衣着比较朴素的女孩，开场白必须说得幽默而风趣："前面大海的景色真美，一起去看看海好吗？""我喜欢你的衣着格调，和我谈谈好吗？我想让我妹妹也学学。""真想请你去喝一杯，赏光吗？""我知道一家格调、气氛都不错的餐厅，一起去享受吧。"主动结识对方的时候，有几项禁忌要注意：不要由上往下打量对方的全身；不要从背后去跟陌生女子搭讪；视线相对时要保持自然的微笑；态度要自然，不要让对方感到你是在有意跟她搭讪；不要急着去碰触对方身上的任何地方；不要对方一拒绝就气馁败退，要有耐心，但不要死缠烂打，更不可挡住对方去路，紧跟不舍。

如果女方的反应热烈，你就无需拘泥于上述的做法，而应"乘胜追击"。

（2）约会的技巧。

约会是求爱的必经步骤。不同场合下的约会要注意运用不同的方式。

①散步：散步是约会的一个好办法。这里面的技巧是，最初的间距以20厘米为宜；要让她走靠人行道的那边，并尽可能地与她步调一致。

②游公园：游公园是青年伴侣谈恋爱最常见的方式之一。但呆呆地坐在

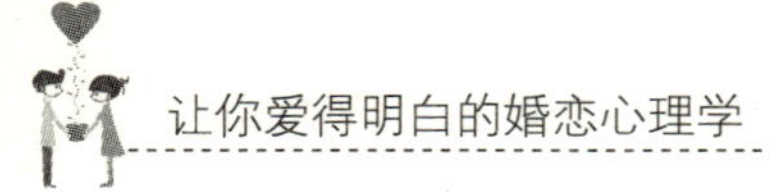

公园的椅子上不可取，应该游逛或玩些秋千之类的器械，让身体活动，这样可以消除紧张与无言的尴尬。

③下饭馆：女孩子比较喜欢整洁、格调高雅的小餐厅，或者有异国情调的西餐厅，更有意思的是到高楼大厦的顶楼餐厅去吃饭，一边进餐一边欣赏城市风光，多浪漫啊。

在饭店吃饭时，所坐具体位置的选择上也要注意，要找一个角落的位置以避开众人的目光，这样可以减轻女友的紧张心理。另外，还要请她坐在背向门口的位置，这样你可以看到整个餐厅的情形，而她的视线也会以你为中心，谈话注意力集中而且会在你的引导下。不过最好不要在餐厅的人群中找话题，这样会显得搪塞。

④做运动：一起做运动也是不错的约会方法。你们可以在喊叫中增加热情，在身体运动中增加共鸣，但最好你的运动技能比她强。

⑤看电影：在黑暗的笼罩下一起欣赏电影，会让你们觉得相互很亲近。但是要选择浪漫剧情的电影，别搞得太悲伤，也不要只是逗笑，否则对方会认为你没品位。但看电影也有缺点，就是不能很好地交流。

⑥去跳舞：如果你约会的人喜欢跳舞，你不妨顺其心意，一起去舞池扭动腰肢。热烈的舞动能消除彼此的隔阂，迅速拉近双方的距离，但你的跳舞技艺不能太差。

⑦博物馆：这种方式比较适合文雅沉静的约会对象。一起逛逛博物馆，可能会意外地产生良好气氛，也显得你有品位。但对博物馆里陈列的内容一无所知或知之甚少就不好了，只由对方说给你听的话，会很被动。

⑧欣赏比赛或表演：比较适合喜欢热闹、刺激的约会对象。邀请女孩子看体育比赛或表演，同时你边看边发表自己的高见，这样可以加深她对你的印象。

⑨游乐场：玩游乐场容易使人处于兴奋状态，可营造一种坦率而开放的气氛。游乐中身体很可能会不由自主地碰撞在一起，但你最好不要明显地动手动脚，否则会引起对方的戒心，好事就变成了坏事。

要注意的是，如果约会迟到了，飞奔赶去约会地点，喘着气向对方真诚地道歉，然后给出一个合情合理的解释，比如“塞车了，急得我跳下车跑步过来”或“想找一份你喜欢的礼物送给你，挑了半天”等。这种解释有助于消解对方的不满，只要动机是好的，即使是编出来的也不能算是不怀好意的欺骗。不过，最好不要多次犯同样的错误。

（3）就餐技巧。

①要主动请女孩子吃饭，因为一般女孩子都不愿主动说肚子饿。

②先问她想吃什么，如果她不表示意见，你就自己决定菜单。别推来推去，那样你以为是在礼让对方，其实会令对方尴尬。

③吃东西或喝汤时，千万不要发出很大的声音，那样会让对方很反感。另外，要一面谈心一面吃东西，不要闷头大吃。

④尽量地放开胃口吃，扭扭捏捏反而会让对方觉得不舒服，但是动作也不要太夸张。

⑤如果是初次约会，不要强迫对方喝酒，这样会令其不快，而且会给其拒绝再与你约会的借口。

⑥不要装海量。

⑦如果她喝了酒后脸变得特别红，你要不失时机地赞美她，一定会让她心花怒放。

（4）要注意“分寸”。

在求爱过程中，女人对“分寸”非常敏感。在刚刚接触时，她绝不允许你超出她允许的亲近程度。而在你们热恋之时，你的任何一次不合时宜的“疏离”，都会被她认为是冷淡或怠慢。

人类学家们发现，在我们身体的外部有一个肥皂泡似的“透明罩”包围着我们，这就是所谓“个人间隔”。这个间隔就好比是切开的鸡蛋一样，有好几层，构成同心圆。

任何男子，如果在求爱之时破坏了不成文的身体间隔限制范围，比如说未经许可便把头伸进一位女子的亲密区，这时女子会“加固”空间防线：把

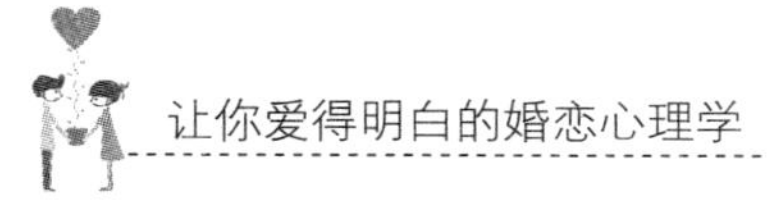

身子往后缩，转过脸去，绷紧肩膀，紧闭嘴唇。看到这些防御性的表示，男子应该从亲密区退到显得不那么轻浮的个人区。

因此，在与新结识者交往之时，最好是从侧面接近对方。实验结果表明，正面的接近最使人感到不安。有一项研究发现，大学生们在别人从正面接近时手心出的汗比从背后接近时多。这表明他们对之感到焦虑不安。

求爱过程当中，眼神的分寸也要注意把握好。眼睛注视对方实际上就是消除双方之间的距离。比如在房间之中，隔着老远注视对方，就像是把对方带进了你的个人区。当双方在实际上离得很近时，视线的互相接触就不需要那么长时间。

求爱成败，往往只在咫尺之间。

（5）道别技巧。

道别时，要选择在适当的车站，陪她等车，直到车来，待她上车及车开出后自己再离去。如果她愿意让你送她回家，那表示她对你已有点心心相印了。

第一次约会应该在女孩子还想和你相处时结束。这是使她期待下一次约会的绝招。同时，你应运用一些下一次的邀约技巧。比如，在等车时，你问她一个小小的问题，她回答不上来，你就说："下次约会时我告诉你吧。"再重复一次下次的时间和地点，然后送她上车。又比如，道别时对方说："和你相处，我这个晚上过得很愉快。"你必须立即接上话头："太好了，下次会让你更快乐。"

（6）摊牌的方法。

①开门见山。

对性情直率的人宜用此法。这种求爱的方式直接、坦率，不虚伪造作。坦率、毫无保留地向对方倾吐自己的感情，对方会先是惊讶，然后就是感动了。

对于有一定感情基础，或两个人已经暗地互相倾慕，只需"捅破那层纸"的双方来说，坦率地直抒胸臆不但省力，而且别有一番风味。有一段电

影台词说：“痛痛快快地说吧，你喜欢不喜欢我们这个地方，喜欢不喜欢我们这儿的人，喜欢不喜欢我？我就喜欢你！”

伟大人物列宁的求爱也是直截了当。列宁向克鲁普斯卡娅求爱时，直截了当地说：“请你做我的妻子吧！”克鲁普斯卡娅回答得更干脆：“有什么办法呢，那就做你的妻子吧！”

②制造悬念。

先制造一个悬念，有意给对方造成一个误解——自己爱上别人，给对方造成一种欲爱不成、欲割难舍的状态，“引诱”对方一步步“上当”。然后，突然使对方恍然大悟，实现爱的转折，出现先惊后喜的心理效果，求爱自然会成功。

马克思向燕妮的求爱表白就是一个成功的典范。

在一次约会中，马克思显得愁眉不展。他说：“燕妮，我已经爱上了一个姑娘，决定向她表白爱情，不知她同意不同意。”

燕妮一直暗恋着马克思，此时不禁大吃一惊：“你真的爱她吗？”

“是的，我爱她。我们相识已经很久了。她是我碰到过的姑娘中最好的一个，我从心底里爱她！这里还有她的照片，你愿意看吗？”

说完，他递给燕妮一个精致的小木匣。燕妮用颤抖的手打开后立刻呆住了。原来，里面放着一面镜子，“照片”就是她自己！燕妮猛地扑向马克思的怀抱。

马克思既做了聪明的试探，制造紧张气氛，让深爱着他的燕妮在惊讶中误以为他另有所爱，在这个过程中他察觉到燕妮痛楚、失落的表情，又及时诱导她揭开悬念，表达了爱意。事后，每当马克思夫人回忆这件事时，甜美情思就会溢于言表。

③冲动求爱。

在一定的情况和范围下，先拥抱后表白或者先接吻后表白的求爱，就是冲动式求爱。

据心理学家分析，爱情的来临使人带有比平时更强的非理性化。

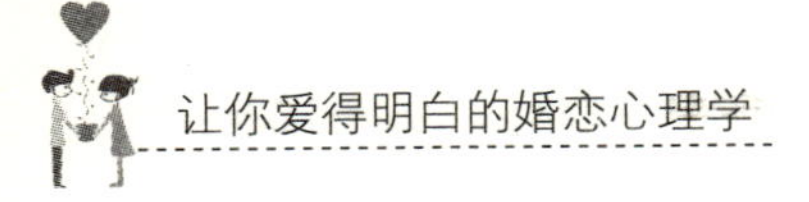

爱恋行为中，表情、动作的沟通往往比语言更有效。

冲动式求爱方式的好处是避免了求爱前的心理负担，直截了当，无须拐弯抹角，只要瞅准机会和对方同意就行。这种方法常可使恋爱速成。

（7）求爱未成的应对。

求爱有成功也有失败。求爱遭到拒绝，当然是一件令人十分伤心的事情，但不要伤心起来没完，没人会可怜你。这种情况下，应该分析情况，区别对待，调适自己的心理。

①失败的原因如果是自己的轻举妄动，应当吸取教训，以后慎重从事。

②如果是因为对方感到性格不合、志趣差异而拒绝你，对你来说也是好事，可另觅性格融洽、志趣相投者。

③如果对方因过分看重相貌仪表、经济条件、家庭地位而拒绝，这就没什么可伤心的了——想想看，如果与这种人凑合成婚，生活必定艰难，没有幸福可言。

④如果对方在拒绝时流露出犹豫、留恋之态，那么就要树立信心、继续努力，要通过各种途径增加双方的了解，不断加深感情，争取成功。

⑤如果对方不明缘由地坚决拒绝，切不可穷追不舍、死缠烂打，否则将适得其反；来个欲擒故纵，或许会见奇效。

2. 接受

（1）正确选择。

无论男女，同时被几个人追求的时候，往往会应接不暇、不知所措，陷入茫然的境地。也许，你会发现其中的某一个还可以；也许，你会觉得其中有几个都不错；也许，你认为全都不中意。这一个又一个的求爱者，可能使你挑花了眼，也可能使你挑出一个幸福的伴侣。接受求爱是人生的一件大事，大是大非面前，绝不可轻率决定，要作一个理性的分析。

①首先，考虑一下自己是否可以接受求爱。如果你还是一个中学生，或者有其他原因而不能承担起爱的责任的时候，不要接受别人的求爱，那是自私的做法。

②其次，要仔细分析一下向你求爱的人的条件和真正动机。求爱的人可能会有三种：

第一种人，动机纯正，为人正派，真心诚意地愿意与你建立爱情关系。这样的人也许你没有注意，而他却早在观察和了解你了。在他对你有了较深的认识和了解之后，他对你感到非常满意，于是向你求爱。如果他的外在形象、思想品质、工作表现以及生活态度，并没有引起你的反感，那你不妨把他当作一个“候选人”。

第二种人，向你求爱可能是很认真的，但动机不纯。引起他倾慕的只是你的漂亮、家庭条件好或者父母地位高等因素，并未注意你的思想、人品等方面，而且也没有考虑目前是否有发展爱情的可能，以及将来是否有共同生活的基础。对这样的人，绝不可轻易答应。

第三种人，对你根本没有什么真正的感情，只是把恋爱当儿戏，以追求异性为消遣，甚至还可能有其他不可告人的目的。对这样的人，你不仅要坚决回绝，而且要提出严肃的批评，必要时还可以要求第三方出面帮助教育。

③面对着众多动机纯正、条件不错的求爱者而难以抉择的时候，应当主动听取家长和好朋友的意见。有时候，求爱棋局外的人可能比你更清醒。

④参谋之后，还是有多种选择的话，最好选择自己比较了解的求爱者。

⑤一旦作出选择之后，就要专心去爱，不要三心二意。

（2）如何拒绝别人的求爱。

有人向你求爱时，内心一般会感到一种满足和幸福，可是如果求爱的人是自己并不中意的人的时候，就又多了一份苦恼和失落：既想拒绝这一份爱情表白，又怕伤了对方的心，尤其是在对方与自己有深厚友谊的情况下。

然而，不管多么困难，不能接受的爱情总是要加以拒绝的。拒绝别人的求爱，要选择好方法和时机。

①首先态度要坚决。

拒绝难免是一种伤害，但不能因此而犹豫不决。向你求爱的人对你的言行自然非常敏感，如果你拒绝的态度不够坚决，很容易使对方误以为你在假装拒绝，这样下去，最后带来的伤害更大。

②尽力给对方留下颜面。

无论用什么方法，都要注意尽量减少给对方带来的心理挫折，这样对方也易于接受。比如，不妨先对对方的人品和才华等加以赞许，然后说明你为什么不能接受求爱的理由；说出的理由要合乎情理，最好从对方的角度提出有利的方面，让对方觉得拒绝也是为了他（她）好；如果必须给其他人作出解释，你不妨把问题归咎于自己，避免给人单单造成一个冷酷拒绝的印象。

③选择恰当的方式。

根据你们平素的关系和对方的个性特点，可以恰当地选择冷处理、面谈或书信等方式进行拒绝。

建议不要采用托人转告的方式，因为这样显得不尊重对方，还会使对方觉得在其他人面前丢脸，可能激起对方的报复心理。

④选择合适的时机。

时机很重要，不要在对方一表白就立即加以拒绝，此时对方很难接受；但也不可拖延太久，给对方造成误会。具体选择什么时机要视具体情况而定。

⑤如果对方开始无理纠缠，则应该向家人或朋友求助，共同解决问题。

高潮曲：“热恋”阶段

找到梦中情人，热烈地追求，对方接受了你的挚爱之后，热恋就开始了。

如果是你的初恋，痴爱之中可能还包含着羞答答的浪漫。热恋中的爱情比羞涩的初恋要成熟得多：最初双方是基于外貌、职业、社会经济地位和家庭背景等客观条件相吸；初步交往之后，各自的需要、兴趣、爱好、价值观趋向一致；进一步的深入了解后，双方两情相悦、精神相通，彼此真正地了解了对方，已经能够完全接纳对方的一切。

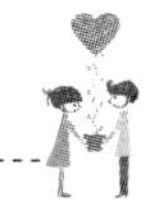

1. 热恋的人常有的心理状态

（1）说不完的知心话。

热恋中的男女，心是充分敞开的。他们心情特别容易激动，非常愿意坦白自己的内心，希望被对方所了解，也希望了解对方。热恋中的男女总是有说不完的知心话。他们都想用自己的观点来影响和说服对方，都想通过思想交流来达到相互认同。

（2）乐于奉献。

热恋中的人是乐于奉献的。他们总想为对方做点什么，或者按照对方的愿望去做点什么，希望看到对方幸福的笑容。

（3）审美错觉。

热恋中的人会出现审美错觉。“情人眼里出西施”，他们都将对方理想化，觉得对方一切都好，是世界上最棒的，尽管事实或许并非如此。这样能让双方都充分享受爱的乐趣，但可能产生问题，就是可能等到结婚的时候才发现对方的一些缺陷，但为时已晚。

（4）相互改变。

热恋双方都会通过对对方的言谈举止、生活习惯等的细微观察，逐渐把握对方的脾气、性格和爱好，然后逐步修正或改变自己的习惯和爱好，使自己尽量适应对方。正如莫里哀所言：“爱情是一位伟大的导师，教会我们怎样做人。”

（5）独占欲望。

热恋双方都有强烈的独占欲，不能忍受第三者插足。男女独占欲存在着一定的差异：在男性身上往往表现为性的独占欲，即要求与对方发生肉体关系，以证明对方只属于自己；女性的独占欲则表现为感情的独占，要求男性将感情全部用在自己身上。男性甜言蜜语的性爱要求往往使女性陷入既喜悦又不安的矛盾境地。

2. 热恋男女要注意的问题

（1）热恋双方要诚实和宽容。

热恋双方要坦诚，这样才会相互信任，才会充分地了解各自的优缺点，也就会爱得更真实。如果遮掩自己的缺点，反而会让对方生厌。双方都要宽容，要能接纳对方的缺点，不要太要求完美，但也要提出纠正对方的意见。

（2）真爱需要时间来检验。

一见钟情是美妙的故事。但钟情是否是真爱，则需要时间来检验。随着时间的推移，青年男女才会逐步认清和正确评判自己的爱情。闪电式的恋爱和结婚是不可取的，感情基础不牢固，婚后的生活也可能有麻烦。

（3）甜言蜜语不可少。

热恋中的甜言蜜语能够稳固感情。对恋人的适时赞美、问寒问暖和绵绵情话，可以使恋人感觉到自己在对方心目中的地位，加深双方的感情和依恋。

（4）热恋中的矛盾要及时解决好。

恋人之间闹矛盾是不可避免的，是正常现象，但要避免矛盾的激化，要及时解决矛盾。

矛盾主要是由双方个性、认识水平、思维能力、生活环境、家庭教育或实践经历等方面的差异带来的。开始接触的时候，双方都自觉或不自觉地掩饰自己不好的一面，充分展示自己美好的一面；到了热恋阶段，彼此的伪装也就慢慢卸去，露出本来面目，矛盾自然就开始出现。

解决矛盾，双方要以相互尊重和信任为前提，不要把自己的意志强加给对方，更不能把对方看成是自己的附属物。男性不要对女方呼来唤去，女性也不要过分干涉男性正常的生活习惯和业余爱好。发生矛盾时，忍让是最好的缓冲办法。男女双方均不可任性而毫不让步。这样做不仅不能维护自尊，而且还会深深地伤害双方的感情，把事情越搞越糟。但忍让不是一味退让，要分清轻重缓急、原则是非，对重大的原则问题，不能让步，但态度要中肯，因为目的是要解决问题。恋爱的双方要学会多互相谅解，男方对女方的任性和娇气不要过分地计较，女方要以宽容的态度对待男方的粗心大意和固执。

帷幕曲："心理宁静"阶段

热恋之后便进入了心理宁静期。这是恋情降温阶段，但并不是消退，而是变得熟知和深沉。正如徐志摩所言，"爱是帮助了解的力，了解是爱的成熟，最高的了解是灵魂的化合，那是爱的圆满功德。"热恋中的爱情富有激情，心理宁静期的爱情则更多地具有了理性色彩；热恋是波涛汹涌的激流，宁静期的爱情则是一汪幽静的潭水，风平浪静的水面下是涌动的暖流。

可是，恋人们到了心理宁静期，彼此无所不知，日子每天都一样，再无初恋时的新鲜感可言，于是厌倦感就慢慢地堆积了起来。移情别恋最容易在宁静期发生。心理学家指出，人的本性在于寻求新的刺激。新的刺激和新的恋爱对象不是等同的。如果用别样的眼光来看待你现有的恋人，你同样可以找到新的刺激。正如俄国文学家车尔尼雪夫斯基说过的一句话："世界上不是缺少美，而是缺少发现美的眼睛。"

恋爱与失恋是孪生的，不可分离。失恋是痛苦的悲剧，失恋的人是痛苦的人。热恋中的情人在遭到挫折时，将出现烦恼、忧伤、焦虑、猜疑、厌恶、颓唐等不良情绪，很可能发生一种"爱情综合征"。表现为神情萎靡，四肢无力，不思饮食，严重者会心跳过速、心慌、胸闷、气喘。世界名著《修女》中写道："人生来是要有伴侣的，如果夺走他的伴侣，把他隔离起来，那他的思想就会失去常态，性格就会被扭曲，千百种可笑的激情就会在他心头升起。"失恋后感到痛苦是正常的，但长期不能摆脱就不正常了。

有的人甚至在失恋后进行自残，这是十分不可取的。就像歌德笔下的少年维特，在失恋后的遗书中写道："昨天，我忍痛离开你的时候，真是五内俱焚；往事一一涌上心头，一个冷酷的事实猛地摆在我面前：我生活在你身边是既无希望又无快乐啊……在我的脑海里翻腾着千百种计划，千百种前景，但最后只剩下一个念头，一个十分坚决、十分肯定的念头，这就是：我要去死……这并非绝望；这是信念，我确信自己的苦已受够，是该为你而牺牲自己的时候了……啊，亲爱的，在我这破碎的心灵里，确曾隐隐约约出现过一个疯狂的想法——杀死你丈夫！杀死你！杀死我自己！”失恋后不及时进行心理调控，有可能引发害人害己的严重后果。

时间是失恋最好的疗伤药。但光靠时间是不行的，要主动出击。宣泄是非常必要的，不要闷在心里。宣泄的方式可以有摔点东西、用力哭泣、找人倾诉等。如果你性格比较刚毅，可能更倾向于通过专心工作来转移注意力。

以上所述的爱情的四个阶段，只是一个一般的规律，并非所有人的爱情都会经历这个过程——有的人的爱情可能夭折，有的可能经久不衰，关键取决于恋爱者的心理素质。爱情也是不可捉摸的，可遇不可求。抱着随缘的心态，或许恰恰可以收获美好的爱情。

第10章
恋爱中的男人到底在想什么

男人追求女人的方法

男人有了自己喜欢的目标后，怎样做才能俘获对方的心呢？现在的社会处处充满诱惑，一个男人想要追求一个女人，绝不仅仅只是在生日时送送礼物，情人节时送送花就能办到了，他还要讲究一定的方法和策略。

在此提供下面几种方法以供参考。

1. 机智地提一些问题

问她三个问题：第一个问题——对我以下两个问题，你可以只用“是”或“不”来回答吗？好；第二个问题是——如果我的第三个问题是你是否喜欢我，那么你第二个问题与第三个问题的答案是否是一致的呢？如果她答“是”，万事大吉；如果她答“不”，那么第二、第三个问题的答案不一致，则第二个是“不”；第三个便是“是”。这样的求爱方式既能展现你的机智又不乏幽默。

2. 委婉表达自己的想法

如果你是说故事的好手，一定要做到绘声绘色：“我做了一个梦，梦见我同你结婚了，而且我们有了一个孩子……想知道结果吗？嫁给我，那么两年后你就知道了。”

3. 制造相爱情境

约她散步，同她轻松地说笑聊天，然后给她讲一讲苗族独特的求爱规矩之一——见到了中意的姑娘，趁别人不在意时，用脚尖轻轻踩上姑娘的脚背，表示向她求爱，如果对方也用脚尖踩男方的脚背，就说明接受爱意。说到此时轻轻站住，温柔地看着她，然后恰到好处地轻轻踩她一脚。注意，一定要选择浪漫的氛围，并将开头的煽情工作做足。

4. 利用好愚人节

害怕失面子的男生最好在4月1日这一天向对方求爱，如果得到芳心自然上上大吉，如果惨遭拒绝则可强颜欢笑：“嘿，今天是愚人节，我同你开玩笑呢！”这样，便不必担心一旦被拒令今后相对难堪了。

5. 巧妙设置陷阱

同她说你爱上了一个女孩，可是得不到人家的青睐，然后做伤心绝望状令她同情。如果她说：“你其实挺优秀的，天涯何处无芳草。”你便问她：“是吗？我有什么优点？”善良的她自然会温柔婉转地数说你的诸多优点，这时你便可以明白地问她：“我既然有这样多优点，为何你对我不理不睬？我说的那个无情的女孩就是你呀。”

6. 给其他人积极的暗示

凡是她有的衣裳，都设法自己买一套相配衬的，刻意与她穿情侣装。两个人站在一起，常常会被人称赞“天生一对”之类，赞得久了，她便糊涂了。

7. 使用花言巧语

聪明的男人会使用排除法说明你与她的关系：你不可能做我的姐妹，因

为这已经是事实；你不可能做我的普通朋友，我只跟男人做哥们儿；你也不可能与我做敌人，因为你是好人我也是好人；你也不可能做我的老师或学生，因为我既没有什么可教你的也不思上进；你不可能做我的同事，我们根本学的是不同专业；你更不可能与我做陌路人，因为我们已经认识……所以，你只能做我妻子了。

上面这些方法是男人追求女人的一般方法，聪明的男人会根据对方的性格特征找出最适合的方法来表白自己的心意。其实只要想到让对方能够轻松接受自己的方法就可以了。想想看，哪一招最适合你呢?

男人结识女人的方法

许多男人都不知道如何接近女性。其实，结识女性并不难，关键是要迈出重要的第一步。只要你能够按照下面的方法去做，也许就能达成自己结识女性朋友、获得甜美爱情的渴盼。

1. 摒弃求全的心理

有些人在结识异性朋友时有一种“宁缺毋滥”的求全心理。然而，“金无足赤，人无完人”，自己也不是完美无缺的。因此，你应该摒弃求全的心理，不要太苛求。

2. 对自己充满信心

不要因内向、自卑而不敢约会，而应该多想想自己的优点，以使自己充满信心，才能令人愿意亲近你。

3. 修正自身的缺点

当别人批评你说话啰唆、没有自信、内向怕羞、太过清高……诸如此类的缺点时，要虚心接受，并加以修正，因为可能正是这些缺点令你难以结识异性。

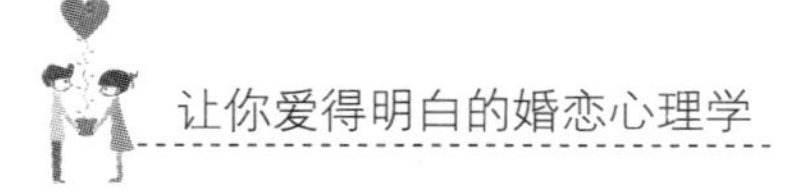

4. 参加社交

摒弃矜持及自卑的心理，主动参加一些能与异性交往的社交活动，给自己创造机会。

5. 多去超级市场、洗衣店

不少单身贵族都要亲自去超级市场买食品，到洗衣店洗衣物，这两处都是结识异性的好地方。

6. 随身携带心意卡

遇上有好感的异性，可以在心意卡上写上想说的话，如“你有某种特质吸引我”、“可以与你交朋友吗”，然后亲自交到对方手上，或叫小朋友帮忙，如果在餐厅便叫侍应生帮忙。

7. 转移专长

你好动，便转移发展一些偏静的活动，如摄影、烹饪；你好静，便尝试参加体能活动，如爬山、游泳。这样可以扩大生活圈子，认识更多的人。

8. 去旅行

独自一人去旅行，参加旅行团也可以，或许会在旅途中或异地遇上自己心仪的异性。

9. 请别人介绍

向亲朋好友表示想结识异性朋友，让他们为你留意适合的人选，机会可增加不少。而面对他人的热心介绍，应该打消顾虑，去掉包袱，自然坦率地接受。

10. 善用微笑

微笑能够增加别人对你的好感，但笑要由内心发出来才具魅力。同时要谨记笑容要持续三秒钟以上，可在心中数着“一千零一”、“一千零

二”和“一千零三”，如若不是这样做，你的目标可能未必能意会到你愿意和她接近。

11. 克服恐惧感

要打开话题，便要先开口，由于恐惧，害怕拒绝而不敢开口，便会错失很多机会。可以尝试多与身边的人打招呼来练练胆子，包括邮差、售货员、邻居等。

12. 随意展开话题

可以与异性说些无伤大雅的话题，比如关于时间、方向或天气的话题。如果你羞于启齿的话，尝试坐在你的目标身边，然后温柔地叹一声，这样也会很容易引发对方的反应而展开对话。

13. 大胆赞美人

遇见有好感的异性时，大可以勇敢地赞美对方，如“你的声音很动听”、“你的舞姿很优美”等，不仅可以引起对方的注意，也可以在第一时间博取对方的好感。

14. 多参加婚礼

多参加婚礼可以认识不少单身异性，大家在欢乐气氛的感染下，能够快速地敞开心扉，消除顾虑，与异性打成一片。

15. 尽快表明身份

让与你初相识的人知道你是单身，使对方有机会考虑你，最不明智的是故作神秘，乱戴结婚戒指，对方一旦以为你是有家室之人，自然便会打退堂鼓。

16. 适时表白

向别人提出约会，别人犹豫不决时，不要太早打退堂鼓，因为对方未必对你没兴趣，可能正在考虑中，这时你应该耐心等候，再次争取。

17. 多给对方一次机会

两人首次约会时，可能会因为太过紧张而给彼此留下不太好的印象，在这种情况下，不要断然终止与对方的交往，最好能给对方也给自己再一次约会的机会，然后再考虑应该继续交往还是终止交往。

18. 多参加同学聚会

在聚会中，可能会碰上阔别多年，至今仍孑然一身的小学同学、中学同学，或许你们有可能由老同学关系发展成为情侣关系。

男人征服女人的两种方式

在日常生活中，我们不难看到男女交往的一幕幕情景——无不是男人先追女人，而一旦女人被男人“抓住”了之后，就反过来，女人要追男人了。由于追女人比被女人追更有学问，所以，很多男人的心都是投注在前者，而对后者的思虑就显得潦草了。一般来说，当男人和女人的交往被界定为某种特定的意义时，男人对女人的征服欲便随之产生了。而女人假若对某一个男人已作出肉体为代价的奉献，她就会认为已经“将一切都交给了他”，只要他能接受，她终身依傍他也无怨无悔。女人一旦到了这种境地，她无疑便成了被男人征服的对象。但凡从男人追女人到女人追男人，也就是完成了男人征服女人的整个婚恋过程。

征服女人的方式大抵分为两点：第一点是以感情征服；第二点是非感情征服。

1. 感情征服

感情征服是所有的女人都乐意接受的征服方式。人是高等动物，人是善于思考和分析的。凡是人，要完成任何一件大事小事都无一不是要通过行动的遥控中心——大脑的思维。聪明的男人善于寻找“共同语言”的对话形式去感化女人，使女人在和他的谈话中对他渐渐产生亲密无间的信任感。这种谈话的接触无异于向女人撒去一张情网，让女人心悦诚服地往网里“钻”。

古罗马哲学家奥维德曾说过：“首先，你要坚信你钟情的女子可以追到手，你要取得她，只管撒你的网就是了。假如女人不容纳你的挑逗，春天会没有鸟儿的歌声，夏天会没有蝉的叫声，野兔会赶跑梅拿鲁思的狗。当你以为她还是不愿意的时候，其实她的心却早已被你俘虏了，但只不过是暗暗地想你罢了……女人一贯是将她们的心情掩饰得很好的。”男人和女人相处时，男人通常扮演主动者的角色。男人也愿意扮演这种角色，男人根据所相处的不同性格的女人制定相应的感化步骤，既要动之以情，晓之以理，又要让女人在男人恰到好处的感情攻势下解除防御的武装。当然，这种解除武装是她自觉的、主动的和下意识的，而不是漫不经心的，缺乏理念的。

奥维德还曾指出，男人要在感情上征服女人，他应当不吝于“大胆地发誓，以此牵动一切的神祇来为自己的诚恳作证，因为打动女人的最好方式是誓言”。但是，誓言必须是真心的，而不是虚情假意装出来的，男人“演戏”的天才毕竟不如女人高超，虚情假意的“演戏”有失之矫揉造作，而且很容易被女人一眼看穿。男人一旦被女人看穿其虚假的一面，那么，他在她面前曾经付出的一切努力就前功尽弃了。男人通过感情的投注征服女人，这是接近两性感情世界的最好的方法方式，也是女人最能接受的方法方式。

2. 非感情征服

非感情征服是男人征服女人中消极的一种手段。这种手段是不以感情投入作先决条件的。男人要征服女人，仅仅出于某种欲望的需要，那就要回溯到蛮荒时代以前的所有动物（包括人类）的非理性的行为。男人一旦征服女人的意念超乎了理性，便毫无感情而言，而是出于一种“机械”的悸动，这类男人征服女人的方式方法充其量无过于金钱和暴力两种。

金钱乃身外之物，暴力更是强者对弱者最惯用的征服手段。对明智、有头脑的女性来说，以金钱作诱饵是对她人格的一种羞辱，以暴力强人所难，更是“狼食羊”的翻版。所以，用金钱或暴力以期达到征服她们的方法方式是不可能如其所愿的；但就性格柔弱，与生俱来对男人持恐惧又迷惑心理的女性来说，以金钱和暴力来征服她们则是心术不正的男人易如反掌的事。但愿意以这种形式被男人征服的女人仿佛不长翅膀的鸟儿，她一生一世也飞不出鸟笼。她的命运只有在非感情的纯物质环境中过着逆来顺受的日子。以这种形式征服了女人的男人更是不知究竟感情为何物，在他们眼里，有钱什么都可以买，何况一个两个女人？所以，一旦他们看上哪个女人，并想拥有她时，他的第一反应便是“金钱铺路”大摆其豪气，以珠宝、金银首饰来征服一部分女人的虚荣心，孰知以金钱搭路的结合却往往会给婚姻埋下一颗不幸的苦果，因为他们是没有感情作基础的。

夫妻之间若没有了感情，什么沟通和交流，一切都将成为空话，夫妻关系也就名存实亡了。

再说那种外强中干的男人，虽然很会在女人面前表现一种征服者的霸气，但其内心是非常空虚的。

有的女人将这种男人说成是“四肢发达，头脑简单”，他们对现实生活中的女人缺乏感情投入的能力和技巧，但又十分欣赏自己的力量，所以，他们对自己所满意的姑娘最大的欲望就是三下五去二，以暴力强制对方就范。可见，以非感情方式征服女人的男人是缺乏理性和理念的。他们除了对金钱或暴力情有独钟外，便再也找不到其他的可褒可扬之处了。

男人如何邀请女人约会

许多男士以为，邀请女孩子约会，应尽量体现男士的殷勤和体贴，应尊重女性的意见。没错，在大多数女性心目中，“体贴型”的男人是最为理想的。

但以这种方式邀请女孩效果往往不是很好（特别是初次约会时）。

例如，当男人使用“愿不愿意？”这种问法时，乍看，似乎非常有礼

貌，但事实上却给了对方说“好”和“不好”两种选择。

而“羞怯，柔顺，谨慎，矜持”是东方女性传统的美德，虽说现在社会开放了进步了，但大多数女性还是属于被动型的，若是碰到较为保守的女性，虽对男孩有好感，但她可能会认为，单独与交往不是太深的男性赴约，未免过于失态。为了不节外生枝，干脆就说“不”了。

所以，当一个男士有意邀请女友一起去旅行时，与其说“下个月，一道去旅行好吗？”不如以“下个月一起去旅行吧！”的决定性口吻来邀请她，更易获得她的同意；与其对女友说“明天你如果在家的话，我打电话给你”，不如说“明天我打电话给你，你不要出门”。

这种命令式的口吻，对于习惯服从的女方来说，因对方已经明确指出了，她只要在家等待即可。

同时，她会认为男方是个有主见、可依靠的男子汉。而且，对于任何事情都可以安排妥当的话，在她心目中，可能是一位会体贴的男人。

所以，当你邀请她赴约时，尽量用决定性的口吻，这样成功的几率会高一些！

男人怎样去接触不同年龄的女性

1. 对十八九岁的少女要迁就些

你对她要显得温柔体贴，视她为易碎的洋娃娃。若非原则问题，你要尽量迁就她，让她高兴。若时机适合，可以说服她。这种年龄的女孩的心理特点是好玩，爱热闹，带她去轻松休闲的地方将会使她很高兴。

2. 对20来岁的姑娘要浪漫些

你对她要尽量显出自己的经济能力，显出略带浪漫的情调，要选择自己最擅长的话题来与她交谈，从而抖出你的本事，最好能因此而赢得她的尊敬

和信心。与她约会的地点要选择有情调的地方，自己必须负担约会时的全部费用。

3. 对30岁左右的成熟女子要稳重些

你要显出自己的成熟稳重，绝不可像个不成熟的大男孩那样纠缠她。约会时要主动积极地为她服务。一般这个年龄的女子都有母亲情怀，会对你自然流露出母性的关怀与爱，因而你不妨适度地向她表现出男性脆弱的一面，开朗地向她撒娇，但要注意不可过分。你若显得过度脆弱，就会使她感到没有安全感，并会因此而失望。该表现出你的男子气概和勇敢精神时，你万不可退缩。

男人喜欢“坏”女人

你是否还对“抓住男人的心，就要先抓住他的胃”这样的理论深信不已，为了迷住中意的他而苦苦磨练厨艺？无数的乖乖女还在那些传统的条条框框中作茧自缚，以期成为大家眼中的“乖乖女”，以为这样才能捕获自己的白马王子，而幸福似乎越来越远。相反，男人们却被“坏”女人所深深吸引，为博得她们的青睐在大献殷勤。

为什么“坏”女人令人难以抗拒？其实你也可以偶尔当一下坏坏女哦。

1. 给他挑战

坏女人浑身散发着一种危险气息，像是在说：我跟你是不同世界的人。对男人而言，一个知道自己是什么，知道自己要什么，对自己自觉而自傲的女人，是全天下最有吸引力的动物。

当那些良家妇女自怜自艾地怀疑着：他喜欢我吗？他觉得我怎么样？他到底看上我什么时，这些坏女孩的脑子里可在盘算着：跟这个家伙在一起，对我有什么好处？而当这些良家妇女们正忙着找理由肯定自我时，坏女孩们

已经利用她们宝贵的时间来逗男孩们开心了。事实上，这些坏女孩们或许才使出了几招，这些男孩就乖乖上钩了。

被男人团团围住的女人，并没有什么特别之处。很多时候，她们不过是表现得漫不经心。乖乖女一般会说：我不想游戏人生。她就让男人明白了，她多么怕他抛弃她。如果一个女子午夜驱车去看一个男人的时候，她的车顶上只缺少一个霓虹灯标志：送货上门。

渴望着要不到的东西，是人类的天性。而对于单身男性来说，这种诱惑特别强烈。千辛万苦才得到的女孩，对男人来说，就像是人生中的一个伟大里程碑。而且这个得来不易的女孩，在他的心目中将比轻易到手的女孩更有价值。

2. 像男人一样有话直说

男人尊重说话简明扼要的女人，因为男人之间的交流就是如此。坏女人会采用直奔主题的方式，乖乖女则不同，她会把整个心都掏出来，可他什么都没听到，却让他看透了她的贫乏。

也许坏女人在工作职场上，是很不好惹的。但是对于她的男人而言，她的言行举止可是非常合理。坏女人绝不会歇斯底里地大吼大叫，而是会把事情处理得漂漂亮亮。男人可没有时间天天在女人旁边帮她擦屁股。

而且，坏女人不会在鸡毛蒜皮的小事上斤斤计较，男人也很喜欢这一点，因为她们也知道自己要什么。有时对男人来说，跟坏女人相处，比跟一个老是爱东扯西扯又情绪化的女人相处还容易得多。因为敏感的女人总是会让男人觉得非常困惑，永远都不晓得自己哪里又惹到她们了。坏女人总是可以很清楚又勇敢地表达自己。也因此，她们总是可以轻松地得到她们想要的东西。

除此之外，喜欢坏女人的男人们能够清楚知道，他在这段关系中扮演着怎么样的角色。面对现实吧！有些男人的脑袋就跟浆糊一样，如果你不把话说明白，他就什么也不明白。男人很怕女人总是要跟他们玩“猜猜看”的游戏，也很讨厌猜错了以后要被女人责骂，天晓得善变的女人脑袋瓜里又在想什么？如果女人可以学会直话直说，男人的许多压力都会消失得无踪。

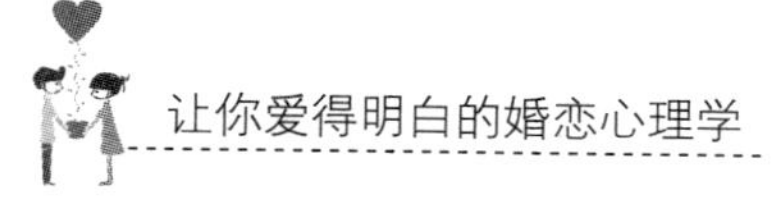

3. 划下“楚河汉界”

讽刺的是，男人很害怕被绑住的感觉，无所不用其极地逃避永恒的承诺关系。但是如他们遇到一个画清界限、且越界了之后会被推回来的女人，他们反而会想尽办法要越过那条线。如果男人失去了他们的那条界限，他们就会在这段关系中渐渐变得盲目。同时也失去了他们的掌控地位。

跟他保持界线，让彼此也有自由的空间，对你们的关系反而有助益。“犯错的时候，男人很会找理由。如杲我女友发现我去酒吧鬼混，一定会杀了我；但假如她知道了却什么都没有说，这样反而会让我愧疚到死。”有人如是说。

男人也许永远不会承认，但事实上他们还蛮喜欢事情有既定的规则，并不是你所想象的这么不羁，只要身旁的女人不要像他们的老妈一样就好了。如果当男人知道自己做了坏事，而女友竟然没有唠叨，这一刻她是非常有魅力的。

4. 不那么“随便”

男人都不想女人知道，他们在心里默默地把女人分为两种类型：一是随便玩玩的快餐型，一是适合娶回家当老婆的。一旦他把你归类为随便玩玩的类型，想要跟他步入殿堂的几率就非常非常低。坏女人深深知道这个事实，这也是为什么她们总是不会轻易给他们想要的。但她也不会让男人误会，以为她是个老古板的女人。这表示，你得举止有分寸，男人才不会用玩玩的心态跟你交往。但同时你也不要忘记，适时地“不经意”流露些小小性感。

当坏女人终于愿意和他上床之后，她给他世界上最销魂的一夜。但下床之后，她又仿佛这件事从没发生过一样。男人满心以为在性爱之后，你一定像只摇着尾巴的小狗乞求着他给你承诺，因此他会试着和你保持一点距离，但这时你反而不该开口，静静地等着他自己开口承诺，或者是告诉你接下来要做些什么、和你约定些什么。坏女人懂得在这种关键时刻扭转情势，占尽上风。接下来你所要做的，就是要让他很难约到你，或者是保持忙碌的状态了。

经典三问，泄露男人的心迹

1. 男人问女人：今天晚上有没有空?

这是试探性的话，说明问者心里有想法，有想法就要有行动，而且要当机立断。如果对方问：有空又怎么样，没空又怎么样？也许就要把话接得快一点：有空去喝茶，没空明天晚上再联系。

一个女孩子有没有空，实际上取决于她究竟对他有没有好感，或者说她有没有一种职业垂钓者的素质，因为对于时间，她们都懂得如何去挤。如果一个女孩说她晚上要上课，明天一早又要上班，那也完全可以到校门口去等她（先问清楚走的是正门还是后门，否则就可能有缘无分了）。几次等下来之后，起码可以发现有没有第二个人来等她，即使是送她一段，或者在路边的豆浆店里喝上一碗豆浆，两者之间是咸是淡应该有点数了。而到了情人节这天甚至就不需要再问有没有空，可以直接约她出来走走了。

2. 男人问女人：我能给你看看手相吗?

醉翁之意不在酒，看手相的目的一是为了手与手的接触，二是为了从“望、闻、问、切”中窥其心理。从一只女孩的手中读出诸如爱情线、命运线以及前世来生等，是“看手相”者必备的功课。“看手相”多半是虚晃一枪，关键是看脸，看其心理变化，这实际上是一门心理学的功课。因为不是所有女孩都经得起一番神机妙算的。

一般来说，“看手相”者能从女孩子向你提问的口气中看出她的虚实，越是羞羞答答欲盖弥彰的，越是她想知道的。哪怕明知是一派胡言，但不可知的命运以及对未来的憧憬，仍是女孩生命中最为关切的问题。

“看手相”者如果能抓住机遇，扩大话题，那就不会毫无收获，起码冰凉的小手会在你的呵护中温暖起来。

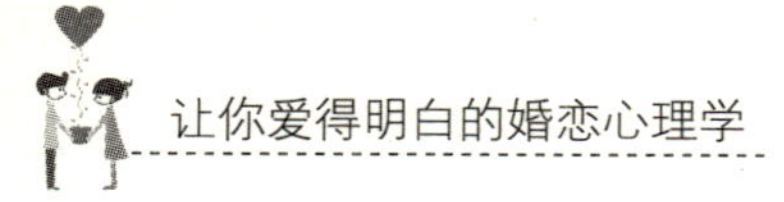

3. 男人问女人：我们去哪里？

这是日常对话中出现频率颇高的一句，之所以高频率地出现，正是因为人们无处可去。但既然是情人相会，总要有个地方去去，所以难免要问——去哪里？比起“我是谁——我从哪里来——我到哪里去”这样的经典问题，“去哪里”的意义或许就显得平白了一点。

它显然省略了更为重要的内容——云那里干什么？这才是关键所在，特别是那种已经历了数年的精神恋爱，又特别在乎形式的男女，他们经历了一般恋爱男女已经历的一切，接下去的一切就会显得清汤寡水。

而至于那些特别注重地点的人，可能会回味诸如卡萨布兰卡、莫斯科郊外之类的地方，电影教会了一部分人谈情说爱，但没有教会人们如何对付那些不太浪漫甚至枯燥的事，比如“去哪里”就是一件十分没有意思的事，因为要让两个人在一起有意思，地方不是主要的，主要的是干些什么。

一般来说，“哪里”也有两类：第一类以看为主，如看电影看表演，其间最容易触景生情；第二类是以说为主，如喝茶聊天。介于两者之间的是看和被看，如跳舞和泡吧。

男人不愿对女人说“我爱你”

全世界只要有语言的地方，大概都会有这些神奇的字眼。情书里、歌词里、电影的对白里，几乎随处可见。不过回到现实生活中，要男人亲口说出“我爱你”，就是有那么一点矫情。

生活中的男人为何不能浪漫得像电影对白一般，自然地对着心爱的女人说出这三个字呢？

1. 男人死爱面子

男人爱面子的“德行”，可说是随着年龄有增无减。学生时代女人要听到这些亲昵的字眼还不算难，反正学着浪漫爱情剧，要他一天跟你说几十遍

都不成问题。不过等到男人成熟之后，遇见心仪的女人，纵使再怎么心动，都害怕当面说出“我爱你”。男人怕被拒绝，尤其是女人的拒绝。

2. 有失男子气概

男人就算再怎么爱他的女友或太太，在公众场合，特别是在一群哥儿们面前，你想要他说出“我爱你”，简直比登天还难。因为男性在人前总是要表露出独立、强悍的硬派作风，偏偏这三个字给人的感觉太过显露真情。所以绝对不是他不够爱你，通常他会在心里说出这三个字，而他的嘴却闭得很紧。

3. 害怕就此一语定终身

这种理由与想法似乎有点坏，不过也绝对是一部分男人的真实想法。一个具有责任感的男人，当他对着一个女人说“我爱你”时，也就等于在宣告这个女人是他的唯一。但矛盾的是，男人总是无法确定，她是否将会是与他共组家庭的那另一半；而且一旦说出这三个字后，若得到女方的热烈回应，以后要在外当逍遥男人的机会就会大大减少啦！

男人恋爱心理隐患判定

热恋中的女孩往往对自己男友的恋情吃不准，恐怕“一失足成千古恨”。那么怎样判定男友的心理隐患？一旦一个男人存在着下面几种求偶心理，或其中的一种，他的爱情中便可能潜藏了某种隐患。

1. 绝对自我心理

这种男人把寻找的恋人是否对自己“前途”有利作为牢不可破的唯一条件。他要求女友能把“优势”时常体现出来并给他带来某种好处。一旦他的期望值没有达到或没有达到的可能，便会怒火中烧，甚至觉得你有负于他。

2. 逻辑错误联想

这种男人通常表现为富于联想和多疑。他一般来说对爱情看得很重，但理解狭隘，对恋人的举动非常敏感。

一旦女友作出了他不能理解或不高兴的事，便会“浮想联翩”，生搬硬套地找出你不和他同心的证据。

3. 非感情移入心理

这种男人评价、对待女友时，没有同情心，不是设身处地地给予评价和理解。特别是当女友身处困境需要感情移入地对待她时，却退缩或置之不理。他只能和女孩子共欢乐而不能共患难。

4. 错误反衬心理

这种男人经常把他人的长处与女友的短处相比，或以女友的短处和他人的长处相比。这种男人在开始和女孩交往时，能很快发现她的优点并十分欣赏，他们的感情也会直线升温。但如果他发现她身上的优点原是那么不起眼时，对她就会冷漠，而这种冷漠，又常常使她捉摸不透甚至还会让这种男人成为一种诱惑，使她愈感其神秘。

5. 应激心理

这种男人一般喜欢时髦，感觉敏锐，但缺乏自主性和自信心，个体意识受外界潮流所左右，特别喜欢新潮女性。对女友的打扮、发型、服装等外观形象很注重，且十分乐意在这方面为女友投资。然而，一旦她不能适应他的“审美”要求，他便会抱怨不止。

6. 女孩的对策

当女孩子发现男友存在上述任何一种心理时，不要掉以轻心。当然，严格地讲，任何男性或多或少总会存在上述心理中的一种或几种。这也不必惊慌，更没必要一发现就“断交”，这样女孩永远也找不到如意的伴侣。如何掌握这个“度”，标准在于：她的确爱他，不妨将她的担心开诚布公地和他

谈开，让他认识到这种隐患的危险。如果是初交，感情尚不深，同样可以和他谈谈，以观后效。如果认为没有必要，断交便罢。但是，采取任何一种做法，需要把握的一点是，对他的判断是否正确和全面，否则，想当然和自以为是都会带来终身的痛苦。

第11章 恋爱中的女人到底在想什么

女人恋爱习惯被男人征服

“谁先动心谁就满盘皆输！”这句话是古龙说的，在男女情场上，大多数女人认为是至理。

大多数女人永远认为女人应该被追求、被宠爱，除了这更符合女人的天性外，男人也容易因此产生征服感。如果正好相反，恶果便是男人会逃，逃走，逃跑，逃避，而且会一逃永不回，因为男人不喜欢被一个女人掌控。

不管这世界如何变，男人总是喜欢征服，习惯于征服世界来征服女人。女人也喜欢那些某种程度上征服了世界的男人。有征服欲的男人，会更有男人气概。情场上，大多数女人喜欢自己是小女人，只有风花雪月和浪漫才显得被重视。在爱的男人面前，大多数女人愿意自己是被他驯服的一只羔羊。像张爱玲在情人面前，她也会说：“我变得很低很低。”

几百年前，欧洲那些男人站在心爱女人楼下就着月光弹吉他唱情歌的情景，永远让大多数女人心驰神往。那时候的男人多么懂得怜香惜玉，多么善解风情，因此大多数女人总有生错了年代的遗憾。现在的情形是，女人越来

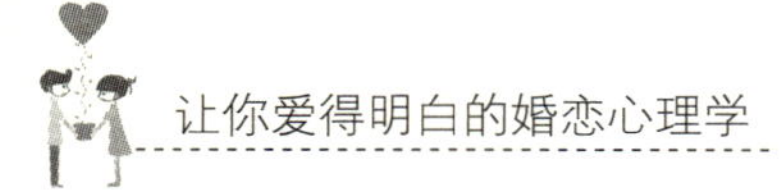

越强，越来越主动，越来越不在乎受挫失败，心也变得越来越粗糙。那些可爱的坏女孩总是高唱着“看到好的男孩，大多数女人一定会去追”，不断地侵袭着男人。她们也许不知道，自己正在破坏着那些美好的传统，让这个世界上的怨女越来越多。

现在的男人，怜香惜玉已经是一种难得的美德，很难说与那些主动的女人没有关系。男人的本性里有劣根性，越是难啃的骨头越有兴趣，要套牢他们最好也最有效的方法便是若即若离，让他对你永远捉摸不透。这么说大多数女人似乎有教唆的嫌疑，仿佛大多数女人是什么老手似的，其实现在这几乎成了公理，每个女人都懂，只是临到头来自己是否能做到的问题。

女人都是爱情动物，为了爱做梦一生，不同的只是善于经营与否。张惠妹的那首《原来你什么都不想要》，男人女人听了都觉得跟自己心声似的，最经典的是那句“只有不停地要，要到你想逃”。这句歌词就是女人主动的下场。而男人主动，只要他不是太讨厌，是会让女人感动直至最终落网不逃的。这似乎还有另外一个说法，那就是男人不可以被宠，而女人天生是应该被宠的。

情场就是这样，像张宇的歌里唱的，“就是爱到深处才由他”。佛也说，无爱则无痴，无忧，无惧，爱得太投入，难免患得患失。如今就有女人说，动心无所谓，动心其实挺美的，关键的是不能先动手，谁先动手，谁就满盘皆输。

女人恋爱因何如此爱慕虚荣

不管男人还是女性多少都有虚荣心，但女性的虚荣心一般比男人重。其实没有女人的虚荣也就没有男人的虚荣，男人和女人的虚荣不是彼此孤立的，在某种程度上，他们往往是在不知不觉中互相鼓励着对方的虚荣。男人以娶美女为荣，女人以嫁名流、富人为荣，于是各自的虚荣助长了对方的虚

荣。法国作家莫泊桑的短篇小说《项链》中的女主人翁玛格丽特，就是一个贪慕虚荣的典型。

生活当中最经常的表现是，几个女性一碰面，就会相互从头顶打量到足尖，接着就是打听对方的服装、饰品、身边物品价钱多少、在哪里买的，恨不得马上去买。如果自己囊中羞涩内心就会失落和难受好一阵子。

女性的虚荣心还表现在喜欢与人攀比，经常可以看到现实中几个女性聚在一起，谈论男朋友或老公给自己送了什么礼物，买了什么衣服之类，然后相互攀比一番……前一时间在网上看过一篇贴，名为《浮华背后：上海女人的虚荣心》，写的是月收入不过5 000元的一些上海女性，竟会攒下大半年的收入去高档专卖店买一个路易·威登挎包，还挎包去挤公交车，或走路出行上下班。此贴足见女性的虚荣心……

来看现在的征婚广告，事业有成，有一定的经济基础，已经成为一些女孩对未来爱人的起码要求，如今的女孩很现实，生活在现实生活中经济能力是不可或缺的，可现实的背后不能不说没有内心虚荣心的主使，在现实的生活中真正的爱情观念敌不过体面下的虚荣，如今很多年轻漂亮的女生愿意找年龄大甚至是离异的成功男人，还愿意充当第三者和大款的情人，这些都是女性虚荣心在作怪。

虚荣心是一种过分膨胀的、扭曲了的自尊心。因此，虚荣心也称“虚尊心”，也就是虚假的自尊心。很多女性在谈恋爱时也是这样，总希望男朋友对她好，但往往忽视对男人品质素养的了解。总要求男人去满足她的虚荣心，如果不能满足她就认为是男朋友不爱她。

随着虚荣心的满足，女性也渐渐丧失正确的恋爱态度和原则，结果就是把好男人逼走，给坏男人以可乘之机，架不住一些坏男人的花言巧语，一点恩惠就被看成“爱”，甚至把虚荣心的满足看成一种交换以身相许。

女性的恋爱虚荣心理一般表现在如下方面。

一是择偶标准的虚荣

对“事”的考虑胜过对“人”的考虑。只要对方给自己“增光”，不管

其为人如何，思想、感情、个性同自己能否契合，都能成为“意中人”。

当然，这里的“增光”是要打上引号的。有些女人一心要嫁个富有的男人做丈夫，有些女人看到对方有个高官厚禄的爸爸，就情窦大开。如此种种，她们追求的并非对方的人品、个性、志趣、修养等内在素质，而是看其能为自己提供多少“面子”的因素，但过分考虑“面子”就未免太过虚荣了。

二是恋爱方式的虚荣

恋爱作为一种过程，是同恋人间的相互了解相影相随的。这种了解，本来与金钱并无必然联系。也就是说，了解可以在共同爱好的活动中自然增进，也可以在有意接触的约会中逐步深化。

但女人却通常看重金钱在这里的作用。她们往往很重视男人所送财物的数目，好像男人的感情是与金钱的数量呈正比的。如果男人花的钱少，女人就会不高兴。饭店要上高级的，东西要买高价的，送礼要送值钱的，否则就是看不起对方，或者认为对方轻视自己，在别人面前也感到脸上无光。实际上这都是女人的虚荣心理在作怪。

三是婚礼仪式的虚荣

有的情侣修成正果，好不容易攒钱买了房子准备要结婚了。女孩子一想自己身边的姐妹，那婚礼排场一个比一个奢侈，于是不考虑自己的实际情况，非要办一场华丽的婚礼。

结果是婚礼一完，繁华散尽，钱包也空空了。接下来的柴米油盐酱醋茶，诸多的矛盾和不和就接踵而至了。

当然，女性的虚荣心并一定是件坏事，更不可怕，要知道一个正常女性多少都会有虚荣心，适度的虚荣心可以让人奋发向上，努力去创造。爱美是女性的天性，赚多少钱就过多少钱的生活，懂得量入为出，保持勤俭节约的美德，还要有正确的审美观念，努力提高自身的气质修养。

美丽并不一定都是靠华丽的服饰包装出来的，衣靠人衬，一般的衣服也能衬托女性的美丽形象与气质，同时又带来了好心情。嫁个有钱男人当然

好，但要以男人真心爱你为前提，凡事都有两面性，有得必有失，重要的是把握好自己，感情婚姻稳定是一切的基础，过于注重外在，为满足虚荣心而超出自己的能力范围，就会得不偿失，走向负面，在爱情婚姻上，如果把金钱物质作为择偶的标准，绝不可能得到真正的爱情。

如果女性在与男性交往或恋爱中处理不好虚荣心的问题，往往容易迷失自己，要正确对待虚荣心，虚荣心可以成为自身前进的动力，切不可让虚荣心盲目膨胀而导致惨重代价。

女人通过眼神表达爱意

恋爱是由人对美的感受所产生的一种激情行为，而这些美的感受，很大一部分是通过视觉获得的，由此可知，眼睛对恋爱的作用有多么重要。在两性交往中，首先从对方获得的信息便是通过视觉，外表的美丽与丑陋一下子就能得出结论，并且，对方可以从你眼睛的变化，测知你对他的态度。对一个漂亮的人，你会多看几眼，说明你很欣赏；而对于一个丑陋的人，会不屑一顾，表示你对他（她）没有好感，甚至讨厌，因此，异性的这种眼神变化，基本上能准确反映出他们的心理状态和想法。在初恋时或尚未相识之前，眼睛对异性间的情感交流和表达，有着只可意会不可言传的功效。许多人可以一见钟情，许多人从未开口，却能彼此明了对方的心意；许多人通过眉来眼去，交流思想感情，许多人暗送秋波表达自己的爱慕，等等。

然而，眼睛毕竟仅仅是一个视觉感受器，它所产生的审美效果，还要取决于一个人的心理状态、情感和审美观。有诗云：春风得意马蹄疾。心情好的时候，丑陋的东西也不觉得那么丑陋；心情坏的时候，再美丽无比的事物，也没有兴趣。这是一种正常的心理反应。同时，视觉的审美效果还与每个人的情感有关，俗话说，情人眼里出西施。因此，恋人之间的美感，不仅仅是视觉的直接反映，而且还是受情感支配的高级意识。此外，审美效果还

同人们的文化背景有关。例如，世界上某些民族以女性肥大的臀部为美，非洲黑人以乳房下垂为美，而另一些民族却恰恰认为这是丑陋之处。

眼睛在恋爱中的作用，远超过了它的本身。一对水汪汪的大眼睛，当然令人羡慕，但是，不是每双漂亮的眼睛都能流露出温情和善意，都能够使人感到美的存在。只有美的心灵、高尚的情操，才能给人带来美丽；也只有美的心灵，才能够感受到他人的美。眼睛细小难看，并且近视，的确有些不尽如人意。但是，细想想，这又有什么关系呢？只要是会发亮的眼睛，都能够传递自己的情感。近视配上眼镜，同样是一种风度。

常言道：眼睛是心灵的窗户。问题在于，人们通过你的眼睛，能否看到你美丽的心灵。有一首很有名的民歌唱道："甜蜜的爱情从哪里来？是从眼睛到心怀。"从眼睛流露出内心活动，把自己对事物的看法、心理状态、思想感情，通过目光频频地传递给他人，同时，也将自己的外貌、气质向他人的眼睛展示，以博得心上人的青睐。相反，他人通过自己的眼睛感受你的心理，接收你的情感，观察和欣赏你的外貌和气质，然后，在自己的内心深处通过对比、择选，而产生不同程度的反响，这种反响又可以通过眼神告诉对方，或去、或留。

中意者，爱情就会在如此反复的良性循环过程中产生。虽然心灵的善恶，能在很大程度上影响一个人的视觉审美效果，但是，两性的外在表现，毕竟是性爱的直接刺激物，并且男女的视觉审美侧重有所不同。男性对女性的外形美要求，比女性对男性的外形美要求高得多；而女性更注重男性的力度——力的使用也是看得见的，它属于视觉范围。正如英国著名性心理学家居理士所说："男子爱女子，是因为女子美，而美的印象是视觉传达给意识的；而女子爱男子，是因为男子有力，而有力的印象虽然也属于触觉范围，却须先假道视觉以达于意识。"因此，男女若要在视觉上给对方以美感，则要在不同方面下工夫，男子要加强力度的锻炼，女性可偏重外在的修饰。但是，无论男女，要想自己在异性眼里尽可能完美，都必须首先美化自己的心灵，使自身的内在修养达到一个尽善尽美的境界。

恋爱中的女人喜欢听甜言蜜语

如果要给甜言蜜语定个性，我想对大多数女人而言，它或许不如金钱那样重要，但至少也是生命中必不可少的调味料！我们当然不是少了它就不能活了，但你得承认，有了它，女人一定会活得更滋润。最明显的例子就是恋爱中的女人总是特别美。恋爱期的甜言蜜语使用频率无疑是最高的。女孩穿一件新衣裳，羞答答去赴约会，男友会说："你今天真美。"虽然话酸了点，不过很有普遍性。也有内向些的男孩，嘴上不说，眼睛里的欣赏还是一目了然的，女孩"女为悦已者容"的目的就达到了。一句话、一个眼神而已，两人都开心了，牵了手该干啥干啥去。放眼当下媒体和网络，到处都是感叹世风日下、快乐不易的文字。可你瞧瞧人家，多容易就满足了。甜言蜜语，真正是投入小产出大的朝阳产业啊。

也许有些男人会说，甜言蜜语是糖衣炮弹，中看不中用。可是，倘若你爱她，却不知道用甜言蜜语来表达，多半是很难找到老婆的。

有人曾经对女友说过一句话："再怎么说你还有我呢。别太为难自己，女人是用来疼的，不是用来累的。"那女孩那时候正为生计疲于奔命，听到这话时愣了一下，眼睛酸酸的，忽然就想与他相守到地老天荒。有人疼的感觉多好啊，可也要表达出来，对方才会知道。病了，会需要有个他嘘寒问暖；累了，会想有个温暖的怀抱；撒娇时，还想有个出气筒……倘若一个男人说爱你，却不过问你的病情；知道你想要他抱一抱，他却皱眉不来搭理；拿粉拳捶他，他呼地拉下了脸，或者干脆以老拳回敬一个。男人要是对甜言蜜语和小情小调吝啬到这份上，那么他至少不会太爱你。当然也有特别痴情的女人，一旦死心塌地，就想着好坏一起爱上了，对错全都包容下，一不小心成了人家大姐兼保姆，还要时时变着花样用佳肴体贴男人的心，用丰乳肥臀体贴男人的性……角色都弄反了，不好好享受被人疼的感觉，偏要去疼人，结果爱到要死要活的，其实这样男人反而感觉很厌烦，说不定走到头都困难。

所以，在一定程度上，甜言蜜语是我们衡量爱情的客观标准之一。男人爱你，才肯对你甜言蜜语。不爱了，谁来搭理！话说回来，最易变心的也许正是最会甜言蜜语的男人，因为甜言蜜语与花言巧语有时的确很难分家。不管怎么说，恋爱中的男人一定要学会甜言蜜语，恋爱中的女人一定会喜欢听甜言蜜语。男人是用它做武器，也不排除说它时的自我陶醉；女人则是完全陶醉了，现在不醉，更待何时？女人会想，等嫁了他，哪还有人肯日日陪你醉呢？

女人恋爱最喜欢“玩弄”男性

恋爱时，女人最喜欢玩弄男性了。

“亲爱的，今年冬天，我们去滑雪好吗？”

“主意很不错……我会考虑的。”

在公园里散步，男人想趁机拥抱她。

“啊！你别这样，别人会看到啊……”

两人的关系已亲密似热恋的情侣，想跟她越过最后一道防线时，她又会惊慌失措地说：“求求你……这一件事情，就等到结婚后再来吧！”

总而言之，她会很巧妙地推掉一切的事情。

郊游时，她站在岩石上面微笑，看在男子的眼里，意味着要他靠近她。于是，男人雀跃地飞奔到她的身边。谁料，她却纵身一跃，跳到另外的一块岩石上面。

“难道她很讨厌我吗？”

看起来并非如此。因为她又浮现了笑容——就如此这般，不断地重复。女性为何喜欢使男人焦急，并以此沾沾自喜呢？

有一些人说，女性这么做让男人感到急躁、心猿意马、手足无措时，她的心里就会感到一种虐待似的快乐，可见，女人内心隐藏着一种“魔性”。

如果只一味地把女性想成是这般“恶劣”的话，这未免有失公道。女人生来就具有强烈的自我防卫本能，而且羞耻心又强烈。所以，每一件事都会变成让男人感到着急的举止。这种解释似乎比较妥切一些。

非难与辩护，这两者都很极端。如此说来，公平裁定的标准，又必须放置于哪儿呢？

恋爱类似跷跷板游戏。只要一边热腾起来，另外一边就会冷下去。

换句话说，所谓的“恋爱力学”一直支配着男女的心理。能够以直觉看透这个原理的，竟然是女性，男性反而懵懂不知。

或许，男性的头脑也能理解到这一点。但是一朝浸淫于恋爱以后，他反而不会应用这种心理。他们就像小孩子一般，只想立刻得手。

而且，我们的社会有一种习惯，那就是求爱这一件事本应该由男人进行。所以，当女人想赢得男人之爱时，她们便能够以被动的方式，刺激男人和引诱男人。为此，才使得爱的技巧复杂化及高度化——这也是不争的事实。

“在单纯的恋爱方面，耍手段未免太卑鄙了！”

如果你如此愤慨的话，那你就没有充分的资格爱女性。因为她们在很认真地恋爱呢！

诗人拜伦就曾经说过：“男人的恋爱，只是他人生的一部分。女人的恋爱却是她生命的全部。”

女人总爱问男人“你爱我吗”

“你爱我吗？”这是女人最爱问的一句话，是恋爱中的女人百问不厌的问题。

很多男人都畏惧这句话。在杂志、小说和电影里，通常能看到男人被一个女人逼问得局促不安、焦躁不已。不解风情的男人永远都不能理解女人为什么这样麻烦，或者记忆力为何如此糟糕，为什么昨天才问过的问题，今天又问了好几遍。

其实，男人真的是很难理解女人，因为男人和女人有着截然不同的思维方式。对于男人来说，一句话问很多遍是很愚蠢的，就像一天问好几遍别人的年龄一样，有患早老性痴呆的嫌疑。男人会觉得说过的话就像一瓶罐头一样，在保质期内永远有效，对方应该记在心里。

首先，男性由于受社会文化的影响，比如肩负的压力和责任比较大，所以一般较理性，想问题较现实。对于“爱不爱”的问题，理性的人回答起来相对比较难，因为“爱”是个抽象的概念，各有各的理解，认真的男性会认真思考这个问题，想想自己该怎么回答（像“你是不是愿意给我买衣服”之类的具体问题，男性一定会觉得容易回答得多）。

其次，有许多男性认为爱包含着责任，所以当他并不清楚自己真正能为对方承担起多大的责任时，他会觉得这个问题不好回答，而希望能回避。否则，一诺千金，说到就要做到，万一做不到被对方纠缠起来就麻烦了（有些花花公子反而常常把“爱”挂在嘴边，因为他们根本就不在乎做不做得到）。

再次，理性的男性会觉得反复回答“我爱你”是件很无聊的事，说一遍你听到了就够了，何必反反复复地说？

女性则比较感性。她们问这个问题只是因为她们希望听到男友毫不犹豫地作出肯定回答。其实，有不少女性并不会仔细分辨男性回答时的真伪，她们要的就是这种“被爱”的感觉。因为她们想获得好的感觉，所以，不厌其烦地反复追问对她们来说就是很有必要的事了。当然，当男性在回答时犹犹豫豫或不肯回答，她们定会感到很受打击，认为对方不爱自己。

所以，如果男方真的很爱女友，愿意为对方负起责任，请不要吝啬说“我爱你”，而且最好是痛痛快快地快速回应，她一定会很满意的。

不过，话又要说回来，女性又为何非要逼着男友不假思索地说一句“我爱你”呢？看他的行动岂不是更可靠吗？

然而，“你爱我吗”这句话对于女人来说却有着异常丰富的含义，其厚重程度远远超过简单的“我爱你”。当一个女人温情脉脉、娇纵妩媚，抑或撅着嘴、刁蛮中带着些可爱地问男人这个问题，通常能表达三种信息：第一是“我爱你，我很在乎你”；第二是“我知道你也爱我，如果你不爱我，我才不会问你这种无聊问题呢”；第三个，也是最重要的信息是，“既然你爱我，为什么不说些甜言蜜语给我听呢？”

智慧的男人能够察觉到第三层意义就足够了，如果立刻献上热情与殷勤，献上最动人的甜言蜜语，女人会从中获得极大的满足。恋爱中的女人像娇嫩的花朵，需要用心去浇灌。粗心的男人如不能及时发现花朵缺少了滋润，花朵会就此枯萎，所以恋爱中的女人就会问：“你爱我吗？”

恋爱中的女人并不真正在乎男人的回答。因为在她们问这句话之前就已经胜券在握，完全控制了局面。或者说女人只有完全确定男人深爱着自己的情况下，才会乐此不疲地问这样一句无聊的话。所以女人并不在乎结果，而在乎过程。

对于男人来说，应付局面行之有效的方案通常有很多种。第一种是热烈型，即充分展现自己的热情和文学功底，毫不掩饰地表达欣赏、爱恋和赞美。不过如果用词过于浮华，通常会显得不够真诚，缺乏真实感，会让女人的满足感大打折扣。第二种是稳重型，首先要不温不火地表达爱慕之情，并且在行动上表现得关切体贴，这种类型常常会让女性最为满意。第三种是冷静型，即讲事实摆道理告诉女人爱是不需要天天说的，是记在心里的。虽然女人会有点失落，但会坦然接受。其实哪一种都好，只是不要装成漠不关心的样子，因为这样受到打击的不仅是她，还有感情。

对于任何一个男人来说，学会接受这种考验和磨炼，是感情路上的必修课。没有被女人这样逼问过的男人，便没有获得过真正的爱情。

一个即将和男友分手的女人说，我现在再也不会傻傻地问他“你爱我吗”，以前问他，因为我知道他会回答什么；而现在，我却不知道他会说什么。如果他说不爱我，我会心痛地离开；如果他说还爱我，我会离开得心痛。

所以，对于男人来说，拥有这个烦人的问题是一种幸福。只是，很多人不知道珍惜这种幸福。

女人的假讨厌与真喜欢

“李先生，你真是好人，我好喜欢你！”

大凡女性很随便地说出这句话时，她根本就没有在爱他。反而包含着随便和多多少少的轻视意味（纵然不到这种地步，也含有小看的意思）。

纯真的女人，对于自己心仪的男子，她连一句“我喜欢你！”也说不出来。不但如此，反而会避开他，采取一种“似乎”很讨厌他的态度。为何会这样呢?

如果把它解释成那是女性特有的技巧，那就错了。如果是吧女或者恋爱丰富的女人，她们可能会故意装成冷淡的样子，以引起男人的好奇心。就像卡门虽向唐·赫西抛玫瑰花，却又装成无视他的存在一般。

可是，对于正派的女性来说，那并非“技巧”，而是“羞耻”。

举一个例子来说，A先生跟B小姐通过某团体认识。在B小姐对A先生没有特别感情时，两个人有说有笑的，交往起来极其自然。想不到在偶然的机会里，B小姐发现她对A先生的感情，已经超过了单纯的友情。

“啊，我终于爱上一个男人了！”

这种感动会贯穿她的全身。不过，她并不知道A先生是否也爱着她。这时，B小姐会产生一种“被A先生爱”的冲动。然而，她越是对他示好，她的行动就越会产生反作用。于是，她会产生“这种心思绝对不能让他发觉，否则的话，我会羞死”的想法。

B小姐跟其他的人仍然谈笑自若，可是对A先生却开始表现出生疏、若即

若离的样子，再也没有以前那般大方了。

从内心爱一个男人，对B小姐来说，这是一种异常体验。虽然在电影、小说中看过，但是对她自己来说，这是第一遭。这种强烈的震撼，使她又惊又慌。所谓的羞耻者，既是针对A先生，也是针对她自己。所以，只要有人开她玩笑说“你很可能是爱上A先生了”时，她就会慌张起来。当她独处时，又会萌生不能与外人道的幻想，使她羞红了脸儿。

女人心，本来就是纤细而优美。

女人都是醋坛子

女人是很容易吃醋的。吃醋，心里必然是酸酸的，涩涩的。这酸涩里面，有一丝妒忌有一丝苦楚有一丝怅然有一丝埋怨，更多的是爱。不知道是谁发明了用“吃醋”这个很具象的词语，来描述女孩子这种微妙的心态。

吃醋的女人多比较温柔、敏感、细腻。这样的女人容易受伤，在她们的内心深处都有一块最柔软的地方。如果心爱的男人和哪个女人说了句玩笑话了，对哪个女人亲热点了，她就会生气。

爱情是自私的，女人爱“吃醋”是一种恋爱嫉妒的表现，其源于内心对对方深深的爱，同时又由于自身的自卑、对方社会地位的提高及对方对她们的相对冷落而加剧。一个了解女人心思的男人自然知道女人吃醋是因为爱他，在乎他。

有的女人看起来似乎不吃醋，那不是她们不吃醋，而是因为她们时刻都在用忍耐、宽容和大度稀释它。也许她们的这种做法很受社会上许多人的称道，但对于恋爱中的女人来说，“醋”还是一定要吃的，而且还得认认真真和光明正大地吃，你只有把“醋”吃好了，你才能发泄自己的不良情绪，同时也是一种对对方最好、最纯朴的爱的表达。

只有爱到一定程度的时候，女人才会吃醋吃到难以忍受。女人不“吃醋”就等于放任别的女人入侵，而婚姻中适当的“醋意”却能形成一堵保护墙，把你和你的男人都守在里面，使你们的爱情不至于轻易变质。一个不会吃醋和嫉妒的女人，就像拍了弹不起来的皮球，令人乏味。

对于爱的嫉妒，日本著名作家有岛武郎有极精辟的见解，他说：“爱的呈现也许是毫不保留的给予，但爱的本质却是百分之百的夺取。”你不必隐藏嫉妒和不安，适时而恰到好处的嫉妒，可以证明你对他的爱与重视，满足男人的虚荣，让他享受一下被女人醋劲“宠爱”的滋味。

“早上，你为什么对楼下那个舞蹈演员笑了三次？”他的一举一动你都要关注。

他的女同事老会帮他倒水、买饭盒，你大可酸溜溜地说：“她为什么对你这么好？”叫他知道，“对他好”是你的专利。

“你怎么可以叫别的女人‘达令’呢？”也许，“达令”只是他的口头禅，那么，让他明白，以后“达令”是叫你的专有名词。

偶尔，你可以霸道地要求他：“不准你偷瞄别的女人，不然，我以后会要你戴眼罩出门哦。”或者，“不准在我面前提起别的女人。”爱得太深，以致无法承受言语之轻，这种醋意，铁定让对方心里喜滋滋的。

聪明的女人，应该是爱情的厨师，懂得掌握喜怒哀乐的情绪发挥，知道适时地在生活中，加入酸甜苦辣的调味料，让感情时常保持新鲜。

但是凡事要有个度，女人偶尔吃点“小醋”是相当有好处的，给对方的感觉会是甜蜜和在乎。但是如果过分地“吃醋”，就会是一件非常可怕的事情，不但会伤害感情，而且会影响到男人的学习工作，长此以往，感情便在不知不觉中破裂了。

女人在“吃醋”方面存在着下面几个误区，在恋爱中要多加注意。

误区一：砸翻“醋坛”

现实生活中，有许多女人“醋”劲很足，只要发现男人稍有“跑神”，便会立马变成一个打翻了的醋坛子，酸水流了一地，酸不可挡，动不动就大哭流泪、呼天抢地，连男人的兄弟、朋友甚至同事一起骂，甚至还会寻

死觅活。

这种做法显然是过犹不及，也严重违背了自己当初“吃醋”的心理出发点。“吃醋”按理应该是自己对男人在乎，爱男人的一种表现，可最后让她们这样一闹腾爱却变成了恨，甚至造成对对方无法挽回的人格侮辱，这不能不说是一种愚蠢的行为，对恋爱更是有百害而无一利。

误区二：天天“吃醋”

通常生活中天天吃醋有益健康，但在恋爱中天天“吃醋”却是要不得的。大多数男人其实心底里都希望自己的女人能吃点“醋”，这是一种情感的需求，更是一种男人价值的彰显。

但却几乎没有一个男人喜欢女人天天“吃醋”，否则女人就算是再有魅力，再懂得婚姻的艺术，男人们终有一天也会被酸得牙痛和胃抽筋，而不得不退避三舍逃之夭夭了。

“吃醋”要以男人的耐酸力和“好醋”程度为依据，最好一星期不安排三次或三次以上的“吃醋”行为。就算是自我控制不了，那也得学会换换形式变着口味上“醋”，如：前一次用了沉默不理人，这次就得用流泪，再下一次就要以挖苦为主了。

误区三：不分场合“吃醋”

有些女人吃起“醋”来从不分场合，只要在哪里闻到酸味，就会立马发起“醋疯”，常常“醋惊四座”，不但让男人和自己下不了台，也让其他在场的人尴尬不已。其实这种做法是相当要不得的，不但损害了自己的形象，而且会落人口舌并给别人以可乘之机。

聪明的女人会给男人和大家面子，同时也是给自己面子，待没人或者是两个人在家的时候再“兴师问罪”，这样做才是应了家丑不可外扬和息事宁人的古训。不过，对于某些脸皮太厚不懂得自尊的男孩倒是不反对用此法。

误区四：啥“醋”都吃

聪明的女人吃“醋”从来都是有所选择的，她们并不是逢“醋”必吃和

来者不拒，而是会根据现实情况和当时的情形利用她们的智慧作出筛选，因为在她们看来有些“醋”是吃不得，或者是吃也没用的。

例如：男朋友孝敬父母超过自己，或者是对自己的姐妹们比较热情，还有男朋友受到女上司的宠爱，甚至还有男朋友的职业本身就是要不断地与其他女人打交道的，等等，这样的情况下，女孩儿一定要表现得大度，有所为，有所不为，该糊涂的时候要难得糊涂，要掌控但要弃之有度，最为主要的还是要不断提高自身的修养，以自身的情趣、气质和大度去化解各种可能存在的恋爱危机。

女人为何喜欢“坏”男人

俗话说：“男人不坏，女人不爱。”为什么会这样呢？

首先是中国的男人不浪漫。和他们在一起就像是开会，他们说话也像是红头文件。和他们在一起一天就知道一生的情形，这对生性浪漫的女人来说，简直就是谋杀！

欺骗女人不是错，骗得不好才是错！这就是为什么女人都喜欢坏男人的原因。因为坏男人浪漫，坏男人会说女人喜欢的甜言蜜语。现代社会每个人都忙碌，特别是男人。他们总把自己想得很伟大，要承担起好多的责任，在这种情形下，试想有哪个男人有时间会有心情去骗一个自己毫无感觉的女人？

正因为重视你，才骗你。当一个女人抱怨一个男人欺骗她，那是因为这个男人不想再骗下去了。如果没有一个更会骗、更好的男人出现，那么这个男人就会成为她心里一座无法超越的高峰。

就像《第一次亲密接触》里轻舞飞扬对痞子蔡说的：“你跟浪漫有仇吗？我想问认识的或不认识的男人，你们跟浪漫有仇吗？如果你们肯把抽烟的钱变成鲜花，肯把红头文件变成甜言蜜语，那我相信你们身边的女人就会

成为最幸福的女人。”

我们在电视剧中常看到这样的情形：先是一大捧鲜花，然后才是男主人公深情的笑脸。这种情形哪个女人不动心？也许我们永远不能得到？

中国的男人不浪漫有太多的理由，没钱的时候，他们要去赚钱，没有时间浪漫。而一旦有了钱也有了闲，又自会有美女投怀送抱。他们根本不需要用浪漫去打动一个女人。但是我想问你：如果你的一生都不能体会浪漫，你不觉得可惜吗？因为，浪漫是男人和女人共享的情感天堂。

也许说到这里很多男人还不知什么叫浪漫，那么举个例子告诉你们：明知一个女人不爱你，你还送她100枝玫瑰，这就是浪漫。

记得一本小说里，男主角对女主角说：你是瓶药。女的刚要恼，男的又说：专治我的相思病。哪个女人会不动心？你也许会说：甜言蜜语。但是你说个更好的我听听？

每个女人内心都期待有一个坏男人给她一段灿烂的爱情，都期待有个坏男人每天在她的耳边说：宝贝，我爱你。如果这样的男人都是坏男人的话，女人真心希望这世界每个男人都变坏！

女人为何总爱想旧日情人

只愿一生爱一人是每个女人心中的美好愿望，可在生活中真正实现这个诺言的概率很小：一帆风顺地和初恋情人结婚，从来没有婚外恋的记录，没有离婚，而且要死在对方之前。

所以，现实生活中的女人，不管她愿意还是不愿意，她都会告别一段又一段的恋情，不可避免地有了旧情人。如同收藏首饰一样，女人把旧情人深藏在记忆的黑匣子里。在经意不经意的时候，他们都会重新跃进她们的脑海，带来一片伤感的天空和云彩。

比起男人来，女人更爱怀旧，每个恋人就像一首熟悉的歌曲，人走了，

茶凉了，可记忆还在绕梁三日。在女人眼里，每个曾经拥有过的男人都是那么不同，在不同的男人那里，自己也就变成了不同的女人，有过几次恋情就相当于活过几次，女人的心就是这样变老的。

女人为什么总是愿意想起旧情人呢？一个男人，能从芸芸众生中脱颖而出成为她的情人，他就有与众不同的地方。他曾经爱过她，不管他的方式是娴熟还是笨拙，他的笑容是真诚还是敷衍，他都在她身上付出了他的心思。女人熟悉他的声音，他的气味，不论恋情以何种方式结束，不管他曾经如何令她伤心，他都是不同于路人的。这就足以使女人牢记他一辈子了。

女人通常是感情用事的。一个爱过她的男人在她心目中的形象是不会改变的，他不会变老，不会变心。所以每当女人在现实的感情生活中遇到不顺利的时候，她都会想念那些旧情人。日本的私家侦探社提供一项服务，而且这项服务在中国某些地方也开展起来，那就是“寻找初恋情人”，客户百分之九十都是女性。可见女人对旧情人的牵挂远远超过男人。女人为什么会牵挂着旧情人？为什么愿意给他们打电话？

因为，初恋是最纯真、最美好的感情。有人说，初恋如同春天里的第一点绿。由于初恋是人生中的第一次爱情体验，所以无论男人和女人都感受极深，终生难忘。待到高不成、低不就、恋爱谈得多了时，女人就麻木了，觉得无所谓了。但是，用这种结论解释这个问题似乎还不太充分。其实，男人和女人相比，心理和生理机能的差异还是明显的。男人是主动的，女人是被动的，男人是征服者，女人是被征服者这种现象是普遍存在的。女人不能离开与她发生初次性经验的男人，根本的原因就在这里。也就是说，女人被第一次征服时，和男人之间就有心理上的隶属关系，她不想离开征服者的无形的掌握。

男人时常有支配女人的意识存在，而女人刚好相反。女人的一生都努力要保全受男人支配的地位；而对被支配者的女性而言，最初的征服者带有“决定性”的意味。其后不管换了多少男人，最初的“丈夫”的支配权在她的生命中是不会消失的。他有支配她一生的魔力，特别是在征服她的心的同

时又征服她的肉体的情况下，更是如此。

此外，许多女人有甘心生活在这种“生理隶属”关系下的心理现象。她认为最初的征服者能给自己构筑最后的生活空间，和他生活在一起是最好的，或者说是最合理的。这种生活空间的构筑，就决定了女人对第一个男人难以割舍的隶属性。这大概也就是我们通常所说的“贞操观”吧。

女人的贞操观随着时代的变迁而有着很显著的改变。但如今大部分女性青年考虑到这种初恋所决定的心理上的隶属关系，便因此依然不赞成轻率地交男朋友，尤其是不赞成放任的婚前性行为。事实上，很多女性无意识中对这种心理的危机都有所感知。事实证明：对什么纪念品都很珍爱的女性来说，初次性经验是很不受欢迎的纪念品。在对性的关系认识上，女人假如忘记了她心理上的被动和“受支配”的地位，她一生就要生活在自己不喜欢的男人的支配之下。

不同血型女性的恋爱心理

1. A型血型女性恋爱心理

（1）重视社会规范、中规中矩的A型血型绝不会给第一次见面的人留下不愉快的印象。她们不会借散发女性的魅力来吸引男性，或通过撒娇使性子打动男性，而是用非常普通的合乎常理的方式对待男性。所以，第一次见面的男性通常不会对A型血型女性的平凡产生兴趣。原本就是如此，A型血型女性的魅力只有慢慢地仔细地去品味，才会感受到。

（2）A型血型女性天生具有女人味，情感丰富、心地温柔。她们会认真地做分内的工作，不会叫苦发牢骚或者说不该说的话，忍耐性超强，不会妄自尊大地发表见解。个性多少有些消极的A型血型女性在亲近的男性看来，是唯一可以放心地进行交往的女性，也是可以敞开心扉说心里话的对象，甚至是不错的结婚对象。如果是和A型血型女性一样诚实的男性，则会愉快地领略到A型血型的平凡的魅力。但如果是希望从女性那里得到刺激感的男性，则正相反，他们会认为A型血型女性是无趣的过于平庸的女人。

（3）A型血型女性的爱的特点是，既不容易快速升温，也不容易急剧降温。她们不会在恋爱中随着感情的发展而迅速地为喜欢的男性所痴迷。她们会慎重地进行观察和思考，在确定合格之后，才在内心予以“通过”。发展恋情着实需要一定的时间，也许正是这种慎重会获得男性的好感。她们的爱是慢热型的，有时已经开始爱了自己却丝毫没有觉察到。但是，只要真心地爱一次就会令人吃惊地成为一片痴心的女子！虽然不会用身体语言或其他的方法表白心中的爱，但会一直等待，一直到心仪的男性回过头来。直到步入社会之后，还念念不忘学生时代的初恋男友的女性大多属于A型血型。由于不善于表白爱情，又不懂表现自己，所以不会主动进行大胆的告白。虽然会因此而错失爱的机会，但最终能够将对方纳入自己的轨道之中，获得爱情。

A型血型女性在与对方交往的过程中，会保持无比的忠诚，而且会为达到对方心目中的理想女性的标准而不懈地努力。可是，由于自己付出很多，对恋人的要求也很繁琐。这些要求和唠叨很可能会束缚住恋人，甚至会使对方产生透不过气的感觉，需要引起注意。

（4）现实的A型血型女性有时在爱情中显得鲁莽和盲目。一旦感觉到存在危险，哪怕是一点点，也会产生很强的戒备心，无论对方怎样热情地靠近，也会坚决地予以拒绝。对男性而言，此举真是密不透风，一点机会都没有。严格的考察如果是出于保护自己的考虑，也无可厚非，但如果过分，却会使爱情和婚姻遥遥无期。至少，为了了解一般男性的心理，A型血型女性也应当与男性朋友进行交往，增加与男性交流的机会。

（5）A型血型女性虽然具有诚实正直的性格，但是一旦怒火爆发，就会变得非常可怕。所以不要将她们逼到这种地步，更不要因为她是温和的人而表示轻蔑。看重面子和形式的A型血型女性非常在乎对方的工作或收入等附属条件，如果对方在这些方面占据优势，就很容易被吸引，甚至认为感情只是其次。当然，如果这种选择的结果是幸福的，当然值得庆贺，但如果正

相反，那么带来的伤痛也是痛彻心扉的。为了避免这种伤害，必须充分地保持性格中的慎重态度，摒弃只凭外部条件取舍男性的陋习，在认清对方的本质之后再发展爱情。如此一来，还可以避免稍有困难便立即放弃的倾向。因为，当自己具备把握爱情的力量却因为怕麻烦而任凭爱情中途夭折，是非常可惜的。如果希望获得真挚的爱情，就必须自己下定决心，表现出勇于为爱情赴汤蹈火去冒险的气魄。

2. B型血型女性恋爱心理

（1）自以为是、自由奔放的B型血型女性很难被男性视为理想的恋人类型。举止和语言都特立独行，旁人难以开口的话题也毫不忌讳的B型血型，能够毫不逊色地与男性谈话或争论。因此，她们有许多男性朋友。这些男性觉得，和其他女性无法直说的事可以无所顾忌地和B型血型女性进行倾诉。虽然她们拥有很受男性欢迎的性格，却不被视为很好的恋爱对象。在男性看来，与其和她们成为恋人，不如做要好的同事更舒服一些。如果她是典型的B型血型，具有很强的个性，那么在没有慧眼的男性看来，则是很难对付的人。但是，她们具有普通女性所没有的独特的感性，所以很容易被要好的男性朋友所注意。她们会引起哪些人的好感呢？在喜欢刺激的男性或直来直去的男性眼中，这类女性非常迷人，具有挡不住的魅力。他们认为绝不能放弃眼前的机会，一定要和对任何事物都感兴趣的B型血型女性展开轰轰烈烈的恋爱。

（2）B型血型女性的爱完全出自本能，一见钟情的事在B型血型女性身上屡见不鲜。她们会凭借着灵感进行恋爱，从喜欢上对方开始，对方的一切就会在脑海中盘旋，对爱非常有激情。由于习惯于一见钟情，会在还不了解对方的情况下投入爱情，因此也会被表面光鲜其实一无是处的男性所吸引。随着对对方的爱意的加深，会直接地将心中的爱表白出来，显得非常坦率，也比较毛躁。B型血型女性的表白在有些情况下非常唐突，因为可能对方毫无此意，所以遭遇的失败也不在少数。但是，她们有如此顽强的恢复能力，不会因此而气馁，会带着不服输的斗志去进行新的挑战。在恋爱过程中，态度总是简单明了，希望保持愉快而轻松的类似友情的关系。她们有些花心，只和同一个男性交往会令她们觉得异常单调，所以即便是有了恋人，也不会安于现状，会继续向其他人放电。

（3）B型血型女性不是在多方面考察男性后产生好感的类型，她们虽然有自己的一套方法，但看男性的眼光还是不够精准。

所以，虽然有自己喜欢的对方，却未必适合自己。她们喜欢的男性大多个性鲜明、气度非凡。平凡的男性在她们看来总是有点缺憾。如果与具有个性的男性交往，他们的爱也将是波澜壮阔、多姿多彩的。面对平庸的男性，她们会立即表现出厌倦，所以如果不是能使她们产生刺激感的男性，很难使她们称心。但是，需要注意的是，这种个性鲜明的男性中有许多生活能力为零！如果可以接受，还是尽量选择诚实的对象为宜，虽然可能会觉得缺乏情趣，但却更有益。一旦爱起来就凭感觉办事，毫不顾及对方的感受也是B型血型女性的缺点。如果过分主动地跟在男性的后面，表白自己的心意，更有可能使对方产生心理负担和抗拒感。因此，需要考虑对方的情绪和感受。有时，B型血型女性会深深陷入痛苦之中，因为喜欢的男性根本不把她视为恋爱的对象。解决方法是，一旦看到理想的人选，就尽量减少友情的成分，这样做能大大提高成功的几率。

3. O型血型女性恋爱心理

（1）性格天真烂漫、活跃开朗的O型血型女性能使所有男性产生亲近感。她们喜欢交往，爱撒娇，表情非常丰富，抿嘴微笑时是她们最具魅力的时刻。O型血型的阳光性格会给疲惫的男性带来安慰和寄托。虽然，O型血型女性兼具胆识和行动能力，有喜欢与男性竞争的一面，但她们从根本上讲更喜欢侍候他人。为了喜欢的男性，她们任劳任怨，竭尽赤诚，非常有女人味。这样的O型血型女性即便不懂得向男性示弱撒娇，也很受欢迎。在生活中，总有各种传闻包围着她们，不断接到约会的邀请。由于天生多情，即便被不是很喜欢的男性追逐，也会满口应允，所以被人们视为花花女郎，造成很大的误解。由于性格开朗，也会有男性只将身体的接触作为目标而前来试探。O型血型女性虽然外表看似极其开放，但实际上有很强的贞操观念，很少

会发生意乱情迷陷入男性的诱惑的情形。由于O型血型女性自强自立，为人可靠，所以通常很受年轻男性们的欢迎。渴望被O型血型女性的勇敢所保护的具有恋母情结的男性会非常迷恋她们。

（2）O型血型女性的性格中有保守的一面，所以多少有些谨慎。爱的开始总是充满激情，逐渐产生更多好感之后会转为深深的迷恋，矢志不渝。O型女性不会守株待兔，而是主动接近，如果真的喜欢，就会直白地表达自己的想法和感受。她们的接近更精确地说是计划周密的作战。她们的爱因为激情而变得深刻和火热，但同时占有欲也极强，绝对不能饶恕对方的不忠。她们天生乐于助人，所以开始交往之后，一直到成为公开的恋人，会像称职的夫人一样对所有的事尽心尽力。O型血型女性也会具有这种情结，那就是虽然起初交往时感觉极好，但随着交往时间的增加渐渐产生摩擦和不愉快，另外，由于一心憧憬浪漫的爱情，特别是因为10余岁时就梦想着甜蜜的爱情，所以在开始现实中的波澜不兴的爱情时，不免会产生失望和怅惘情绪。然而，O型血型女性会在恋爱的经历中积蓄自己的魅力，逐步成为成熟的女性。随着年龄的增长，她们的恋爱能力会逐步提高，能够品尝到成熟的爱情的滋味。结婚前会体验各种各样的爱情，但一旦认为某个男性可以成为人生的伴侣，就希望将自己的一切托付给对方。

（3）O型女性年轻不懂世事之时对爱充满了憧憬，所以也曾采取过轻率的举动，因此记忆中必然留下许多青涩的回忆。由于那时根本不懂怎样选择男性，年幼时甚至被人当作玩弄的对象。但是，随着年龄的增长，日渐成熟之后，爱的能力和看男性的眼光越发老道起来。O型血型女性由于很受男性的欢迎，即便是有过不好的经历，也不会影响今后的恋爱历程。但是，这种受欢迎很可能使她们产生微妙的自负心理或傲气，不由自主地在男性跟前表现出有如女王般盛气凌人的态度。有时也会因为随心所欲的行动使恋人面临尴尬的境地。如果这种倾向越发明晰，男性的评价就会急剧降低，所以要注意才行！O型血型女性对不如自己强硬的人非常温和。她们希望能成为处于劣势的男性的力量，也为这种恋爱状态而满足。然而，如果过分地观察男性的一举手一投足反倒会使男性产生反感。也有些男性会对O型血型女性的温柔所打

动。但是某些阴险的男性会装作可怜的样子，利用O型血型女性的特点，骗财骗色，所以一定要擦亮眼睛，不能陷入这种陷阱。

4. AB型血型女性恋爱心理

（1）散发知性魅力、处世优雅的AB型血型女性在男性看来，是十全十美的女人。男性通常都会被AB型血型女性的高雅气质所吸引，但他们不会急不可耐地靠近，更喜欢远远地注视和玩味。AB型血型女性谈锋甚健，与人谈话时有丰富的话题，由于知识面广，在任何一个领域都能高谈阔论，与男性争论时也不会居于下风。她们会与一些男性拥有相同的兴趣和价值观，所以随着相处时间的推移，曾经完美的形象会被亲密感所取代。她们态度温柔，没有飞扬跋扈的气势，很受男性的欢迎。AB型血型女性聪慧过人，无论做什么事都超过普通水准，在学习和工作中都能获得很好的成绩。

（2）AB型血型女性缺少的是火热的爱的激情。她们很少会产生爱的冲动，迅速地陷入爱河，当喜欢上某个人后，也绝不会忘我地投入，而是会客观地观察正在恋爱的自己。由于憧憬成熟的爱情，她们非常重视气氛和感觉，希望与自己交往的男性不仅外表英俊洒脱、机智过人，还在某个方面有着值得炫耀的专长。相对于物质，她们更重视情意，甚至会渴望拥有柏拉图式的爱情。她们的爱是渐热型的，会逐渐被对方的魅力所吸引。但是，由于对爱情怀有一定的恐惧心理，不愿意主动去接近，大胆地表达自己的想法，她们希望能和喜欢的人若即若离地开始交往，然后“顺其自然”地深入发展。她们不懂爱情的战术和手腕。在已经开始恋爱之后，也不愿意明确表白自己的内心，以至于令对方觉得“她只是玩玩而已吧”，产生不信任感。AB型血型女性希望能在交往中保持适当的距离，但这种想法很可能只埋在心底，不让对方知道。可是，如果不对恋人直言相告，那么对方很可能会陷入孤独之中。

（3）AB型血型女性会一丝不苟地考察男性，在恋爱过程中也能进行冷静的判断，所以如果认为对方可能给自己带来麻烦，就会坚决地避开。虽然重视内心的情意，但在爱情上却工于心计。一旦觉得对方某一点不适合自己，就会立即予以拒绝，会使恋人的内心受到重创。这一点很可能成为分手

的原因，所以要引起注意。基本上，AB型血型女性无论与何种男性交往都不会丧失自己，但令人担心的是，一旦被男性抓住弱点或将一切交给对方，就会毫无原则地陷入爱情。例如，在初露苗头的不道德的爱情之中，一旦越过了不应越过的界限，就会不断纠缠对方结婚，或干脆自暴自弃，作出不像AB型血型的盲目的举动。在AB型血型的女性心中，理性和本能一直在相互冲撞，只要保持好两者的平衡，爱情就不会尝到致命的苦果。

奇妙数据揭示女人奇特的恋爱心理

对于恋爱中的女性，可以从一些数字上看清其心理。

1. 61%的恋爱女性认为，一个男人作为丈夫和父亲的潜力是她们最看重的，剩下33%的女性认为这个因素就算不是第一位，也是必不可少的

大量的事实表明，吸引女性的男性特征在于一些基本品质，而这些品质通常是作为一个父亲所特有的：博爱，信任和沟通技巧。所以不要简单地认为，你的女友正在用一个丈夫或者父亲的标准来评价你，这些只是成熟男性的基本特征。

2. 76%的恋爱女性在最初交往的4个月中和男友分手

4~6个月是一个普遍的转折点，热恋的时候的确非常兴奋，你所有的爱情细胞好像都被调动了起来。之后，这股热情逐渐冷淡，你需要从热恋到长期相处的转型中作出选择。

对男士而言，如果决定和她在一起，并且愿意对此付出，一定要让她知道。和她聊聊共同的未来，给她和你在一起的理由，让她度过这个阶段和你在一起。

3. 40%的恋爱女性有过被男友劝说而回心转意的经历

统计表明，有一些爱情魔法词汇，比如“我爱你，我会改”，看起来简

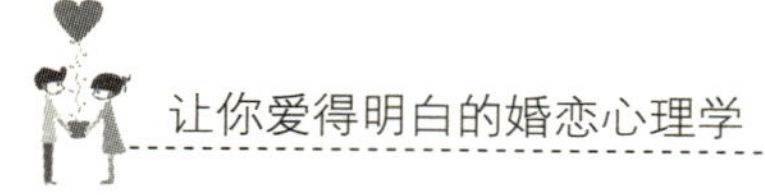

单，但非常有效。但如果不是出于本意，千万不要乱用。有的事情的确可以改变，但有的则不能，不要承诺做不到的事情，或者作出不必要的牺牲。这样的结果只能导致不幸。

4. 有18%的恋爱女性说，只要你和另外的女孩子接吻，她们就会立刻把你踢开；9%的女性对不能当丈夫的人会慢慢疏远

“虽然我现在没有想过和他结婚，组成一个家庭，但是我们处在同居状态中，也需要他给我安全感。”25岁的洛瑞（Lorry）这样说，“同样，我也需要他对我忠诚，我也希望看到他朝气蓬勃，为了未来努力打拼的状态，而不是四处拈花惹草，浑浑噩噩地过日子。”

如果总是争吵，而且恋爱初期的兴奋已经消失，那么分手的日子就不远了；如果骗了她，那被甩是罪有应得，她们可以把那作为分手的充分条件。克里斯蒂娜·葛丽仕（Kristina Grish），28岁的女性畅销书作家称，欺骗往往会直接导致分手，因为她不会给男人一个解释的机会。

5. 女孩子甩掉男友的数据理由

（1）26%是因为过多的争吵和冲突。

（2）18%是因为没有默契。

（3）14%是因为女方另有新欢。

（4）11%是因为受到男友欺骗。

（5）11%是因为他不愿意承担责任。

（6）9%是因为他不是做丈夫的料。

（7）8%是因为不愿意承担责任。

（8）3%是因为性生活不满意。

男人把性看得很重要，但女人不这么认为，性生活不满意而甩掉男友反而是最不常见的情况。相比，争吵、冲突、没有默契两项数值相加却将近半数，看来女人更看重的还是情感的满意度，而不是性生活的满意度。

女性恋爱的20条潜规则

恋爱中的女孩，面如桃花，双眸如镜。明眼人一看就知道她恋爱了，红扑扑的双颊，荡漾着笑容，明亮的大眼睛，一眨一眨，似乎都在微笑。脚步如飞，身轻如燕，飘曳的白色纱裙，走过留下一片白云。

恋爱中的女孩是幸福的，乖巧的，过着公主般的生活。爱情使她在一夜之间长大了许多，她的自私、她的傲慢、她的以自我为中心被逐渐削弱，她逐渐真正明白了什么是思念，什么是牵挂，什么是宽容。

恋爱时必须遵守一定的规则，忽视或者超越这规则，将给双方带来伤害，使恋爱受挫折。男孩要遵守规则，女孩也不例外。下面的20条“潜规规”，是恋爱中的女孩必须了解并遵守的。

（1）不要经常去试探男人，更不要以分手作为威胁，当你经常给他这种心理暗示，他的潜意识就会做好分手的打算。

（2）不要因为男人爱你就无限制地扩张自己的权利，不要干涉他的理想、信仰和追求，不要自以为你比男人看得更远，他一定有些特质是你所不了解的。

（3）不要经常迟到，不要以为男人爱你他就应该有无限的耐心，一个人的耐心是有限度的，耐心消磨完了，就该消磨爱。

（4）不要信奉这句话“你爱我，你就应该知道我在想什么”，这完全是一句鬼话，没有人会完全知道对方在想什么。由于男人没有及时了解到你的想法，而得出男人不爱你的结论是非常愚蠢的。

（5）不要经常叫男人陪你逛街，没有几个男人真正喜欢逛街，强迫的最终结局就是反抗。

（6）男人在热恋时为女孩子做的事情，不要指望他在以后的生活中一直持续下去，聪明的女孩子通常都会打五折。

（7）不要因为他是你最亲近的人，就可以向他倾诉一切，你的不幸、痛苦、委屈和牢骚都倾倒给他，将他作为出气筒，男人不是废品收购站，当他确认他无法改变你的时候，他就只有逃离。

（8）不要去试图改变男人，不要想着他会在你的调教下成为你理想中优秀的男人，去适应他比要改变他来得明智。

（9）不要对自己的魅力过分自信，没有几个男人会永久地承受出尔反尔，没有几个男人可以招之即来挥之即去，除非，这个男人爱你别有动机。

（10）不要抓住男人的一次错误不放，并在每次争吵时喋喋不休地引用，没有任何一个男人喜欢这样的女人。

（11）不要用这样的思路来指导你们的爱情：在男人的言行中寻找他不爱你的证据。男人不能每时每刻将精力放在女人身上，他不可能注意到女人的每次暗示和不快。当你用放大镜来寻找灰尘的时候，总会找得到，这样做，只是在指导男人，告诉他如何不爱你。

（12）男人在思考的时候，尽量不要打扰他，他有时也需要独处的快乐，那并不证明他不爱你。

（13）男人和你再亲密，也不要随便伤害他的自尊，不论是在别人面前还是独处时，伤害就是伤害，不论他是否爱你。

（14）不要为男人过去的感情吃醋，也不要强迫男人告诉你，你比他以前任何一个女友都好，事实就是事实，如果他违心地说你好，他反而会记住另一个事实。

（15）不要把自己的男人和别的男人做比较，不要说他不如别人浪漫、不如别人体贴，每一个人都是特殊的，爱的方式也不同，经常这样说会使爱成为一种心理负担。

（16）永远在男人面前保持一点神秘感，不要将自己的一切都百分之百袒露给男人，一个人吃得太饱是会厌恶食物的，而不会感激。

（17）不要指望用性来获得男人，这是捕获男人最不牢靠的方式，因为爱情与肉体无关。

（18）爱情是一个磁场，而不是一根绳子，捆着他，不如吸引他。一个绳子

会让男人有挣脱的欲望，而一个磁场却能给男人自由的假象和一个永恒的诱惑。

（19）不要指望一个男人无条件地像个奴隶一样的爱上你（那样的男人也不值得去爱）。你要在爱情中充当一个至高无上的女皇，最终你会发现，你将跌得很惨。

（20）请衡量一下，如果你们的爱情是你享受了更多的权利，而对方要尽更多的义务，那你就要试着改变，爱情也适合经济学的规律，形成互赢的局面才会持久。

恋爱中的女人都很傻，傻得那样单纯，那样可爱，傻得让人精心呵护，不忍磕绊，祝愿天下正在恋爱的女孩儿一路幸福。

女人恋爱异常心理判定

女性较男性的情感更丰富细腻，心理活动更复杂、多变，尤其是处在恋爱中的女性，其心理更是让人捉摸不透。

1. 假心假意的“转移”

女性在恋爱时，常常希望自己的男朋友说“亲爱的”，“没有你和我在一起，我很寂寞”，“我永远离不开你”等甜言蜜语。然而男性很少了解这一点。正因如此，女性会有意识地在男朋友面前与其他男性友好、亲热，企图激起男友的醋意，以考验男友的真诚程度，但结果往往适得其反。因为，大多数男性对于女性的这种“移情”会信以为真，而主动退出恋爱，从而导致双方结束美好的恋情。

2. 扑朔迷离的“施虐”

恋爱中的女性具有一种施虐的意识，如与恋人约会时，会故意姗姗来迟，或有意不赴约，让久等的恋人焦急、烦躁、疑惑、担心，甚至备受痛苦煎熬，以得到男友为她付出苦楚的快乐。恋爱中，这种轻微的偶尔的“施

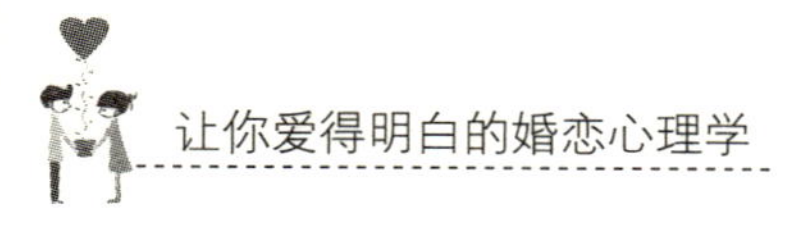

虐”也是不可缺少的“作料”，但经常、过分的施虐却是一种变态的心理，是万万不可取的。

3. 莫明其妙的嫉妒

女性对周围的人或事甚为敏感，尤其在恋爱中，她会不断地将自己和他人作比较，脑海里总担心自己的价值得不到对方的承认，因此便产生嫉妒，有时会使自己无法得以解脱。嫉妒心理是有害的，它不仅有损他人，也影响自己的身心健康。

4. 真真假假的否定

女性在恋爱过程中表达自己欲望的方法一般比较含蓄、委婉，有时还会是反向。她说“不”的时候，内心往往是“好而愿意”。如约女友去看电影时，男友要去买票，女友说不用，男友就不去了，等女友去买，那么，这场电影肯定看不成。

女性的这一奇特心理，实际上是一种自我保护的计策。当然，有时也是女性真正内心的表示。但是“多心”大概是女人的特点，它包含了细腻，也包含了猜疑和困惑。恋爱中的女人尤其多心：怕他变心、丧失自信、甚至连他每天电话次数的增减都很在意，进而患得患失。其实恋爱的女人多心会让爱情受伤的。

“多心”的表现大概有以下三种：丧失自信，不信任爱情，抱有不切实际的爱情幻梦。

（1）丧失自信。因为没有自信，就会担心他日后的移情别恋而陷入恐慌、绝望中……具体表现：

她觉得他是自己能遇到的条件最好的人，害怕失去他。

她觉得自己配不上他，担心他看不上自己。

害怕别的优秀的女孩会把他抢走。

这种想象中的自我伤害，表面上是怀疑男人，实际上是不自信。但是如果女人在爱中不找回自己的自信，即使最后侥幸获得他的爱，在未来的婚姻

生活里也难免会发生同样的困扰和磨难。

通常，男女交往总要经历3个阶段：寻找感觉、相互了解、进入关系。在这一过程中，从寻找感觉到相互了解需要一定的时间，尤其是感觉好的情况下，为防止感觉失误，更需要人为地冷却感情，以使双方在顺其自然的理智中触摸到彼此的真实脉搏。要实践上述恋爱规则，自我意识的觉醒和清醒的自我认识同样重要。觉醒的自我将告诉你“我”的需要。清醒的自我将把握你理智的思考。两性关系中，没有了“我”的需要，你就会一味地取悦男人，导致猜疑和伤害。

（2）不信任爱情。因为对爱情没有信心，她就会被自己凭空想象出来的情节所伤害……具体表现：

他有一天不给她打电话，她就猜想他是不是变心了。

每当看到朋友或同事被男友抛弃，她就想，男人都是一样的，也许他也会像他们一样对她。

她可能有过不愉快的童年，或者是父母离异，或者是亲人中有男方变心的例子。她认为自己也会有这样的遭遇。

生活中很多女人对男人的判断无不来自他人的信息，由于是亲朋好友，他人的不幸自然成为我们的经验和参照，这时，吸取他人的教训本无错处，但是如果走向全盘否定男人的那一面，她自己就会陷入紧张的不幸中。这表面看来是性格问题，实际是思想压力造成的心理障碍。这就是“害怕恐惧症”。世界上没有恐惧，只有对恐惧的恐惧。这一信念同样适用于两性关系，这个世界上本没有对男人的恐惧，只有女人对爱情的恐惧。

（3）不切实际的爱情幻梦。因为她对爱抱有太多不切实际的幻想，使他失去了最后的耐心和兴趣……具体表现：

幻想自己能经历一场像小说情节那样完美和轰轰烈烈的爱情。

认为男友一旦爱上自己，就应该生死不渝、永远不会改变。

不能容忍男友任何的冷落和疏离，一旦男友对自己不够热情，就认为他一定是看上了别的女人。

爱情幻梦中的女人容易陷入另一种精神自闭——完美主义自闭，不同的是，和男友的交往中，传统女孩迟迟不能走入关系，梦幻女孩急于走入关系。然而，不管是传统还是梦幻，她们对男人的渴求和焦虑都是一样的，她们都渴望男人的忠诚，害怕男人的变心；她们的“病症”表现也没什么两样。只不过，梦幻女孩不愿意用理智管理自己，她们一心想管住男人，让男人成为自己的所属。结果，过分严厉的牵制反倒引起男人的反感，原来害怕焦虑的事情终于成了现实的梦魇。

有人曾说过，人群里最容易痛苦的是女人，而女人的痛苦多半来自女人的“多心”。“多心”无非两种诱因：一是情感过于细腻，二是缺乏足够的自信。前者也许是性格中的东西，无法用强硬的方式去改变；而后者是可以改变的。自信是魅力的源泉，相信所有的女人都不愿陷入没有自信也没有魅力的恶性循环。能够潇洒而又执著地去爱真不是一件容易的事，所以说生活也是艺术，需要一定的功夫来驾驭。追求爱的人将永远跋涉在山重水复之中。

第12章
男人约会向北，女人约会向南

异性对你有好感的30个信号

（1）对你的工作、学习、生活情况极为关心，甚至对你的兴趣爱好也特别感兴趣。

（2）主动向家人、亲友、同事、同乡等介绍你的各方面情况，并“先入为主”地加以评论。

（3）遇事同你商量，征求你的意见，重大事情主动请你拿主意、想办法。

（4）千方百计打听你过去的情况及你家人的情况。尤其对你的隐私特别感兴趣。

（5）向别人介绍你时，往往夸大你的优点、长处，缩小或隐瞒你的缺点、错误，甚至把你的缺点也当成优点加以夸奖。

（6）因公外出或开会学习，总忘不了带给你一些小小的礼品、纪念品之类的东西。

（7）对你的生日记得最清楚，并在这一天常常会为你创造一些节日气氛或惊喜。

（8）情人节这天，他一定会送给你玫瑰花并约你外出狂欢。如你拒绝，他肯定会不高兴的。

（9）爱看你的影集，关心影集上年轻异性的照片，还常常提一些稀奇古怪的问题让你回答。

（10）开始关注你的异性朋友、同事，并试图接触、了解他们，如果失败，会产生许多猜疑、嫉妒甚至怨恨。

（11）希望每天都能收到你的短信、接到你的电话，如果没有，他会失望、焦躁不安。

（12）什么事总是向着你，当你与别人争吵时，即使你错了，他也会站在你的一边。

（13）当自己取得了成绩，哪怕是一点小小的进步，他都会欢天喜地地首先向你报告，并请你分享其中的幸福。

（14）在工作、学习、生活中遇到失败或挫折时，他会主动向你求援。对一些难以启齿的隐私问题，你是他首选的倾诉对象，而且对你的意见、建议会特别尊重。

（15）如果对方性格内向，不善言辞，待人接物彬彬有礼，沉稳得体，很注意分寸，而与你在一起时却又无拘无束、大大咧咧的，一天到晚似乎有谈不完的心说不尽的话，那么，这就明确表示对方已深深地爱上了你。

（16）总是想方设法创造机会与你见面，增加见面的次数，哪怕是见面几分钟也好，不然就受不了，大有“一日不见，如隔三秋”之感。

（17）经常向你借书看，有时借的书连翻都没翻又还给你了，还说这本书怎么怎么好。

（18）逢年过节或遇上他家有重大喜事，主动邀请你上他家玩，购买礼品时多数不让你付钱，而又借你的名义。

（19）经常过问你本人及家人的事情，并自觉不自觉地“参政”：提意见、建议、想办法，能够帮上忙的，总是慷慨相助，尽力而为。

（20）在一些无关紧要的问题上，你说东他说西，常常与你唱反调，以寻开心。

（21）开始注意你的服饰打扮，如果你不修边幅，他会时常提醒你。

（22）对你吸烟、酗酒、赌博等不良习气，能直截了当地提出批评，有时甚至加以干涉。

（23）对你提出的合情合理的要求，不拒绝，也不立刻答应，而是在实践中予以满足。

（24）在你情绪低落时，他会为你打气撑腰；要是你太狂热了，他又会过来向你泼冷水。

（25）写给你的信，总是越来越长，越来越多。对你的称呼以及信中的落款，也已经发生了微妙的变化。

（26）对你提出的亲吻、拥抱等要求，一般不再拒绝，并能积极配合。对你的非分要求，即使不答应，也会向你作出合情合理的解释。尽量做到不让你生气、难堪。

（27）购买了新的服装、做了新的发型，会高高兴兴地向你报告，最希望听到你的赞美，如果你心不在焉的话，他肯定会生气的。

（28）对于你的约会，一般都能准时赴约，如果因特殊情况不能到达，定会提前通知你，或请你改变时间和地点，以免你久等。

（29）如果对方是姑娘，接受了你赠送的香水，那就很有眉目了，因为香水蕴含着“香甜的姻缘沁心脾”之美意。

（30）在寄给你信的信封上，如果出现“5A1”的字样，表明对方已爱上你了。“5A1”的暗语即为“我爱你”。

当然，以上爱的信号不可能同时发生，但只要发出5个及5个以上的信号，你就可以大胆进攻了。

恋爱中的男女为何爱“较劲”

爱情是个神奇的东西，它能带给人最大的欢乐，爱人的一颦一笑，时时牵动着我们的心。但恋爱中的误会和摩擦也是不可避免的，“较劲”便是恋爱中产生不愉快的原因之一。从心理学上来说，这种较劲可以称之为“反向表达”。

男女间心理特点差异是“较劲”的主要原因。男女的心理特点不同，女人更偏重于感情，而男人更理智。在很多女人看来，爱情是生活中首要的事情，而一个优秀的男人通常把事业放在第一位。男人大多向往自由，不喜欢纠缠，与爱人“朝朝暮暮”地“缠绵”在一起，会被他们看成是没有事业心。观念上的差异造就了男女在如何与爱人相处这一问题上的态度不同。

态度不同就使得双方有时候会发生些误会，男人会觉得女人总是打电话给他是种纠缠，女人会觉得男人不喜欢总和她在一起是不够爱她。误会会使双方产生矛盾并斗起气来，明明非常想对方，却偏要说不想；明明爱对方却要说“你真讨厌”。

恋爱中的“较劲”是中国人特有的心理现象。西方人都认为中国人非常神秘，永远猜不透中国人在想什么。中华民族本身也是个喜欢保持些神秘感的民族。适当保持神秘感，使对方猜不透自己在想什么，更能激起对方想了解和征服自己的欲望，使对方的爱更加浓烈。

中国人无论男女，都比西方人要矜持一些，在恋爱中不喜欢过于主动，甚至会掩饰自己的爱，这就使得很多时候，中国人在恋爱中会反向表达。中国人非常认同“距离产生美”，对恋爱和婚姻的态度也非常严谨，这会使他们觉得保持一定距离会有助于保持头脑清醒，更好地了解对方。并且，越是爱对方，希望与他白头偕老，态度也就越严谨，在潜意识中就更希望与他保持一定距离，在结婚前充分客观地了解，为婚姻打下良好的基础。

所以，在恋爱中，经常对你说“不”的人，并不代表不爱你，可能恰恰相反，他爱你爱得很深。

但是过度的反向表达，可能是一种心理问题。反向表达在恋爱中能够增加神秘感和征服欲，有时候在恋爱中的确能够起到积极的作用，但过度地使用，必然导致误会加深，影响感情。

幼年时家庭不和睦，父母关系不融洽，孩子长大后就不懂得如何去爱。父母的行为模式会给孩子日后的恋爱和婚姻带来影响，他们会模仿父母。在不融洽的家庭里长大的孩子，会认为夫妻之间就应该是互相“较劲”的，这才是正常的生活，而举案齐眉会被他们看作是不正常。

深度自卑的人也会在恋爱中反向表达。他们怕对方比自己优越，怕被看不起，潜意识中会认为如果毫无保留地表达爱意，会被对方看作不自重、没品位，导致社会评价降低。他们的“本我”实际上是想直接表达的，但“超我”又驱使他们不但不表达爱，反而要让对方认为他们根本不在乎对方，这样才会使他们感觉在恋爱中占了上风，很有自尊。

热恋中男女的五大心理特点

1. 直觉性

男女之间相互美化、互相吸引，双方都感到顺眼和舒服，所谓“情人眼里出西施”。这时容易出现“期望效应”，即把自己所希望出现的特征赋予对方，所谓“月移花影动，疑是玉人来”。把自然景物和周围环境都打上了爱情的印记。但此时，也可能导致学习、工作时心猿意马，注意力不集中，容易出现差错。故应注意控制情绪、放开视野，利用爱情的强大动力，互相帮助、共同提高。

2. 隐蔽性

言辞含蓄而富有诗意，行为隐蔽而富有德行，言谈、举止、目光、表情、行为都体现了一个“爱”字。

3. 排他性

表现在对意中人的专一挚求、忠贞不渝的心理特点，不允许第三者介入，容易“吃醋”。但是，要知道爱情是专一的，友谊是宽容的，因而要尊

重对方人格，允许对方保持正常的人际交往。心胸狭隘、自我封闭、不利于爱情的健康发展；无故猜疑、干涉别人人身自由必然给自己带来烦恼，甚至导致爱情的破裂。

4. 波动性

波动性是指情绪变化很大，热可达到白热化、冷则骤降至冰点。高兴时喜笑颜开、手舞足蹈，懊恼时垂头丧气。这种大起大落的情绪变化有时会给身心健康带来不良影响。故要通过加强自我修养，不断进行自我完善，减少情绪的波动性。

5. 冲动性

热恋时人的认识活动范围往往会缩小，理智分析能力受到抑制，习惯行为受到破坏，此时发生的许多事情与平时可以完全不同。同时由于控制自己的能力减弱，往往不能约束自己的行为，不能正确评价自己行动的意义与后果，因而可能导致婚前性行为、未婚先孕，甚至作出违法乱纪的事情来。婚前性行为给人以轻率的印象，自身名誉和自我评价将受到损害，在亲朋同事中威信下降，不仅使新婚蜜月黯然失色，而且还有被人抛弃、利用、腐蚀或因传染疾病而抱憾终身的危险。当然，受害最大的是女性。

爱情是人类最高尚的情感，之所以高尚，是因为爱情不只是为了满足性爱这一基本的生理需要，还有更高的心理需要和社会需要。爱情是性爱和美感、道德感、理智感的完美统一，是人类歌颂的永恒的主题。只有真正了解爱情的真谛，善于在热恋时保持心理平衡的人，才会有甜蜜的爱情生活，不然的话，尝到的常常是爱情的苦果。

男人约会向北，女人约会向南

在约会过程中，男人和女人的心理体验不同，从开始约会，到逐渐确定

关系的过程中，表现出的行为也大相径庭。

第一次约会有多重要？对男人来说，第一次约会非常重要，寄希望于第一次约会就可以尘埃落定。如果第一次约会你让他信心大失，他就很可能换个女人去碰碰运气。因为男人认为，第一次约会如果进展顺利，接下来两人的关系才可能长势良好；相反，第一次约会如果没能打动一个女人，随后她就会消失，并且从此芳踪难觅。由于习惯性地假设没有第二个机会，男人在第一次约会中，往往会表现得很殷勤。当约会结束时，如果没有得到确定的答复，对于女人离开时是否满意，他是不是有机会，男人一点线索也没有。下一次约会往往是继续追她的机会，男人总是默认下次是个借口，一旦女人离开，一切就结束了。男人总是把希望寄托在第一次短暂的接触后，就能一切尘埃落定。男人把女人看作是通往一个全新世界的窗口，从此，享受美丽新世界带来的快乐和新奇。

男人很少会想，两人的关系要健康地发展下去，需要哪些基础。男人认为，女人一旦表达了想和他在一起的愿望，两人的关系就已经基本定型，可以高枕无忧了。所以，男人总是急切地争取一个女人的好感，成功后，就以很“家常”的方式对待女人，女人往往会有受骗感。就像一个笑话：妻子问：“为什么追我的时候你总是送花给我，现在却没有了？”丈夫回答：“你看过渔夫把鱼钓上来以后还喂它鱼饵吗？”

女人也很看重第一次约会，但她不会把这次约会当成确立两人关系的时刻，而是在约会过程中，推测如果和这个男人交往，她需要付出哪些东西，两个人才能和谐相处。女人通过自己的直觉，透过两个人暂时愉快相处的表象，猜想如果与这个男人朝夕相处，会是怎样的情景。她的直觉帮助她预测两个人交往的前景，这个前景对女人来说，比男人现在的殷勤还要重要。

如果第一次约会很美好，男人会推测，以后的日子里，她将愉快地和他生活在一起。女人则会猜疑，两人关系确定之后，男人现在的激情会有多少保留到以后。

总而言之，在男人和女人约会中，男人更多设想，女人更多评价。男人将现在的相处看作是未来的序幕。女人则通过直觉，收集一些微小的信息，来预测与他相处的未来。女人的方式让她在约会中更加镇静，能发现很多问题。当男人看到约会对未来的预示，并为此洋洋自得时，女人会收集到更多对未来有影响的蛛丝马迹。

女人的情感世界很丰富，因为情感是女人天性的一部分，而男人的情感处于沉睡的状态。当女人吸引一个男人，并且爱上他，向他展示自己情感丰富的内心世界，她的爱能够唤醒男人生命中感性的一部分，也只有女人能够做到这一点。为了一个所爱的男人，没人知道女人内心的感觉可以走得多远。当男人被女人的情感世界所吸引，不断地深入了解女人，就能学会像女人一样投入情感。情感交流让两性关系更完美，不仅女人从中可以获得更多的乐趣，男人也将成熟起来，并学会用女人认同的方式表达爱意。

其实，所有女人灵魂中的东西，也存在于男人心中，只是所占比例不相同罢了。多了解一点对方的心理和表达方式，就会离幸福更近一步。

男女恋爱如何拒绝对方

在成长的岁月里，几乎任何一个处于青春期的男孩女孩，都有可能碰到女孩子男孩子的追求，这是一种正常现象。然而在求爱者的队伍中，既会有自己喜爱的人，也会有自己不喜欢的，甚至讨厌的人。

当自己不爱的人前来求爱时，要学会拒绝——正确地拒绝他人。感情的事是勉强不得的，长痛不如短痛，不明不白地拖下去会让对方越陷越深，最后岂不是更伤人?

年轻男女，面对自己不喜欢的追求者时，应当采取怎样的方式，既让对方知难而退而又不伤对方的自尊呢?

1. 态度要坚决

拒绝难免是一种伤害，但不能因此而犹豫不决。既然是爱上你的人，对

你的言行都非常敏感。如果你拒爱的态度不够坚决，很容易造成对方的误会，最后往往带来比拒爱更大的伤害。

2. 尽力维护对方的自尊

为了减少拒爱给对方带来的心理伤害，也使对方更易于接受，就必需设法维护对方的心理平衡，尽量减少对方的内心挫折。具体来说，你不妨先对对方的人品和才华等加以赞许，然后说明你为什么不能接受求爱的理由；说出的理由要合乎情理，最好从对方的角度提出有利的方面，让对方觉得拒绝也是为了他（她）好；如果必须向旁人作出解释，你不妨把消极原因归因于自己，避免光给人造成一个你拒绝了他的印象。

3. 选择恰当的方式

应该考虑到你们平素的关系和对方的个性特点，选择或冷处理、或面谈、或书信等方式，但建议你不要采用托人转告的方式，因为这显得对对方不够尊重，还可能带来不必要的麻烦。

4. 选择合适的时机

一般来说，不要在对方刚表白了爱情时立即加以拒绝，因为此时对方很难接受；但也不可拖延太久，给对方造成误会。当然，具体选择什么时机，要视具体情况而定。

除了拒绝自己不喜欢的人外，有时候还要拒绝自己爱的人。比如说男友的“身体要求”。

热恋中的女孩，最容易在男友“你如果爱我，就应该献身于我”这句话的引导下，献出自己的身体。要知道为男友献身并不是爱情的润滑剂，很可能是让人后悔自责的迷魂汤。

如果你不赞成男友的提议，这个时候要做的绝不是板着面孔说不，更不是指责。否则你坚持了原则，而他丢了面子。你们的感情将蒙上阴影或者一对好伴侣可能就散了。明智的借口有很多，试试下面这些话：

“对不起，我不能这样做。因为我们了解得还不够深入，不能这样随便，那样对彼此都是一种伤害。”

“我现在只想和你做朋友。希望能从朋友顺其自然地走到一起，你能等待吗？”

“若真有缘分，我们总会属于彼此，为什么不把最美的一刻留到新婚之夜呢？”

“我很爱你，如果你也真的爱我，请尊重我的选择，让我们一起在约束中走向成熟，好吗？”

表述的时候要温柔却坚决，相信只要他真的爱你，会因你的坚持而接受你的拒绝。当你们能够用言语和思想表达感情，而不是仅以身体的接触为表达方式时，说明两人之间的情感加深了。

但是并不是所有的女孩都能如上述般坚决，很多人在这种情况下会不知所措，在内心极矛盾的情况下糊里糊涂把自己交出去。这样的女孩太在乎对方的感受，不忍心说出拒绝的话：特教给这样的女孩子几招。

首先，从恋爱初开始。当他牵你手的那一刻，你最好与他来个君子协定或约法三章，日后如果他有控制不住的时候，你就心态不同且于情于理都占了优势。

其次，是交往的过程中，要尽可能少地制造容易越轨的环境氛围。

最后，说一招应急措施，万一到了紧要关头，你既不好义正词严，温柔地说“不”又不管用，你不妨把“大姨妈”搬出来。对方信则信，不信估计也不好说什么，拒绝的目的自然达到。

恋爱中男女的情感心理异趣

男人恋爱时用眼，女人恋爱时用心。男人的眼睛靠辐射，而女人的心靠传导。

男人追求女人，是迅猛出击，但结果往往雨过天晴，女人追求男人，是缓慢渗透，却可以滴水穿石。

男人考验女人的办法是远走高飞，女人考验男人的办法是约会迟到。

男人喜欢放出诱饵垂钓爱情，女人喜欢不惜血本守望爱情。

男人恋爱后变得可怜巴巴，女人恋爱后变得神经兮兮。

男人恋爱希望把复杂的过程弄简单，女人恋爱喜欢将简单的事情弄复杂。

男人无情地把初恋情人当作一次性饮料，满足渴望后毫不吝啬地扔掉，女人深情地把初恋情人当做哺育成人的乳汁，一辈子品尝他的回味。

如果男人恋爱是因为无事可做，女人恋爱是因为好奇心驱使，结果将会是男人烦恼女人失望。

男人希望女友经历得越少越好，女人却希望男友经历得越多越好。

男人希望做女人的初恋情人，女人却想成为男人的最后情人。

男人像陈酿老酒，随看时间的推移越发珍贵，而女人像新鲜的牛奶，保值期很短。

男人越老越可爱，女人珠黄无风采。

太美丽的女人让男人失去欲望，而太有钱的男人让女人缺乏安全感。

女人失去了爱情会觉得很空，男人获取了爱情却觉得很累。

男人怕别人说小，女人怕别人说老。女人用耐心化妆来掩饰自己的面容，男人用故作深沉来掩饰自己的内容。女人的青春表示一种价值，而男人的青春表示一种肤浅。

男人吻女人是一种回收的贷款，女人吻男人是一笔放出去的投资。

女人的温柔是一个陷阱，男人的深沉是一座空房。

男人喜欢夸耀他的勇敢追求，女人喜欢夸耀她的理智回绝。

男人流泪人们会认为软弱，女人流泪人们会产生怜悯。

男人的多情是一种乐趣，女人的多情是一种堕落。

男人渴望向女人倾诉苦衷，女人却愿意听男人炫耀成功。

在语言上，女人像个漏斗，男人像个容器。在生活上，男人却像个漏斗，女人像个容器。

男人的爱像洒下的露珠，每一颗都是完整的存在，又都不是存在的全部，经不起阳光的照耀，而女人的爱却像碎了瓶的啤酒，倾撒在地上，月光下发出持久的麦香。

女人对男人的期望比物价涨得还快，男人对女人的感情比股市变得还勤。

男人是女人的价格，女人是男人的商标。

男人的通行证是能力，女人的通行证是面容。女人希望恋爱总在路上，男人希望恋爱一步到家。

男人恋爱会变得坚强，女人恋爱会变得更娇弱。

男人恋爱是因为轻率出击，女人恋爱是因为躲闪不及。

男人恋爱容易远视，女人恋爱容易近视。

恋爱中女人学会了说梦话，男人改掉了说脏话。

恋爱中男人什么诺都敢许，女人什么东西都敢要。

恋爱中男人是女人的整个世界，女人是男人的一个月亮。

恋爱中男人的个性是多余的，女人的头脑是多余的。

恋爱中男人是女人的钱包，女人是男人的影子。

恋爱中男人忘我地投入，女人投入得忘我。

恋爱中男人在花开时就盼着结果，女人却在花季里想到落叶。

恋爱中女人常在建筑了高楼后才发现没有基石，男人常在拧开了龙头后才发现没有水流。

女人失恋后留下的是伤口，而男人失恋后留下的是老茧。

男人追求女人结果在一刻，女人追求男人结果在一生。

女人意识到自己的美丽是男人的悲哀，男人意识到自己的才能是女人的幸福。

女人温柔时充满幻想，男人温柔时充满渴望。

男人恋爱意味着丰富并走向成熟，女人恋爱时意味着单纯并滑向深渊。

女人恋爱像走进大自然，男人恋爱像走入地下室。

男人的爱情像闲暇时的散步，女人的爱情像丢失钥匙后的寻找。

男人恋爱时对对方无所祈求，女人恋爱时对对方无所不求。

第13章 初恋季节，可以单纯也别太单纯

摆正心态，初恋不一定是终爱

初恋是美好的，常常是幻想式的美好。小说《飘》的主人公郝思嘉的初恋，就是幻想式的单相思：郝思嘉爱上了希礼。可她从来没有主动地向希礼表示过，只是沉醉于自己的幻想中，主观地推断希礼是爱她的，等待希礼主动向她求婚。可事实上她的推断是完全错误的。在青春期发育的初始阶段，少男少女们都情窦初开，常常选择生活中或者影视中的突出异性作为自己仰慕、暗恋的偶像。这时候的单相思带有很大的盲目性，一旦确立了心中追求的偶像，就会陷入想入非非之中，总是一厢情愿、顽固不化地爱恋对方，而全然不顾对方的感受。初恋中的人很容易把爱全部倾注于对方身上，而不管此人的优缺点到底是什么，甚至缺点也是魅力所在。这是初恋中所特有的心理现象，也是很正常的。

大多数人在懵懂的初恋时期，都会冲动、盲目地向意中人直抒胸臆，并且会死缠烂打，最终受了挫折则很容易一蹶不振。

初恋是苦涩的，大多数初恋都不会坚持到谈婚论嫁的时候。年轻人对爱

情的认识水平不高，心理承受能力也差，加上双方接触的时间通常比较短，还不了解彼此的品行。等一段时间之后，了解深入了，可能觉得对方并不适合自己，或者不能忍受对方的一些弱点，于是产生矛盾，热情下降，最终分手。年龄偏低的青年男女，往往不懂得在恋爱中如何培养感情，只是一味地亲昵，有时不可避免地会伤害对方，导致恋情的终结。

初恋的失败让人终生难忘，会给年轻人的心理造成很大的压抑，甚至会给以后的恋爱和婚姻蒙上不可磨灭的阴影。举个案例说吧：有个农村小伙子叫涛，在中学时就暗恋同班的女生雨，总是围绕在雨的周围默默地为她做事。高考后，雨考入了某名牌大学，而涛落榜了。为了追求雨，涛发奋补习了一年，第二年也考入了雨所在的大学。俩人在共同的学习中慢慢地建立起感情，涛终于如愿以偿。但好景不长，接触一段时间以后，雨觉得涛做事唯唯诺诺、男子气不足，便与他分了手。涛经受不住初恋失败的打击，万念俱灰，甚至想一死了之，最终不能正常学习而不得不辍学回家。不仅如此，涛很多年里都没有走出痛苦，最终随便找了一个村里的姑娘，放弃了自己的前程。

初恋的失败有时候也并非坏事，它可以使人成熟起来。失恋者不应沉溺于失恋中而痛不欲生，要采取积极的态度化解内心的痛苦，并总结经验教训，以便在面对后来的爱情时不会再犯同样的错误。对大多数人来说，一般都能顺利地度过初恋，进入甜蜜的热恋和婚嫁阶段。就像现在正在幸福生活着的人们，有几个没有经历过失败的初恋呢？

如何判断他是朋友还是恋人

女孩有时会不会觉得很奇怪：每天晚上他都会给我打电话，平日里还经常向我传递深情的眼神……明摆着是喜欢我，却又迟迟不向我表白，是因为害怕被我拒绝，还是心里另有算盘？难道他是花花公子，到处留情吗？……

真让人捉摸不透他到底在想些什么？那么，让一些调查结果来帮你查出究竟，分析他们的真实心意吧！

1．“好意”和“爱情”不同

根据对多位男生的大型调查显示，一半以上的男生表示即使对不想追求的女孩也会送她回家或请她去看电影。回答说不可能做这些的占10%！还有29%的男生回答说要看具体情形而定！

大约有82%的男生回答说这种好意是出自男生基本的风度。而想让女孩对自己产生好感或另有企图的情况只占了10%。看来大部分男生的这种好意行为是一种礼貌的表现。所以如果你和他发生了类似的情形，你可不要误会，他对你可能只是单纯的好意，不要胡思乱想哟！

2. 他什么时候联系你

在你们初相识的阶段，你可能有时会想：“我已经把自己的号码给他了，可他为什么还不联系我呢？他是不是很想见我，但还犹豫不定？说不定他在等我的电话呢，干脆我先给他打个电话吧……”你可能整天都盯着电话，眼珠子都快要掉出来了，可他为什么还不给你打电话呢？想知道答案吗？

看看下面的调查结果吧！

如果对女孩真的有好感，32%的男生会在要电话号码的当天就给对方打电话（如果对方是非常想深交的女孩，在当天就会打电话的人数占调查结果第一位）。这就证明了即使是最害羞的男孩，在喜欢的女孩面前也不会犹豫。有一半以上的男生会在2~3天内打电话，80%的男生最长也会在一周内就打电话联系对方，而回答说会一个月或更长的时间的男生只占了19%。看来如果过了一个月他还没有联系你，那你就不要再抱什么幻想了。

一般来讲，在从认识到表白大约需要多久时间的调查中，回答说认识到表白需要一个月时间的占第一位。在其他的答案中，三天至两三个月内表白这一回答也占了其中的82%，而需要更长时间的男孩占16%。由此看来，你可以静下心来等他2~3个月，或者只需要等待三四天就可以听到他的表白也说不定呢！

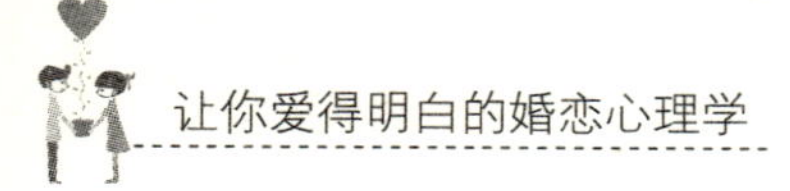

恋爱双方要给彼此自由的空间

世界上最远的距离不是“我在你身边，你却不知道我爱你”，而是两个明明相爱的人，却不能在一起长相厮守。究竟我们之间的距离有多远？往往是，太近的距离，少点神秘；太遥远的距离，又容易相忘。

恋爱要保持距离，只有保持距离，你才能进退自如，不会在玫瑰园里留下太多的遗憾。

那么在情感的道路上我们应该保持怎样的距离才算完美呢？

首先，保持距离就是要保持经济上的独立。

应该知道独立的重要性。当你在经济上独立了，男人才会更加尊重你、喜欢你。

恋爱还不成熟时，男女双方不宜发生频繁的经济往来。金钱是个敏感的话题，恋爱男女一涉及现实利益马上翻脸的例子不在少数。感情归感情，金钱归金钱，还是应该泾渭分明，免得赔了夫人又折兵。

爱情要天长地久，必须要经济独立，哪怕他天天喊着要养着你到老。独立的女人，才会拥有一份独立、平等的爱情。但是不要为了独立而独立，因为斤斤计较是爱情的致命伤。

其次，保留一点私人空间。

恋人在交往时，无论有多么如胶似漆，也要时刻记得保留自己的私人空间。这一点点距离，不但不是疏远他，反而有助于增添几分神秘感，而酝酿对方的爱慕及迷恋之情。

不要说太多关于自己的事情。如果从自己出生开始到现在的一切，你都对他说得一清二楚，那你对他就根本没有神秘感可言，因此，若提到自己的事也要坚持不说某一时期或某些话题，演出一段空白的岁月，例如，故意不说有关姐妹的事情，当对方追问你是否有姐妹时，你可以故作惊讶地回答

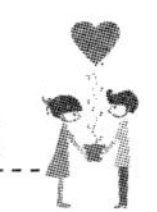

说：“我没有说过吗？”

千万不要和他讲述你与前男友的故事。如果你要想用讲述你和其他男人所做过的事、去过的地方来刺激他、引起他的妒忌，这其实是最愚蠢的办法，而且总会使你得不偿失，他会开始讲他以前所有的女朋友的故事。

给自己私人空间的同时，也要给他自由的空间。

每个人都是独立的个体，就算他再爱你，也需要有自己的朋友和独立的私人空间。不要以为他爱你，他的全部时间都是你的。当他生活中遇到难题时，当他也想一个人独处时，不要以为他不爱你了。只是因为很多事情，他不想让你担心。他只是需要安静一下而已。所以，当他说累的时候，就给他自由，让他完全放松。他会更加爱你。

再者，保持距离就是要保持空间上的距离。

男女约会后，通常男方会送女孩回家。这时候你可以特别指定只让他送你到车站或巷口，且绝对不跟对方说明理由。这种做法也能造成神秘感。在经过一段时间后，你可以找一个借口向他做解释，说在家附近怕被人说闲话。

人生是一棵树，该开花的时候开花，该结果的时候结果。如果你希望谈一场细水长流的恋情，最好避免朝夕相处，多给对方一些空间与尊重，反而能赢得甜蜜的爱情。

过早同居通常会降低结婚的机会。同居恋人们享受随时可得的性爱和许多类似家庭生活的乐趣，但作出承诺的动力却被降低了——既然不结婚同样可以享受婚姻的乐趣而无须承担婚姻的负担和约束——为什么要结婚呢！

即使是有了肌肤之亲，千万别摆出一副非你莫嫁的样子，性是双方共同的感受，是感情的升华，而不是负担或者借以挟持的条件。

此外，女性即使在恋爱中也要保持自我的独立性，这就需要她们除了有对男友的感情，还要有自己的生活、自己的爱好和追求，更要有自己的社交圈子。三毛曾经说我的心有很多房间，荷西也只是进来坐一坐。

一谈恋爱就原地蒸发，和所有的朋友都断了往来，这只会让你的生活越来越狭窄。当你拥有自己的兴趣和爱好时，可以用来充实自己的生活，打发他不在你身边时的时光，而不是被男友“吞噬”。

爱情的生命力是有限的，要让爱情寿命长一点，请保持一个适当的距离。

恋人之间如何保持吸引力

所谓神秘感，是指由于男女间的性别差异（包括生理和心理）而产生的新鲜、奇特、深奥莫测等体验。它在整个恋爱过程，乃至婚后夫妻生活中，都起着一种至关重要的心理作用。男女间的神秘感激起两性间的好奇，在这种好奇心的驱使下，两者要求接触并且相互探索，在接触、探索过程中，如果彼此欣赏、富有吸引力，就会产生好感。在好感的基础上，由对方神秘性产生吸引力，通过进一步的了解，若相互发现许多发光的东西，那么，爱情就会产生。如果异性间没有对这种神秘感的探索，那么，两人的吸引力便无从产生，也就根本谈不上爱情。

为了增强神秘感，保持恋人间的吸引力，可以采用下列几个具体做法。

1. 要有生活情趣，改变单一的、日复一日的、没有变化的生活

比如，突然地给对方带来一个惊喜，或者将自己改扮一番装束，变化一下发型，或者改变自己的房间布置等，都会使恋人感到新鲜和愉快。

2. 保持礼貌，彼此尊重

尽管两人经过热恋，彼此不分你我，但仍然要像初恋时那样保持礼节，不要失去原先的温柔和体贴，因为任何不尊重对方的言行，都会大损自己的吸引力。

3. 偶尔做短暂分离

恋爱不在于朝朝暮暮，俗话说，小别胜新婚。特别在闹了一些矛盾之后，短暂的分离，不但使双方都有时间去冷静地思考、反省，而且，分离后

相见时的神秘感也会成倍增长。

4. 尽量避免、减少肉体上的接触

恋爱中的亲吻、拥抱、抚摸之类的行为，是无可非议的，它们可美化和促进两人的爱情，但是，次数不能过于频繁。这与我们饮食一样，少吃多味，多吃味少。

对于婚前性交，从性生理和性心理角度来看，都不宜进行。千万不要频繁地一丝不挂地暴露在情人面前，这会使你失去性的神秘感。每个人性交的生理反应，基本上是近似的，但心理状态各不相同。追求性的神秘感和新鲜感，正是那些喜新厌旧之辈的心理动机和驱使力。

男女间要相互保持吸引力，是一门难度很大的艺术，其具体做法远不止上述几点，希望能举一反三。但是，保持神秘感绝不是故弄玄虚，彼此隐瞒和欺骗。否则，会弄巧成拙。

增进感情的恋爱争吵策略

恋爱中有甜蜜、有美好、有快乐，但也有偶尔的矛盾、误会引起的伤心、哭泣。有的人在恋爱中只吵架但不恶化感情，因为吵架而增进感情，更加了解彼此，有的人却不得要领，跨不过这个坎就分手了。

两个人吵架其实从来都没有输赢之分，谁是谁非不可能明明白白。女人一定要懂得吵架的艺术，这样就能虽吵犹亲，爱情的纽带也将越来越紧。

1. 就事论事

不要随便给对方扣“自私”、“品质恶劣”、“卑鄙无耻”等帽子，否则，就把事情搞得太严重了。为了一件事吵，谈清这件事就行了，不要上纲上线，也不要无限扩大。如果从这件事又提及以前的事，从对男朋友的不满又拉扯到他的狐朋狗友，甚至是他的父母兄弟姐妹身上去，就会把事情搞得越来越复杂。

2. 克制自己

有时候，吵架是难免的也是必要的，但是即使争吵，说话也要有分寸，“利刀割体疮难合，恶语伤人恨不消”，如果说了绝情话，恋人的关系就很难恢复。所以不能攻击对方，不能讥笑对方的某些缺陷或揭对方的“伤疤”，更不能在一时气愤之下，破口大骂，不计后果。有的人吵架时言语不留余地，很容易引发更大的冲突。

3. 保持冷静

冷，就是冷处理；热，就是头脑发热。以冷对热的关键，就是你吵我不听。在一方感情激动、控制不住自己的时候，任他发火，任他暴跳如雷，不去理睬他。“一个巴掌拍不响”，一个人吵，就吵不起来，等他情绪平和以后，再和他慢慢说理。

4. 藕断丝连

许多恋人、夫妻在争吵以后心中十分不快，互不理睬，中断了“外交关系”。但是双方还是生活在一起，这是十分别扭的，同时也进一步伤了感情。

对这种情况，过两天就会感到后悔，想打破僵局，恢复“外交关系”，又难于主动开口，这就是“作茧自缚”了。想想，连莲藕这种东西断了都会连着丝，何况夫妻呢？因此，不论争吵多么激烈，在“停火”以后，照常说话，情侣还是情侣，该怎么过就怎么过，这才是正常的。

5. 吵架不能升级

这是一条恋人吵架铁的规则，吵架的时候一不能摔东西，二不能动手打人。有的女孩子在争吵时，为表示愤怒，常常把锅碗瓢盆摔得稀里哗啦，这是很愚蠢的。物品何辜之有？摔坏以后还要花钱买。至于打人，就更不应该了，这不仅为法律所不允许，而且会使“战争”马上“升级”，弄得不可收

拾。这是千万要警惕的，否则后果不堪设想。

6. 24小时内结束战斗

不少夫妻在争吵过程中，总有一种心理，就是都要以自己“有理”来压服对方，结果谁也不服谁，反而越说越有气。

其实，恋人之间的争吵，一般没有什么原则问题，许多是是非非纠缠在一起，也不易分清，特别是在头脑发热、情绪激动时更不易讲清，如果争吵到了一定时间和一定程度，发现这样下去还不能解决问题，那么有一方就要及时刹车，并提示对方，该休战了。这并不是屈服、投降，而是表示冷静、理智。

比如可以用幽默打破僵局，或者干脆严肃地说：“我们暂停吧！这么吵也解决不了问题，大家冷静点，以后再说。”之后，任凭对方再说什么，也不再搭腔。

7. 有怨怒要及时疏导

倘若吵过之后依然不过瘾，心中憋闷，不妨冷静下来，仔细思考以后，写下你的怨气和对他的期望，并把日记放在他看得到的地方，如果他明白你的苦心，自然会找机会和你沟通，有错则改，无则加勉。

热恋男女，请控制性冲动

热恋中的情侣在一起，拥抱接吻、产生性冲动乃至发生性关系是很常见的事情，也是一种正常的现象。性冲动同生理和心理因素密切相关：性激素是性欲望的生理动因；与性有关的感觉、情感、记忆与想象等心理因素都可能诱发性冲动。热恋中的男女，由于性激素分泌的旺盛、心灵的相通、语言的投机及多为宁静偏僻的亲昵环境的影响，很容易发生性冲动和性关系。

爱情发展的必然结果和最终形式就是身心的彻底交融。但是，婚前的性行为是充满各种危险的。比如怀孕流产会影响学习生活，损害女方身心健康；如果发生性行为后最终又分手，那么可能会影响以后的婚姻生活，尤其对女方来说。因此必须学会一些控制热恋中的性冲动的方式方法。

1. 要丰富爱情的形式和内容，不要只是一味地卿卿我我

除了绵绵情话、卿卿我我之外，情侣还需要在工作、学习上互相关心和帮助，多参加一些集体活动，多做一些有意思的事情，多加强思想的交流和情趣的培养，开阔视野、充实内心，减少性冲动。

2. 学会转移注意力

热恋中有了性冲动的时候，可马上转移注意力。比如，在无人的野外说情话时，男方有了性冲动，女方可立刻提议到有人的地方去走走，而不要纵容自己的男朋友；如果是在居室内，性冲动强烈时，可赶紧打开电视机、电脑或者拿出书籍来，以转移注意力。这样可以有效地缓解性冲动。

3. 注意谈恋爱的地点

谈恋爱时可少去一些无人偏僻的地方或无人的居室等，多去美丽的风景区、公园、电影院等有其他人但又有自己的空间的地方，这有助于控制性冲动。

4. 保持一定距离

热恋中的男女双方都要保持头脑清醒，不要长时间地亲吻拥抱，特别是女方，要保持一定的距离，一定要严守“禁区”。对于男友的性交要求，一定要坚决拒绝，不能含糊。

5. 边缘性行为释放性冲动

边缘性行为有时候可以有效地释放性冲动，避免发生性行为。比如，男方实在难以控制的时候，女方可以通过一些边缘性行为来使其性冲动释放，如允许或协助男友手淫等，手淫射精后男方的性冲动就会得到暂时的消除。

6. 要善于用理智和道德来约束自己的行为

要在心中树立起理智和道德的坚定防线，当性冲动来临时，用理智提醒自己，用道德约束自己，坚决不要越过雷池。

总之，热恋中男女要想有效地控制性冲动，根本上取决于双方的理智、道德和生活态度。要知道，只存在性幻想而没有性行为的恋情或许才是最美好的恋情——当发生性行为之后，恋情便失去了一层诱人的神秘和美妙。

第14章
调试心理，有多少爱可以从头再来

失恋男女心理反应大曝光

失恋，对于任何男女来说都是一杯浓烈的苦酒，都会在其灵魂深处烙上深深的伤痕，甚至这种心理隐痛会伴随其整个生命旅程。如何对待失恋的不幸，是被痛苦所吞噬还是将痛苦升华？不同的人会有不同的体验。

1. 男性的失恋反应

男性自尊心比较强，对于失恋，或许表面上看不出他的痛苦，但背地里其实痛苦不堪。失恋对于男性的打击实际上是巨大的，有时也许会摧毁他的人生信念，使他丧失生活的勇气，甚至会导致终止生命。在社会生活中，男性往往肩负着比女性更多的义务、责任和期望，因此对于同样的失恋结局，男性要承担比女性更多的来自自我及社会的压力。被迫失去女方的爱，对不少的男性来说在身心上都是不可接受或忍受的。这会使他的心理产生连锁反应，进而改变整个心理品质和人生态度。

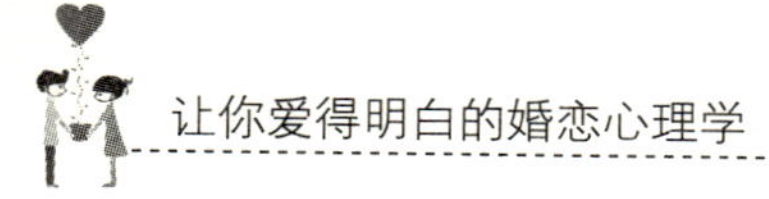

2. 女性的失恋反应

与男性相比，女性的情感显得温柔而细腻，虽不像男性情感如暴风骤雨，却也好似春风丝雨，润物无声。滋润于甜蜜爱情中的女性，比起容易性冲动的恋人，更愿陶醉于如云般的飘忽与似雾般的朦胧幻想之中，更喜欢品味感情的真谛。可想而知，失恋的现实对于女性而言同样残酷无情。它会揉碎少女甜美的梦境，吞噬姑娘纯真、空明的情感世界，给她们带来毁灭性的打击。相比男性，女性更富有奉献精神，更易把爱情作为人生的最高追求与生命支柱。当她把爱情看成是自己最大的幸福和满足时，如果爱突然终结了，柔弱和痴情的女性如何平息内心的波澜？不过，对于少数性格开朗、心理成熟或者是主动绝情分手的女性来说，则要另当别论。

3. 不同年龄阶段下的失恋反应

对于失恋，不同年龄阶段的人会有各不相同的心理反应。处于青春期的少男少女富于激情和幻想，对于朦朦胧胧的初恋会感到神秘和神魂颠倒。他们心理还不成熟，对爱情缺乏长远的考虑和准备，最容易在感情的深海之中迷失。而且，少男少女的情感虽然纯真却显得稚嫩，很易受挫折，而一旦遭受失恋的打击，就很可能身心俱受伤害，极度痛苦而不能自拔。也可能因为失恋而变爱为恨，肆意报复，粉碎了一切美好的回忆，连起码的友情也破坏殆尽，给自己和对方都刻上了深深的心理伤痕。

年龄较大些的男女有着较为健全成熟的理性能力和意志能力，也具有比较稳定的情感表达方式。恋爱之前会仔细考量对象候选人；热恋之中，也比较能够妥善处理各种矛盾与原则问题；失恋之后，他们在巨大的痛苦面前仍能镇定自若，将创伤深埋在心底，会比较冷静地面对现实、调适心理，继续自己的人生之路。对于曾经深爱的人，他们大多也能报以宽容和理解的微笑，仍可以做朋友，不会成为一生一世的敌人。

4. 不同个性特征下的失恋反应

对于失恋，不同性格特征的人也各有不同的心理反应和解脱方式。对于

一个活泼型、多血质的人来说，可能比较容易接受失恋的现实和承受心理打击。失恋之初，此类人或许会非常敏感地作出强烈反应，极度悲伤、哭天抹泪。但是用不了多久，他们就能从痛苦的情绪中解脱出来，变成一副乐呵呵的模样，最起码表面会如此。而对于内向型的人来说，可能失恋后的表现与活泼型刚好相反。

5. 不同社会角色下的失恋反应

不同社会角色下的人会有不同的失恋反应。比如，一个学生失恋，容易觉得失去了一切而万念俱灰；一个工人失恋，会利用埋头做工来赶走痛苦，也会有很多的热心人来介绍新对象，比较容易走出失败的阴影；一个官员受了爱情的打击，再痛苦也必须憋在心里，不能影响工作和形象，同样也会在各种应酬与大事的冲击下尽快赶走心里的苦痛。

人生大悲之事，失恋为其一。失恋给人带来的烦恼和苦闷，是没有恋爱或没有失恋过的人所无法体会的。失恋既可以使人消沉，也可以使人奋起，最重要的是要学会心理调适。

把握三原则，告别心痛走出失恋

失恋后进行心理调适，走出失恋，首先要铭记三条重要原则。

1. 正视现实，冷静处理

不要纠缠与责难。如果他或她已经真的不爱你了，到了必须分手的时候，不要纠缠着不放，纠缠也许会令对方一时难以逃脱，但却更坚定了其离开的信念；不要再一味地责难，责难也许会让你感觉一时痛快，但却可能粉碎曾经的美好回忆；更不要怪罪自己天生缺乏魅力，活在自卑里会令你的生活更沉重。既然你已得不到所希望的那份真情，又何必再为他或她伤心劳神、浪费感情与青春呢？放弃一段已经死亡的情感，你也许仍会痛苦，但却

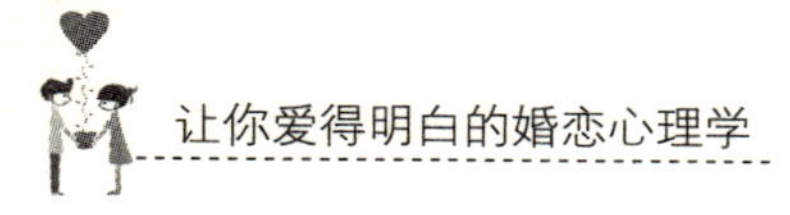

有了新的爱情空间，有了重新选择的机会。

但是，如果你认为你们的关系还有挽回的余地，可以选择离开他或她几天，给双方都留出认真体会与权衡的空间。如果他或她真的需要你，请相信，没有人会轻易放弃自己的真爱，一定会重新回到你身边。

2. 心胸豁达，宽容原谅

不要为恋人的一时冷漠而忧愁，如果存在第三者，而他或她又舍不掉你时，重要的是不要放弃自尊，告诉对方你的真实感受；不要做生活的配角，公平地与对方争辩。如果他或她认识了错误，真诚地想重新回到你身边，就宽容地再给对方一次机会，帮助其重新进入你的爱情生活，发掘自己的美德和爱情的魅力，放弃牢骚唠叨，用健康的方法挽救你们的婚姻和爱情。

3. 忘记过去，放眼未来

失恋了，就要有忘记过去的决心，忘记过去所有的快乐与悲伤，忘记他或她的一切；更要有放眼未来的智慧，放眼新的恋人、新的生活目标和新的幸福。

走出失恋的短期心理调适法

1. 保持尊严，凝视前方

失去爱情但不要失去自尊。要坚持不要去找他或她、不要再联络、不要再眷恋以往。或许分手是因为你的错，但人都会犯错；或许分手是因为你的缺点，但谁没有缺点？失去你或许是他或她一生的遗憾，你要维护自己的尊严，凝视前方、放眼未来。

2. 适当地发泄情绪

别总是强忍悲痛或怨恨，这对身心健康相当不利。想哭的时候就找个地

方尽情地哭；想大声喊的时候就找个无人之处用力嘶喊；想砸想撕的时候就关起门来砸个痛快；想倾诉的时候就找个知心好友说个痛快。

但要注意选取发泄的对象，不要抓住无辜的人或人家的东西不放，那样会节外生枝，反而更不利于心理调适。

3. 清除他或她的痕迹

分手了就把与他或她相关的东西处理掉，要么撕掉扔掉，要么找个地方锁起来再狠狠地丢掉钥匙，清除他或她的痕迹。也不要去你们以前常去的地方，以免触景伤情，让你情绪低落。不过不要过分，比如他或她拉过你的手，不要把手也扔掉或包裹起来。

4. 做出不在乎的样子

失恋了，一点感觉也没有是不可能的，但表面上装作不在乎有利于控制自己的情绪，积极的自我暗示在这时候是非常重要的。你可以这样去暗示自己："对付负心人最好的办法就是让自己好好地活下去！"或者"是不是都要看我难过痛苦？没门！"又或者"他都不在乎了，我为什么要在乎？一定要镇静，什么也没有发生过，只是梦醒了而已。"

5. 多想想他或她的坏处

失恋了，就要多去想想他或她的坏处，甚至夸张地去寻找他或她的缺点，以至于你再也不愿去想对方。如果想来想去，他或她的坏处寥寥无几或者只有好处没有坏处，那你自己就要这样想："他（她）真的是完美的吗？不可能。可能只是我了解得不够深入全面而已，或者我产生了审美错觉。这样的恋爱不真实、不扎实，失去了也不是坏事。"

6. 多参加集体活动，多和别人在一起

失恋之后不要一个人闷在家里，要积极参加聚会、出游、看表演、打球等有意思又有很多人参与的集体活动，并尽量和别人谈一些有趣的话题，跟着大家一起说笑，有利于驱散心理的阴霾。

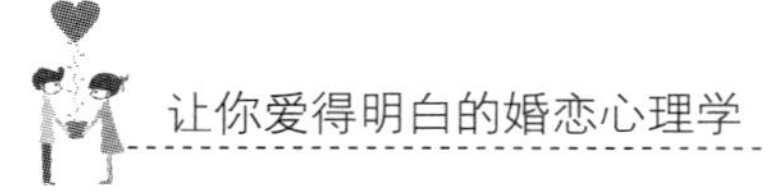

7. 出门去旅行

失恋后留在故地，常常只会让你陷于痛苦而无法自拔。不妨离开你们曾经的幸福天堂，跟随旅行团或与一群朋友到异地去游玩。异地的人文风情会让你耳目一新、视野开阔，新的感受会冲淡你内心的烦恼。

8. 与老友联络

恋爱期间“重色轻友”全然不问朋友死活，朋友也不会怪你。不过现在又一个人了，再不找老朋友叙叙旧可就有点太淡薄友谊了。朋友有时候才是最靠得住的，又了解你、又包容你、又疼惜你。和他们在一起游玩、聊天、运动、喝酒、唱歌或者干脆在他们面前大倒苦水，你不用掩饰、自在自得，全然没有失恋之后的自我否定和怀疑，有助于恢复心理平衡。

9. 用学习和工作来冲淡烦恼

热恋时落下的功课和工作现在终于该补一下了吧？不妨化失恋的悲痛为力量，努力学习、埋头工作，会有意想不到的成就与荣誉降临到你头上，正所谓“塞翁失马，安知非福”。这时候，恐怕你感谢当初的失恋还来不及呢。

10. 要懂得爱惜自己

要忘掉一段曾经真心付出的感情，绝非一蹴而就的事情。不要太苛求自己，要给自己留出空间与时间。要知道，你的生命不光属于你一个人，还属于你的亲人、你的朋友和你的工作岗位。你必须珍惜自己，没有权利自暴自弃。失恋了，不必再挂念那个人了，正好可以多疼惜一下自己。

上面讲述的是几副失恋初期的“特效药”，可以暂时缓解强烈的心理刺激、疏导负面情绪，不至于被失恋的痛苦泥潭所淹没。但要恢复到恋爱之前的心理状态、重新定位自己，还需要加强长期的心理调适。

走出失恋的长期心理调适法

1. 不要将新旧恋人作比较

如果有位小姐，对初恋情人不能割舍，等她有了第二个男朋友后仍与初恋情人藕断丝连，影响了她对新恋情的投入。等到她有了第三个男友，她对第二个男朋友也是念念不忘，常想起他的好处而不能专注地去发现现任男友的优点，结果她总是对在她身边的人不能感到满意。对方真的那么差吗？还是她开车只看后视镜，而没看到车子正前方的金矿？

如果有位女士，她的先生对他以往的情人十分眷恋，不仅把以前的信和照片小心收藏，还常拿以往情人的好处来和这位女士比较，那么这位女士内心会有什么样的感受呢？又有谁愿意做这位女士呢？

过去的事就让它过去吧。要接受并认定这个事实，收起回顾的眼神，转过身来向前看。把过去抛得越干净，将来就越可能幸福。拿过去来折磨自己也折磨后来人，是非常不负责任的行为。

2. 不要模仿他或她

如果所深爱的人拥有你所欣赏的优点和特质，热恋中要做自己，不要把其性情习惯“内化”到你自己的人格与生活里，失恋后更不要模仿他或她。世界上没有第二个人和你一模一样，某种意义上说你就是最美的，何不保持我们自己的本色？本色才是魅力的来源。

3. 不要马上再找一个类似前恋人的人

虽然失恋了，但和他或她有些相似的人仍会对你有吸引力，要注意不要立刻去找个那样的人替代前恋人。首先要冷静下来分析这类人身上究竟是哪一点令你无法抗拒？那种特质是否也有缺点？跟你的性情是否可以配合得来？如果合得来，为什么会分手呢？再者，将以后的恋人看作是前恋人的替代品是不道德的，既是对自己的折磨，也是对别人的伤害。

4. 多交普通朋友

多交些普通朋友对你是有好处的。特别是与异性的普通朋友交往，不仅可以学习如何与异性相处，还可以培养自己对异性的判断力。等到真正适合的人出现后，你就不会错过这个机会。但是交往时不妨先当作普通朋友，敞开心与其自然地交往。有道是“有心栽花花不开，无心插柳柳成荫”。越不苛求，缘分可能越容易到来。

5. 完善自己

失恋后要仔细检讨自己的不足之处，想想自己有哪些缺点？是不是人际交往能力不好？比如，和人说话时语气粗鲁，或唯唯诺诺，或者动不动就发脾气。是不是自己不够成熟独立？比如，依赖性太强、有不安全感、占有欲太强等？如果是的话，那就要适度地改变自己，使自己成长。成长之后的你，以后在拥有爱情时就不会再犯同样的不利于培养感情的错误了。不过，找自己的不足之处时要把握分寸，不要陷入自卑的泥潭。

寻找爱情就像寻找工作，失败一百次何妨，成功一次足矣。如果你就是那失恋的人儿，如果你还困在它的阴影里，那么现在该破茧而出了。接受现实，放眼未来，勇敢前行，你终会获得属于你的爱情。

第15章
执汝之手，迈上婚姻红地毯

为了共同的意愿，我们走到一起来

男女的热恋终会有两种结局：分手或结婚。“婚姻是爱情的坟墓”这句话，几乎人人都耳熟能详，可人们仍然前赴后继地迈上红地毯，后面的动力是什么呢?

随着人类社会的进步，婚姻也经历了不同的形态变化。最早实行的是群婚制，分为血缘婚姻和亚血缘婚姻两种。血缘婚姻是指在同一个群体中，同辈男女都互为夫妻，属于族内婚。之后发展为亚血缘婚姻，即两个群居集团之间的通婚，属于族外婚。群婚制逐渐发展为对偶婚姻，即男子在众多妻子中有了一个主妻，或女子在众多丈夫中有一个主丈夫。对偶婚姻最终发展为现在的一夫一妻制婚姻。一夫一妻制是历史发展、人类文明进化的必然结果。一夫一妻制婚姻通过社会、法律方式限定了两性关系，可以抵制外来力量对爱情的摧毁，是爱情的保护伞和围城。

一夫一妻制的前提下，人们结婚的动力包括以下几个方面。

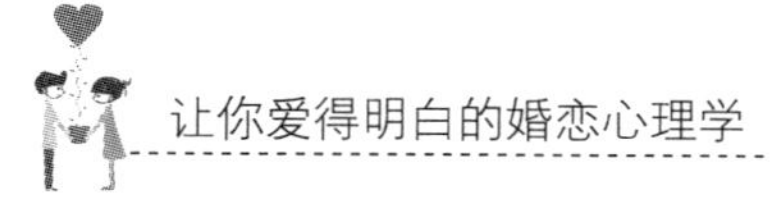

1. 社会的需要

满足社会需要是结婚的动力之一。结婚可以使两性情爱得到社会认可和法律保护，婚前同居等非婚两性关系则无法得到认可和保护。

不受社会认可的情爱是不能健康发展的。比如你有了婚外情人，但只能且必须与合法配偶公开出入自己的社交圈，情人的恋情只能是地下的。所以情人关系，最终不是结婚就是破裂。

如果纯粹为了得到某种社会地位而结婚，则走入了一个误区。比如为了提升职位，尽管毫无感情，却和某某上司的女儿走进婚姻；为了得到豪华生活或某种社会地位，弃感情于不顾，一些年轻女子和有钱有势的男性结婚。这类婚姻即使没有矛盾重重或破裂，也不会有发自内心的幸福感。

2. 爱情的意愿

大部分人结婚是两情相悦的结果，即出于爱情的意愿。热恋中人们总会有“海枯石烂”的誓言，都希望爱情永驻。他们希望永远占有对方，永远持续这种爱的幸福，于是发自内心地渴望结婚，希望通过婚姻这种社会契约来保障爱情的永恒和美好。正如哲人所言：“情爱常常达到这样强烈的持久程度，如果不能结合或彼此分离，对双方来说即使不是一个最大的不幸，也是一个大不幸；仅仅为了能彼此结合，双方甘冒很大的风险，甚至拿生命孤注一掷……”婚姻给了恋人们一个社会认可的、法律保护的排斥其他异性干扰的保护伞，使恋人们充分地、安全地体验到了爱的满足。

任何人都应该有爱的欲望和权力，不应该有学历、年龄、性别、人种、社会地位、经济地位等的区别。恋爱结婚不应只是年轻人的特权，那些离异或丧偶的老年人也有自由恋爱和结婚的权力，儿女或亲戚不应横加干涉。

3. 满足性欲的需要

满足性欲望往往是被人回避的结婚动力，但却是客观存在的。就像饮食、睡眠等一样，满足性欲也是人的基本需要。在马斯洛所列的人的需要阶梯表中，性欲就与空气、水、食物、住所、睡眠一起被列为人的最基本需

要。尽管如此，为了满足性欲望却不能乱来，性生活过于随便会受到疾病的侵袭和社会的谴责。而结婚则可以使人得到安全的性满足。

西方社会的性解放，使人们在性放纵中得到了发泄，却失去了爱情的温馨、安全与稳定，受到了艾滋病的威胁。因此许多人开始呼唤婚姻的重要和爱情的忠贞。

4. 繁衍的欲望

自我繁衍也是结婚的动力之一。繁衍后代是所有生物最重要的本能和任务，人类也不例外。结婚后生儿育女是天经地义的事情，不能生育会让人背负沉重的心理负担。结婚之后才有了家庭，有了家庭才能够养育孩子，给予孩子成长所需。正是夫妻情爱孕育了后代，人类才得以繁衍，生生不息。

持“证”结婚，拿个心理合格证书

虽然爱情和婚姻都包含某种情感承诺，但爱情更多的是恋人们的彼此愉悦，是以自发的相互喜爱为主的，随意性较大，不受法律的约束。恋爱时，双方都很自由：想什么时候见面就什么时候见面，想什么时候分开就什么时候分开，感情不好了就分手，不会有太多的牵牵扯扯。

婚姻就不一样了。它是双方承担责任与义务的法律契约。爱情在婚姻中也是一种责任。婚姻是爱的意愿，结婚实际上等于对爱情发布永远相爱的誓言。就如弗洛伊德所言：“不管婚姻是由他人撮合，还是个人的选择，一旦决定结婚，这种意愿行为就应该保证爱的持久。”

与爱情相比，步入婚姻的围城需要具备不同的心理素质。

1. 必须具备利他的品质

步入了婚姻生活，双方都不能以自我为中心，否则会对婚姻彻底绝望。婚姻中最忌讳自我中心主义，许多无谓的夫妻争吵都是由此引起的。可现代

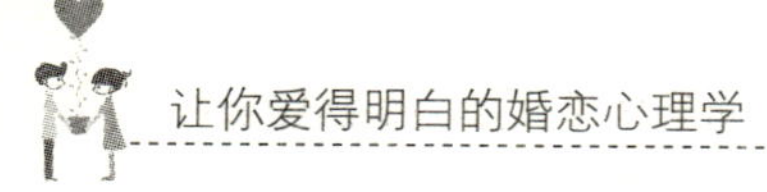

人往往是这样的，一旦婚姻不如己意，就想离了再来。婚姻生活中应该具备和培养一定的心理韧性，学会忍耐种种缺憾和承受种种挫折。但容忍并不是无原则地放纵对方，而是双方都合理地谦让，减少婚姻矛盾。

2. 必须具备责任感

结婚意味着责任、义务和忠实，不能太情绪化。热恋中的恋人吵架后可能好几天互不搭理，但夫妻两个吵得再凶，即使动手打起来，如果对方生病了却不能不管，家务该干的还是要干，饭该做的还是要做，老人孩子不能弃之不顾，客人来了还是要客客气气地一起接待。这就是责任和义务。正如日本学者国分康孝说的："恋爱连孩子都会，结婚则非成年人不可。对于太幼稚的人来说，结婚是负担。结婚要讲伦理，负责任，要有很强的实际生活能力。"

3. 必须具有务实的精神

恋爱中的人可以摆脱一切虚荣与世故，不顾一切现实条件的束缚，达到某种程度上的超脱境界，洒脱奔放。可婚姻必须面对和接受社会现实：每天都要与"柴米油盐酱醋茶"打交道，要经常探望双方的父母，要关心孩子的成长与前途……婚姻生活实实在在、点点滴滴，日复一日、年复一年，离开务实精神如何应付呢？

这些不良结婚心理，需要及早抛弃

热恋中的男女，头脑常常是不清醒的。许多自认为信奉"爱情至上"的青年，结婚的动机其实并不是真正的爱，而是掺入了许多其他的因素。在这种情况下，不必要的离婚悲剧和家庭危机便频频上演。研究发现，常见的这类结婚动机有如下几种。

1. 出于同情

萧军和萧红是我国的文坛名家，他们的爱情纠葛为文人们所津津乐道。

萧军侠义心肠，毅然将萧红救出困境。后两人在一起的文字耕耘和生活中渐生情愫，结为夫妇。但他们彼此的性格并不适合做夫妻，后来长时间分居两地。萧红去世时，也没有看到萧军最后一眼。他们分手的原因有很多，或许其中一个原因是，他们之间的婚姻很大程度上可能建立在萧军对萧红的同情心之上，因而导致了最后的悲剧性结局。

富于正义感的人看到异性处于困境时，容易冲动地用婚姻去拯救，可结果往往是伤人又害己。同情心是可贵的，但不能作为婚姻的动机，这样是不会幸福的。

2. 报恩心理

伟最近感到非常痛苦，因为他发现自己的婚姻里没有爱。妻子是爱他的，可他对妻子至今未产生过真正爱的感觉。伟与妻子是一个单位的同事，当初她对他格外关心，经常主动给他打饭，还主动给他洗衣服，令他倍加感动。于是在报恩心理的驱使下，他接受了她的爱意，结为夫妻。可是他们的婚姻并不幸福。

报恩心理是和同情心理相对应的一种结婚心理动机，也是不可取的。

3. 为逃避不愉快的家庭

阿光的父亲喜欢喝酒，喝醉了就和阿光妈妈吵架，家里战火不断。阿光很讨厌这种家庭生活，经常借故不回家。他开始想早点结婚，摆脱这个战火弥漫的家。于是在朋友介绍下，结识了一个女孩，了解没几天就匆匆结婚。可婚后才发觉自己对妻子一点都不了解，两个人性格相差太远，战火比自己的父母还厉害。可是，后悔不也晚了吗？为逃避不愉快的家庭而匆匆结婚，耽误了一辈子的大事。

4. 一气之下的冲动

慧在毕业时收到男朋友的一封分手信，十分痛苦，也十分怨恨他。工作后，带着赌气情绪，她主动和单位的一位男同事接近，并结为夫妻。可婚后很多年里，她仍然放不下原来的男朋友，与丈夫过着同床异梦的生活。后来，她调动工作，和原男友不期而遇，多年的情愫再度迸发，引发双方家庭与婚姻的剧烈动荡。

由于爱情受了挫折，很多人为了赌气而匆匆与人结婚，以为这样可以忘记以前的恋人、洗去屈辱或伤害到那个负心人。殊不知，这种缺乏理智的结婚心理，不仅伤害了无辜人的感情，也可能就此了结了自己一生的幸福。

5. 屈从于外界的压力

华出生在干部家庭，读大学时自己谈了女朋友，漂亮聪慧又善良，他们感情很好。可是华的父母却极力反对，因为这个女孩家在农村，无权无势又没钱，跟华家没法比。他们给华找了一个"门当户对"者，全然不顾华的感受，并威胁说如不答应，就和他断绝亲子关系。慑于强大的家庭压力，华让步了，痛苦地和心爱的女友分手，极不情愿地和那个"千金"确定关系，不久后结婚。

门当户对又如何呢？无非是有钱有势，可这些不一定能换来发自内心的幸福感。华的懦弱使他失掉了真正的幸福。

6. 冲动心理

有个小伙子和一位姑娘互有好感，可是任凭姑娘怎么暗示和催促，他始终不肯和她明确关系。姑娘急了，就对另一位小伙抛起了媚眼。这下那个小伙可忍不住了，急匆匆和姑娘确定了关系，谈起了恋爱。

这就是一种冲动心理。就像买东西一样，当正在犹豫不决时，如果别人加入购买的行列中来，你就会赶紧买下来。但拿回家后，冷静下来一想，才发觉这个东西对自己可能没什么用。

性冲动也是一种促使结婚的冲动心理。有些男性，为了满足性欲望而匆匆与并不十分了解的女性结婚。婚后，性欲望满足了，可其他方面却可能暴露出不可弥合的矛盾和差异，可能导致婚姻失败。正如霭理士所言："婚姻不止是性爱的结合，这是我们常常忘却的一点。在真正理想的婚姻里，我们所发现的，不止是性爱的和谐，而是多方面的、与日俱增的协调发展，生育

子女的可能的合作场合，并且往往也是一个经济生活的单位集团。婚姻生活在其他方面越来越见融洽之后，性爱的成分反而越来越不显著。性爱的成分甚至会退居背后以至于完全消散。而建筑在相互信赖与相互效忠基础之上的婚姻还是一样的坚不可摧。”

7. 年龄偏大

小刘是一个漂亮、苗条又高学历的姑娘，工作很不错，家庭条件也好，所以对于对象的要求自然很高。看着同学或同事一个个踏入婚姻殿堂，她却还没有找到一个心满意足的对象，可标准仍然不肯降一点。熬到30岁出头了，她终于挺不住了，标准不得不一降再降，最后匆匆出嫁了，好歹结束了大龄单身生活，父母也松了口气。可这太过匆匆的婚姻怎么能好得起来呢？婚后不久，丈夫的各种缺陷让小刘无法忍受，虽然有车有房，可一点幸福感也没有。可这又有什么办法？如果离婚，不但大龄而且属于离异族，再婚不会舒服，单身过一辈子更承受不起，她不得不忍受婚姻的折磨。

8. 因恋人怀孕不得已而结婚

一些男性在性欲望的驱动下早尝了禁果，生米煮成了熟饭，并因不慎致使女友怀孕，你不娶她谁娶她？你不负责谁负责？至于性格、人品、学历、家庭条件等各种其他因素，已经容不得你细细考虑了。许多年轻人匆匆结婚就是出于这个原因。如果碰巧除了性生活和谐，其他方面也合得来，则算是幸运；若合不来，那只有慢慢品味自己酿的苦酒了。

新婚燕尔，调节心理安度磨合期

浪漫、痴迷的热恋之后，多数小恋人们就要进入婚姻的殿堂了。此时此刻，许多青年男女并没有做好充分的心理准备，即使已经恋爱多年，对对方非常了解，但结婚以后发生的许多出乎意料的事情仍然令他们难以应对。因

此，新婚夫妻需要正视双方的心理变化与冲突，并及时调适。

1. 心理失落感调适

热恋与婚姻是有很大差别的，一下子从无忧无虑的浪漫世界跌进了琐碎、操劳的现实生活，许多新婚夫妻，尤其是妻子，产生了心理失落感。许多新娘子抱怨：恋爱时，男朋友总是主动请求约会，到家门口接、送到家门口；会牢牢记住自己的生日和情人节，送上精心挑选的礼物，为自己唱歌跳舞，大献殷勤；闹矛盾的时候，不管谁对谁错，总是小心翼翼地赔不是……可结婚后，像变了个人似的，不像以前那么好了，原来婚前一直都在哄骗人。其实，并不是男方不好，更不是什么哄骗，只不过他认为，成了家就该养家立业，只卿卿我我怎么行呢？于是他将很大的精力给了工作与事业，自然不像以往那么殷勤了。另外，恋爱时双方都注意给对方以良好的印象，较少显露出弱点和不足。婚后，随着生活的深入和时间的推移，双方各自的弱点逐渐暴露出来，也容易出现感情的摩擦、引起心理失落。解决这个问题，最关键的是双方要互相理解和体贴，不要强迫别人按照自己的意愿行事；要正确理解并接纳恋爱和婚姻的正常差别，努力达成激情与琐碎生活的平衡。

2. 化解自由与责任的冲突

步入婚姻，必须负起应有的责任和义务。恋爱时虽然也需要负起一定的责任，但毕竟比较自由。比如，你把女朋友送回家后，还可以和其他好朋友一起去玩。结婚以后就不行了，如果丈夫经常要和朋友一起喝酒、打牌，把妻子抛在脑后，妻子当然不能接受。结婚前，女孩除了享受男朋友的殷勤，回到家还能享受爸爸妈妈的照顾，吃喝不愁。结婚以后，妻子通常在下班后还要做饭，如果下班后就躺在床上吃零食、看电视，全然想不到丈夫下班后的饥肠辘辘，矛盾就难免了。还有，如果你的爱人在家是排行最小的或是独生子女，在家时都是别人想着他（她），那他（她）的责任心多数要差一些，结婚后就不怎么懂得为别人着想，矛盾也可能要爆发出来。总之，结婚以后，双方都不能再“为所欲为”，要增强责任心，做一个像样的妻子或丈

夫，婚姻才可能持久、幸福。

3. 性格与生活习惯的磨合

新婚之后的一段时间是两个人的“磨合期”。性格需要磨合，生活习惯也需要磨合。生活是由许许多多具体的生活琐事所组成的。两个人的家庭出身、文化背景、性格特征都不尽相同，生活在一起难免要产生矛盾。比如，一方喜欢整洁而另一方常乱放东西；一方不修边幅而另一方有“洁癖”；一方节俭而另一方却大手大脚等。所以，许多新婚夫妇经常为鸡毛蒜皮的小事争吵，伤害了夫妻感情，破坏了家庭和谐，甚至会闹起离婚。婚后“磨合期”一般至少要半年至一年。这段时间内，夫妻双方要正确认识“磨合期”内矛盾的必然性，尽量站在对方的角度去看问题，欣赏优点的同时也要接纳对方的缺点。不要太固执，要学会容忍、变通，就像富兰克林说的：“结婚以前睁大你的双眼，结婚以后闭上你的一只眼睛。”

4. 化解性生活的不和谐

性生活是婚姻生活的重要组成部分。新婚夫妻一般都没有太多的经验，难免会配合得不和谐。女性容易对疼痛感到紧张、惧怕，但也对性生活充满期望；男性容易对自身的能力、对方的满意度感到紧张、有压力等，这些都会影响性生活的欢愉。新婚性生活的美满与否，会对以后的夫妻性生活心理和质量产生很大的影响。因此，要注意努力化解性生活中的问题。

男子性欲较强，在婚前就有强烈的从肉体上与自己心上人结合的愿望。新婚之夜，容易迫不及待地要与妻子性交，甚至作出粗鲁无礼的举动。在第一次性生活中男子几乎毫不例外地处于主动地位。女子不同，相当长的时间内，她们仅仅是陶醉在感情交流和心灵融合上，而对性生活，从心理上有羞涩感和紧张感，这不利于性生活的美满，双方应一起克服。

（1）排除羞涩感。由于受传统观念等因素的影响，即使是长时间热恋的情侣，初次性交双方也都会带有一定程度的羞涩感，而这种羞涩感女性又重于男性。丈夫应该主动通过动情的话语和爱抚打破这种羞涩的气氛，排除性

交前的心理障碍。

（2）克服紧张感。新婚夫妇初次性交，因缺乏性知识和性体验，不可能“无师自通”，在心理上很容易产生一种紧张感。性交不顺利或因处女膜的破裂而产生出血和疼痛，会进一步加强这种紧张感。双方要学会自我放松；丈夫动作要温柔体贴，不要粗鲁，这对于克服新婚妻子的紧张情绪很重要。

新婚夫妇如果初次性交顺利、和谐、欢愉，就会品味到新婚的幸福和甜蜜，甚为满足。如果不顺利或没有快感，就可能产生失望感。反复多次之后，就会影响美满婚姻的情感基础。新婚性生活不顺利是很正常的，新婚夫妇一般要经过3~4周之后才能有满意的性交。一时不顺利，不能抱怨妻子不行或丈夫无能，更不能就此灰心失望。双方应降低对初夜的期望值，不断总结经验、改进方法、密切配合，一定会很快达到满意的程度。

总之，婚姻不是爱情童话故事，也不是爱情的坟墓。它是生活的一个驿站，又是夫妻双方共同成长的过程。幸福美满的婚姻需要两个人共同创造。

第16章

新婚期的心理磨合：爱情在升温

现实中的婚姻生活是实实在在的，不像文学故事或影视剧里面所描绘的完美夫妻一样，它并不能使夫妻双方事事如愿。婚后的人要懂得相互谦让爱人，控制甚至牺牲自己的一些欲求或希望。

婚姻是婚姻，爱情是爱情

有一天，一位学生问老师什么是爱情？老师就让他先到麦田里去，摘一棵全麦田最大、最金黄的麦穗来，期间只能摘一次，并且只可向前走，不能回头。

学生于是按照老师说的去做了。结果他两手空空地走出了田地。

老师问他为什么摘不到？他说："因为只能摘一次，又不能走回头路，期间即使见到最大、最金黄的，因为不知前面是否有更好的，所以没有摘；走到前面时，又发觉总不及之前见到的好，原来最大、最金黄的麦穗早已错过了，于是我什么也没摘到。"

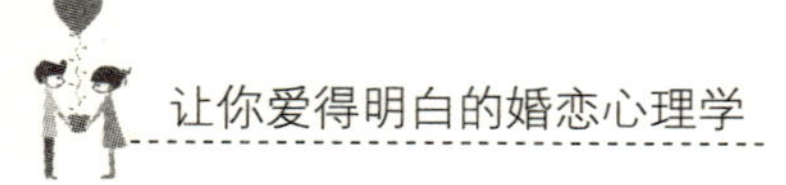

老师说："这就是'爱情'。"

又有一天，学生问他的老师什么是婚姻。他的老师就叫他先到树林里，砍下一棵全树林最大、最茂盛、最适合放在家作圣诞树的树。其间同样只能砍一次，以及同样只可以向前走，不能回头。

学生于是照着老师的话做。这一次，他带了一棵普普通通，不是很茂盛，也不算太差的树回来。老师问他，怎么带这棵普普通通的树回来，他说："有了上一次的经验，当我走到大半路程还两手空空时，看到这棵树也不太差，便砍下来，免得错过了后，最后又什么也带不出来。"

老师说："这就是婚姻！"

人生其实就像穿越麦田和树林，只能向前走一次，不能走回头路。要找到属于自己的最好的麦穗和大树，找到自己最理想的爱情与婚姻，何其难也！而且，爱情与婚姻往往是不能等同的：自己爱的人并不一定能和自己结婚，跟自己结婚的未必是自己爱的人。

在中国，传统上来说，爱情与婚姻是分开的，爱情与婚姻连在一起是近代的事情。在新中国成立以前甚至之后的一段时间内，婚姻通常都是由父母包办。大部分男人都是在揭开新娘子盖头时才第一次见到她的样子，对对方性格等各方面情况的了解也只来自于媒人的只言片语，何来爱情呢？可他们就那样结了婚，并生养儿女。不正是这些没有"爱情"的婚姻，给了我们现代人的生命吗？中国古代，孟子提出"男女授受不亲"，连牵手都不可以，可以看出，在当时，爱情在婚姻中是很不重要的。国外通常认为，在传统中国人的婚姻里爱情是不重要的，其实没错。现在流行的一句话是"婚姻是爱情的坟墓"，这正是人们对爱情和婚姻的不等同性的认知写照。

在现代的中国，爱情和婚姻的一致较以前有了很大改善。1994年在北京有一个抽样调查，结果正好有一半的人认为：自己最爱自己的妻子，妻子也最爱自己。在这一半的夫妻里，是有爱的，其次是"一般爱"、"不太爱"之类。可无论什么年代，爱情和婚姻的冲突是永远不会消失的。

爱情是心约，婚姻是契约

具备了结婚的心理素质是不够的，还必须充分认识和理解婚姻与爱情的冲突，只有这样才能更好地把握婚姻生活。

1. 爱情更多的是权利与享受，而婚姻更多的是责任，会减少情爱的感受性

在网上可以看到这样一个比喻：爱情就像闪电一样，而婚姻就是为这闪电付电费的。一般来说，爱情基本上是自由的，爱谁不爱谁是你的权利，但是结了婚就不一样了。如果说结婚前是在选择你所爱的人，那么结婚后更多的是你得去爱你所选择的这个人。人在一生中或许不止爱恋一个异性，但和其中一位结婚之后就要克制对其他异性的爱。英国哲学家罗素在《婚姻革命》一书中写道："毫无疑问，因为婚姻而拒绝来自他方的一切爱情，就意味着减少感受性、同情心以及和有价值的人接触的机会。"

2. 爱情是发展变化的，而婚姻是相对固定的法律契约

结婚一段时间之后，爱情的高峰过去，双方身上的弱点暴露得越来越多，彼此的新鲜感逐渐消失，爱情之花逐渐枯萎，具有法律契约性的婚姻就可能变为无爱的折磨，它不会消失，而是实实在在地存在着。

3. 爱情更多的是一种失重，而婚姻更多的是一种平衡

谈恋爱的时候，基本上处于一种失重状态，晕晕乎乎的，很多时候忘乎所以，什么话都敢说。而如果结婚后还总是处在失重状态，你的婚姻肯定长久不了。所以说婚姻更多的是一种平衡。有人说"恋爱期间人的智商都变得很低"，是很有道理的。结婚几年后，如果把你当初写的情书拿出来念给妻子听，或许她会诧异当初你怎么能说出那种肉麻的话来。

4. 爱情更多的是感觉，而婚姻更多的是事业

爱情更多的是两个人的感觉，想怎么感觉就怎么感觉，可以跟着感觉走；而婚姻是事业，你需要在婚姻里靠打拼活下去，要给彼此以及你们的孩

子、父母幸福，你必须去建设、去经营，靠感觉过不了日子。

5. 爱情更多的是两个人的私事，而婚姻是关涉到他人的公事

结婚之前，你想爱谁就爱谁，不爱了可以分手，闹矛盾了往往自己去处理，不会有父母、亲戚等其他人的切身利害关系。婚姻是关涉到其他人的，并且是在法律契约的层面上，必须对双方家人及自己的孩子负起一定的责任。

准备结婚的人应该有个清醒的认识：爱情可能是婚姻的基础，但不是婚姻的全部。婚姻中除了爱情的因素，还有经济的、生育的、责任义务的因素。不要对婚姻中的爱情过于苛求，要准备迎接现实的挑战。幸福的婚姻很多，但需要你去努力地经营，正如法国著名作家莫罗阿所说的：“婚姻本身（除了少数幸运或不幸的例外）无所谓好坏，成败全在于你。只有你自己才能答复你自己的问题，因为你在何种精神状态中准备结婚，只有你自己知道。‘婚姻不是一件已有定局的事，而是待你去做的事。’”

婚后男人心理VS婚后女人心理

婚后，夫妻虽然朝夕相处，但并未见得能够“知己知彼”。夫妻之间的心理差异不可忽视，了解这种差异有助于夫妻生活的和谐、美满。

1. 丈夫持家意识比较弱，妻子比较强

妻子的持家意识主要体现在两个方面：首先是亲自操持家务。大部分妻子在家总是忙个不停，一会儿洗衣服，一会儿做饭，吃完还收拾碗筷，然后又是擦地板。纵使现在越来越多的丈夫开始主动或被迫做家务了，妻子往往也不会闲着，定会对丈夫干过的活说三道四，或者干脆又把丈夫干过的活重新干一遍，结果挫伤了丈夫做家务的积极性。“干了半天最后还落了个不是，以后你就一个人干吧，我不干了”。操持家务应该是夫妻双方的义务，妻子应调动丈夫的积极性，即使丈夫笨手笨脚，也要耐心教导，所谓熟能生

巧嘛。其次，妻子的持家意识还体现在对家庭收支的管理上。妻子往往愿意掌管财政大权，尤其是在现在的农村，丈夫大多外出打工，妻子则在家全面照料家务与家庭财政。不过不管当家理财的是妻子还是丈夫，在遇到重大家庭支出时，最好由两个人共同决定。

2. 婚姻生活中，丈夫通常刚毅、精力充沛、有意志力、情绪强烈、易冲动，有时候还很暴躁。妻子则往往表现得温柔、细腻、内向、含蓄

日常生活中经常可以看到，当孩子因为淘气而惹爸爸生气的时候，爸爸会大声斥责孩子，甚至要打孩子，妻子则会赶紧出面护着，并细声细语地埋怨孩子两句，之后还会埋怨丈夫不疼孩子。其实，双方做得都不怎么对：妈妈不应该溺爱孩子，爸爸不应该动辄打骂，都应该对孩子晓之以理。妻子的情感比较细腻，想得比较多，遇到了什么问题或心里有什么不满不愿意说出来，往往憋在心里生闷气，给家人脸色看。这就更需要丈夫充分理解女性的心理特点，平时注意观察妻子的情绪，及时加以开导，给予关心和体贴。

3. 丈夫的情绪较为稳定，而妻子的情绪容易波动

无论在外面遇到高兴的事还是倒了霉，丈夫回家后都比较沉得住气，喜怒往往不溢于言表，不急于向妻子述说。而妻子则不然，遇到高兴的事回家就会喜形于色、手舞足蹈，会把事情从头到尾说一遍，甚至还会反复重复讲好几遍；遇到不高兴的事回家就会向丈夫大倒苦水乃至伤心落泪。

4. 丈夫自尊心比较强，而妻子虚荣心有些强

丈夫往往有意或无意地表现出男子汉的尊严，而妻子特别愿意别人欣赏自己的穿着、容貌或者夸奖自己的孩子、丈夫。比如，丈夫给妻子买了一件衣服回家，觉得实惠、耐穿也好看，妻子则可能觉得不漂亮，一点也穿不出去。这时候，妻子可能会把丈夫数落一顿，或者是让丈夫退掉，或者是满脸冰霜不理丈夫，或者是违心夸奖丈夫几句。妻子应当理解丈夫和自己之间的审美差异，更应当理解男人最需要尊严。如果满心欢喜买给妻子，而回家就遇到一盆冷水，丈夫会感到自尊受到了伤害。因此，最好的方法就是先夸奖丈夫几句，穿上转几圈，然后再温柔地跟丈夫说自己不是十分喜欢，但是丈夫买的就不一样了。

5. 丈夫有时候显得反应比较“笨拙”，而妻子敏感又喜欢联想

比如，妻子满心欢喜地穿上一件新衣服给丈夫看，丈夫却呆呆地说：“你穿这件衣服不好看，穿在你妹妹身上才好看呢！”说者无心，听者却有意。因为一句话，妻子心里会翻江倒海、联想起伏，认为丈夫看不上自己了，嫌弃自己了，于是好几天不理丈夫，或者在丈夫面前又哭又闹，而丈夫往往不知道是何缘故。这种事情多了之后，丈夫就会很反感，赌气少说话或干脆对妻子不加评论，夫妻之间的交流就会有问题了。在这种情况下，丈夫应该理解女性的心理特点，不要和妻子计较，妻子也应该理解男人的“言辞笨拙”，不要想得太多，许多矛盾就会不复存在了。

6. 丈夫遇事通常比较有主见，而妻子则容易受外界的影响，容易情绪化

比如，在买东西的时候，丈夫比较有主见，想买就买，不容易受外界干扰，即使买了之后发觉是伪劣产品也不会表现出很后悔的样子，认为无所谓。妻子则不同，买东西喜欢挑来拣去，或者和丈夫、同事或朋友商量，老拿不定主意，容易受他人左右。特别是买回一件东西，如果有人说不好，她们会感到后悔，而且在一段时间内耿耿于怀。因此，在处理一些事情上，妻子最好能多听取丈夫的建议，丈夫也要多理解妻子的“一日三变”，尽力给妻子当好参谋、帮助妻子拿主意。

7. 丈夫胸襟比较豁达，而妻子度量狭小，遇事往往想不开

妻子在家中用她那双灵巧的手料理全家的生活，细心周到。可是这种细致的心理特点，往往也表现为度量狭小。如果妻子遇到什么不顺心的事，会在一段时间里放不下，一想起来就会唠叨，甚至会无缘无故地冲着丈夫发无名火。这时候，丈夫最好对妻子采取忍让的态度，并适时加以劝导，如果丈夫针锋相对，结果只会引火烧身。

以上所列述的夫妻心理差异只是些共性的，当然可以因人而异。无论具

体差异如何，夫妻双方都应该懂得互相取长补短，促进夫妻生活的美满。

婚前能够海誓山盟，婚后未必知己知彼

在一项婚后男女心理特征的调查中，男性有诸多值得肯定的方面，但所占比例各不相同，比如90%的男性对爱情专一，80%男性关心妻子遇到的困难，70%有事同妻子商量，69%生活上关心妻子，56%能注意妻子感情需要，52%主动干家务，41%较节省，38%经常鼓励和安慰妻子。

但也有许多应该否定的方面，并且调查得分高于女性，比如有感情转移或第三者介入的男性所占比例是女性的5.5倍，喜新厌旧者为女性的3.6倍，不主动干家务者为女性的3倍，自私、遇到困难抱怨妻子、不注意配偶感情需要、有事独断专行、花钱大手大脚者为女性的1.6~2倍。调查结果说明，部分男性在婚前为了追求女性而通常卖力表现，而婚后达到了追求目的，逐渐放松了对自己的要求，表现不佳，令妻子失望。

调查中发现，婚后女性在注意爱人感情需要、生活上关心爱人、处理家务、生活较节俭、对爱情专一、有事同爱人商量、经常鼓励安慰爱人等家庭生活方面优于男性。不足之处是女性在家中爱使性子、耍脾气。调查还发现，女性对婚姻的失望程度普遍高于男性，比如，数量3倍于男性的女性感觉爱人在婚后由完美变为平庸，2倍于男性的女性认为婚姻是爱情的坟墓，同样2倍于男性的女性认为婚后生活由婚前浪漫变为平淡无味。这表明，女性在婚前期望值和对婚姻的理想化程度方面高于男性，因此失望程度自然也高于男性。

丈夫比不了爸爸，妻子比不了妈妈

结婚前，女性可能希望自己的恋人结婚后能够像自己的爸爸一样，无论

自己怎么任性无理，他都能容忍；无论自己怎么啰唆，他都能微笑地倾听；无论自己怎么对他不好，他依然对自己疼爱有加。婚前的男性则可能希望以后的妻子像妈妈一样给自己做饭、收拾碗筷、洗衣服，给自己里里外外打理事情。然而，结婚后，他们就会发现情况通常并非如自己想象得那么美，丈夫比不了爸爸，妻子也不是妈妈，因而容易产生不满。

男女结了婚就有了自己独立的家庭，虽说双方父母也会操些心，但主要靠小夫妻自己去工作、生活。双方必须相互关爱、相互理解、相互包容、共同奋斗，才能经营出一个幸福的家。男女在准备结婚前就应该交流各自对对方的角色期待，对未来的婚姻生活样态有一定的心理准备。

婚前浪漫风花雪月，婚后现实柴米盐醋

据调查，现在许多家庭的家务是由夫妻双方共同分担的，但大部分情况下，丈夫做饭、刷碗、洗衣、扫地都是出于无奈。比如，有一位常在食堂吃饭的男教师，渴望结婚后妻子每天给他做饭、洗衣，自己可以告别食堂，吃上可口的家常饭，还可以每天换上干净的衣服。可是结婚后，情况恰恰相反，自己要给妻子做饭，还要洗妻子的衣服，心里很是不平衡：“早知如此，何必当初！”

调查显示，实际上现在仍然是妻子担负了大部分的家务活。她们白天在单位工作，晚上回家还要买菜做饭，有了孩子之后还要照料孩子，双重负担往往会造成她们的心理压力。丈夫应该体贴妻子，放下大男子主义，主动分担妻子的负担。

1. 生活是第一位的，爱好是第二位的

大部分妻子都喜欢逛街，而丈夫往往一听逛街就腿软，一进商店就头疼。也许是丈夫工作太过劳累，更可能天生不是逛街的料。因此，妻子不要强求丈夫，即使勉强去了也只会扫妻子的兴。丈夫可能喜欢下棋、打球、钓

鱼，可妻子通常对这些不感兴趣，又或许还得陪孩子练琴，因此不得不放下自己的爱好。强压爱好时间长了，就会导致心理不平衡，影响婚姻幸福。

2. 相敬如宾举案齐眉，要理解不要抱怨

在我国传统文化的熏陶之下，男人们都不喜欢将温柔、细腻的一面表露出来。在朋友面前对妻子可能会故意粗声粗气的，否则怕别人嘲笑自己不像个男子汉。妻子这时候要了解男人的这种心理，不要当着外人面和丈夫计较，等朋友走了再理论也不迟。奇怪的是，如果丈夫对妻子太依从和温柔，妻子也会不满，认为自己的男人缺乏阳刚之气。因此，妻子常陷于自我烦恼之中，要么觉得丈夫对自己太冷淡，要么觉得丈夫太女人气。

求爱的时候，男性都非常浪漫，而且温柔有加，对女朋友百依百顺，也将她们推进了不现实的想象王国。所以结婚后，当男人恢复而且必须恢复理性的时候，妻子们就感到委屈了，认为丈夫“恢复了本来面目”，自己上了他的当。丈夫则认为妻子很烦人，自己辛辛苦苦工作养家，累得不行，回家还老是遭埋怨，因此也满腹不满。这样下去，婚姻如何能幸福呢？

这时候，妻子应该多理解丈夫、理解生活，结婚和恋爱毕竟是有区别的，实实在在的家庭生活肯定不会像当初热恋时那么美好浪漫。有了家，男人们必须牺牲掉缠绵与温存去打拼养家，妻子应该关心、支持丈夫，而不是一味要求当初的浪漫。

3. 克制欲望，性生活要低调

性生活是婚姻的主要组成部分之一，和谐的性生活能够促进夫妻感情、婚姻幸福。但不要以为结了婚，就可以随便发泄性欲望，也要懂得克制。比如在妻子怀孕、一方身体不适、暂时出差外地、长期分离两地甚至一方去世的情况下，必须控制自己的性欲望。或者是由于外来原因、夫妻吵架等导致一方心情不好，不愿意过性生活的时候，另一方也要克制欲望，不可以“霸王硬上弓”。

4. 成功的男人背后站着一位好女人

结婚后，女性会因为做家务、生育而耗去大量的时间、精力，并会因此

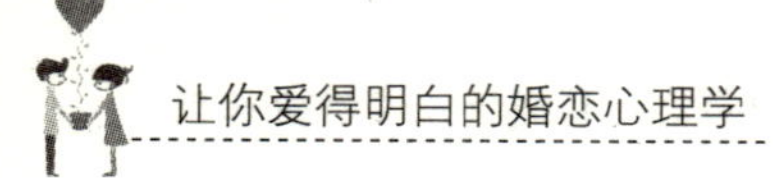

导致工作上没有成绩。丈夫却可以一直专心工作，容易出成绩，同时会因此而没有很多时间体贴妻子，妻子于是便会很不满了。

比如，小刘和小冷是大学同学，两人又同时获得了硕士学位，对前途充满憧憬。结婚后，丈夫小冷到了一家研究所，成果斐然，很快升为主任研究员。而同样高学历的妻子小刘却到一个私企任职，后来由于生育和抚养幼子耽误了工作，一直没有什么事业成就。丈夫又忙于工作而疏于照顾，她就非常不满，经常和丈夫闹矛盾。

这种情况下，丈夫应该理解妻子的苦衷，工作再忙也要多拿出点时间来陪妻子，常给妻子点惊喜；而妻子呢，也应该多体谅丈夫，工作忙是为了养家，孩子是两个人爱的结晶，既有努力的丈夫又有可爱的孩子，不应该感到幸福吗？

5. 取长补短，夫妻共商育儿大计

许多夫妻会在孩子的教育问题上起争执。孩子考试不及格，丈夫会斥责甚至打孩子，妻子则护着孩子，和丈夫吵闹。不久孩子出去玩去了，夫妻两个却还战得正酣。又或者，妻子指责做错事的孩子，丈夫往往将矛头指向妻子：“还说孩子，先管好自己吧。不都是你宠的吗？”于是两人开战。

教育孩子的时候，夫妻两个都喜欢按照自己的意愿来，从而燃起战火。这样不仅不能教育好孩子，还会给孩子造成心理阴影。正确的做法是夫妻共同商议育儿大计、取长补短、互相忍让，即使忍不住要争执，也不要当着孩子的面。

6. 以家为中心，圆融处理社交活动

喜欢社交的人结婚后可能感到很压抑，因为与同性朋友的往来不能像婚前那么自由了，与异性朋友的交往更得注意分寸。不喜欢社交的人也可能会感到不舒服，因为逢年过节不得不硬着头皮去应酬爱人的亲戚朋友。

有位新婚不久的妻子，不喜欢应酬，可丈夫家人来探望的时候又不得不在一边陪着，说些有心没心的无聊话，如坐针毡。她不无感触地说：“恋爱

的时候多好啊，两人世界很浪漫，可是结婚后不仅嫁给了他，还嫁给了他们全家人。”不论男女，结婚后主要精力就投入家庭中了，对社交活动肯定有所限制。男女双方要互相尊重体谅对方，把握好社交的频度和分寸，不能因为社交活动而影响双方的感情和正常的家庭生活。

第17章

琴瑟和鸣，两性性爱心理探趣

男人性爱通常怎么想

1. 喜欢有自信心的女人

男子通常都喜欢与其有共同品质的女人。绝大多数男人都认为，自信心强的女人对他们感染力更强，所以妻子在丈夫面前不要有意“降低自己”。

2. 不愿被当作孩子对待

孩童时观察母亲操劳，女人学会了喂养孩子、无私地奉献、注意他人的要求。当和一个男人共结连理，她会下意识地照此去做。最初男人需要这种关心，但是，女人扮演母亲的角色越是热心，丈夫对待她就越像是对待自己的母亲，难以用情爱的方式去回报。女人不要把丈夫当孩子，而应把丈夫当作一个有能力的可信赖的朋友。

3. 感情受压抑时常通过性来解脱

男人都不愿承认自己的软弱，常常把性作为发泄抑郁情绪的手段。在男人感到恐惧、失望、紧张时，都希望有个忠实的伴侣在身边，所以性是他们重新获得信心和感到宽慰的有效方法。在这种时候，丈夫虽然在生理上得到发泄，但并未消除内在的紧张感，妻子则通常会感到受了侮辱，感觉自己是专供丈夫发泄怒气的工具。妻子应想办法与丈夫共同分担压力，让他有安全感，把心里话说出来。这样夫妻两人才会感到更亲密，随之而来的性生活也会更动情难忘。

4. 房事前后判若两人

房事前，男人通常热情高涨、温存有加、甜言蜜语不绝于耳，可房事后，他们倒头便睡。这是由于对多数男人来说，强有力的自我形象至关重要，而完全丢掉防卫意识是一种心理威胁；性生活是男人完全自由表达感情的体验，但事完之后，他们必须回归身负重担的现实，不然妻子会倍感冷落。

5. 注重性本身

在性爱中，男女的享受点有差别。女人注重体验温情，男人则陶醉于性刺激与快感。于是，女人常抱怨丈夫只注意性，把她当作工具，而男人则埋怨妻子性冷淡。要解决这个矛盾，夫妻可以尝试调换角色，男人谈爱的感受，女人竭力去体验性的快感。这样双方能增进相互理解。

性爱中男人喜欢做些什么

1. 做爱关灯

一般来说，男人大都喜欢亮着灯做爱，因为他们喜欢视觉刺激。但偏有些男人不喜欢开灯。这多数是因为他们怕兴奋过度，关灯去除视觉刺激，可以自我控制推进速度。

2. 任由女方摆布

有些男性做爱时喜欢躺着不动，任由女方摆布。一方面可能是因为肚子太大，其他姿势不舒服，另一方面可能意味着他有恋母情结。

3. 喜欢拍女方臀部

有些男性做爱时有拍打女方屁股的习惯。这表明他专攻女方身体上催生性兴奋的头号刺激点，有试探性爱的态度。这种男人有演变为虐待狂的可能。

4. 性爱中必须主动

这类男人害怕被女人控制，害怕产生一无是处的感觉。他只喜欢且只能接受做性爱的主人。

5. 喜欢强暴式做爱

强奸者大多是思想古板、头脑简单的人，而且对自己没有信心。有时在性事中呈现强暴式做爱倾向，是宣泄侵略野心、掩饰自卑心理的一种方式。

6. 频繁换地方做爱

做爱时频繁转换地方，比如由浴缸到露台，再转到客厅，然后返回睡房，可能会促进双方的性乐趣，但这表明男方内心很不安，怕满足不了女方的要求，担心女方对他失望。

7. 穿着整齐去做爱

做爱时，女性光着身子，有的男性却喜欢穿戴整齐。这说明他可能有只要对方奉献、自己一毛不拔的心态。这种男性可能对女性有极强的占有欲，要把她们的人性剔除，将她们变成性爱工具，心态近乎虐待狂。

8. 喜欢肛交

尝试肛交的男人十有三四。肛交不是性变态，也并不表示他一定有同性恋倾向，多数是表示他可能喜欢不寻常地挑战习惯，或表示对对方无限的

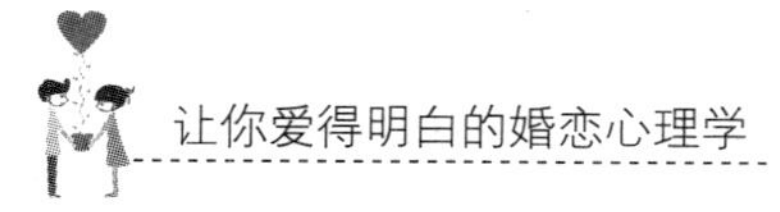

爱，又或是只是想尝试一些较激烈的动作。

9. 自慰的习惯

男人当着女人面自慰，女人会想，可能是自己不能满足他的需要，所以他才自慰。她会感到内疚。女人总认为男人这些习惯是很私人的，不会让她知道。以夫妇相处之道来说，女方应容许这些习惯存在，表示女方的宽容。

10. 喜欢在危险地方做爱

有些男人喜欢在可能被人发现的地方做爱。比如，坚持在街角或电话亭内做爱，并且觉得可以从中得到无穷乐趣。这种男性喜欢挑战条规，也可能说明他有暴露癖的倾向。

11. 爱寻奇异性刺激

有些男人需要一些较强的刺激来燃起性欲。例如，看黄色电影。这可能是因为女方难以满足其性欲。还有的男人甚至要求自己的女人跟另一个男人做爱，自己充当旁观者，从而获得性刺激。这就是性变态的表现了。

女人因何有性与爱的心理冲突

日常生活中常有些女性相信：女人要的是爱，而男人要的只是性。一般来说，处于人生两个阶段的女性最容易产生这种认识。第一个阶段是从情窦初开直到婚前恋爱期。这时的女性最容易崇拜和追求充满浪漫色彩的精神型情爱，如果发觉男友具有性的意图或目的，就会非常失望，感到自尊心受了伤害，甚至“看破红尘”。还有一些女性体验到自己的性冲动和性饥渴之后，感到羞耻或自卑，觉得这会损害自己的纯情，玷污自己追求的浪漫爱情。第二个阶段是结婚一段时间之后，有些女性由于种种原因出现了性生活不和谐，甚至厌倦性生活。她们又会觉得性生活是多余的，是自己单方面做牺牲，因此更加留恋和寻求曾有过或不曾有过的浪漫爱情。

这两个阶段的女性心理都有一个共同特征，就是把自身的性与爱看成是矛盾对立的，甚至是不可兼得的。这种认识往往潜伏在女性的内心深处，不遇到具体的事，连自己也很难察觉。凡是把性与爱看成矛盾的女性，一般都会出现某种程度的性生活不和谐，都会强烈地需求脱离性实践的、非常虚无飘渺的梦幻式情爱。相当多的女性不明白其中的原因，误以为这种需求是情趣高尚纯洁的表现，结果往往造成婚前婚后的感情危机，严重的还会形成癔病型人格，不利于身心健康。

其实，无论从生理上、心理上，还是从社会角度来看，性与爱的相互关系在男女之间虽然有差异，但对女性本身来说却是一致的。

首先，从个人成长史来看，性与爱是共同产生并相互推动的。青春期到来之际，不仅性器官和内分泌系统在发育变化，大脑皮层中的性控制区与情感控制区也在一同发育成熟，民间说“发身才懂情事”就是这个道理。青春少女对纯洁爱情的梦幻中，一般虽无具体性生活的景象，却包含着大量的性象征、性暗示和性躁动；而不论女性以何种方式出现性亢奋或性行为，其心理感受和效应，与爱情的满足实在是没有本质区别。性发育不良的女性一般很难有爱的激情，而爱心不足的女性也很难投入实际的性活动。两者实际上缺一不可。

其次，女性在性活动中和恋爱中所寻求的身心目标也是一致的、相互促进的。女性性高潮所带来的身心体验，往往就是少女时节纯洁情梦中所能达到的最高境界，因此大多数女性才会在婚后越来越喜欢和依赖规律的性生活。尽管多数未婚女性都强调没有爱情自己不会投入性生活，但多数妻子也认为：没有和谐的性生活，爱情就无从谈起。尽管许多女性是爱到一定程度才开始性生活，但也有不少女性则是在美好性生活推动下才产生或感受到爱。当然，更多的女性是性与爱相互推动。可以说，具有性与爱的妻子不一定必然幸福，但两者缺一的女性却肯定不够幸福。

对于绝大多数把性与爱视为矛盾的女性来说，问题的根源不在于她们把爱情看得过高过重，而在于她们把性看得太低太轻。中国封建社会晚期对性严厉禁锢，却允许一定程度地“言情”，因此，即使反封建的五四运动也只得首先以要求爱情为旗帜和武器，对性问题谈得较少，更没有深入女性性权利的层次上来。近年来，女性虽理所当然地首先呼吁和寻求爱情，但对自身性存在与性权利的认识同样也没有跟上来。这种文化倾向不自觉地把性与爱人为地割裂，使相当多有文化的女性误认为爱情绝对美好、性事绝对丑恶。她们越是不懈地追求爱情，就越是不自觉地贬低和压抑自己的性存在。

在一个理想的婚姻或理想的社会里，无论把爱情的地位和作用提到多高也不算过分，但是与此同时也必须把女性的性需求和性权利提高到同等地位，尤其需要尽一切努力使性与爱相互促进共同发展。如果仅仅在爱情方面“单项突出”，就是自己破坏了自己身心本来就有的内在统一和一致，很容易造成自寻烦恼甚至自我摧残，反过来又会严重削弱甚至毁掉已有或将有的爱情。正是从这个意义上来说，女性寻求和坚持自己的性权利，不但不是忽视或降低情爱，反而是在追求美好爱情的道路上获得了全面的推动力。这就是我们当前应看重提倡女性性权利的基本理由之一。

女性朋友对此冲突大可放心，这是正常现象。

性爱中女性的共同性心理

女性性爱中的性心理微妙而难以捉摸，即使是朝夕相伴的丈夫，也难以完全明了。然而，女性在性爱过程中往往有意无意地表现出一些共同的性心理现象。

1. 激发性爱的因素

丈夫的贴心关怀能激发女性性爱的快感和满足感。女性常担心自己魅力渐失而失去丈夫的爱。所以，丈夫的关怀体贴自然是对妻子最好的抚慰，从中妻子可以品味到爱的温暖、温馨以及自己的“魅力不减当年”。如此，妻子就会把自己的一切献给丈夫作为一种回报，期待着与丈夫共度性生活中那

震撼人心的时刻，性爱中的满足感自然也更加强烈。

性交前的真诚交谈，更能刺激女性的性欲。丈夫柔情蜜意的话语能让妻子倍感温暖，舒心惬意的交谈能够加强随后的性体验。尤其对于那些忙于工作、家务和子女的女性，和丈夫的交谈其实就是一种性满足。可是，很多丈夫粗心大意，经常忽略这一点。

2. 性爱的整体感

男人是为了做爱而做爱，达到了性高潮也就得到了满足。与此不同，女性对性爱要求一种整体的感受，做爱只是其中一个重要的组成部分而已。她们最大的心愿是被人爱。这里的爱当然远不止做爱。如果丈夫平时对待她的行为、态度不够好，即使是无意的，使她感觉到没有被好好地爱，那么她在性交过程中的反应就会比较消极。把生活中的小事和性爱联系在一起，就是女性的性爱整体感。

3. 性生活的配合

女性不喜欢开门见山的性爱，她们渴望得到丈夫的关怀爱抚。温柔或是热烈的拥抱、抚摸、接吻等等，都会让她们激情奔放，甜美的性爱也就水到渠成，且性高潮会很快到来。高潮之后，她们的性快感消失得缓慢，所以希望继续得到男人的温存与爱抚。丈夫此时应该理解和配合妻子，不要完事就酣然入梦，那样会伤害妻子的心。

男“挑”女“逗”，发出性爱信号

在夫妻生活中，性生活偶尔或时常的不协调是很常见的，这就需要性生活的调适。

性生活的调适主要体现在性生活的心理准备上。总的来说，夫妻双方应了解在什么情况下容易唤起对方的性爱欲望，以及怎么才能使对方和自己同

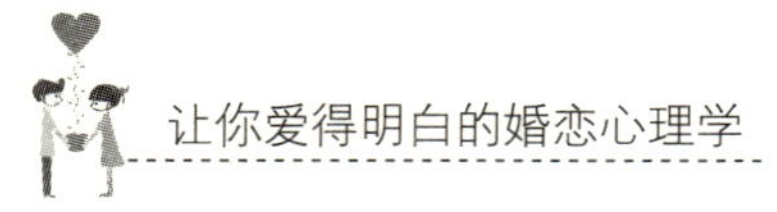

步做好准备。

那么首先，在什么情况下才容易唤起对方的性爱欲望呢？下面是几条共同的规律：

（1）身体健康时。健康的身体和情绪容易使人精神振奋。

（2）心情欢畅时。生活或工作上有了喜事，或者对方做了特别讨人欢心的事时，心情就舒畅，也就容易产生性要求。

（3）受到外界刺激时。如共同欣赏电影、电视中的某些缠绵镜头时，双方就容易产生性冲动。

（4）天气舒爽时。酷暑或寒冬必然影响人的性欲望。

（5）环境安逸时。如果窗户外面人声嘈杂、汽车轰隆，烦都烦死了，哪来的心情做爱？

其次，怎样使配偶的准备行为和自己同步呢？这里面有一个如何发出性信号的问题。性信号一般是通过语言和非语言动作发出的。

（1）语言动作，包括直接和间接两种：直接的语言动作比较明确，间接的语言动作包括语言和暗示等。比如催促对方早点上床睡觉以作暗示，或者和配偶进行一些关于性的对话，以激发对方的性欲。

（2）非语言动作，多表现为接吻、拥抱、抚摩等亲昵动作。“哑语”其实是夫妻之间最好的性欲望表达方式，也是普遍使用的方式。“哑语”可以巧妙地表达性愿望，又不会因遭受拒绝而伤害自尊心。男性可常常先使用“哑语”，比如，下班后给妻子带回来一束鲜花或一件精巧的小礼物，或者帮助妻子洗洗餐具等，使妻子明白自己的用意。

夫妻性生活中的三大心理潜规则

心理因素与性生活的和谐有密切关系，双方遵守夫妻性生活心理卫生原则，对保持夫妻和谐的性生活有十分重要的意义。

1. 原则一：宽容

夫妻性生活中，一方不满意或双方都不满意的情况很常见，不必大惊小怪，切不可为此争吵、抱怨甚至怀疑、侮辱对方。这样只会增加双方的心理负担，使情况更糟糕。夫妻双方应该互相宽容、主动配合、积极纠正，性生活很快就会得到改善。

2. 原则二：坦诚

不论丈夫还是妻子，不论什么年龄阶段，有性要求与性行为就像人有食欲一样，是非常正常的，也是婚姻生活中不可缺少的内容。对此双方应坦诚，不必回避，更不用感到羞耻。

3. 原则三：平等

性生活没有“男尊女卑”。不管男方还是女方，地位是平等的，都有表达和要求满足性欲的权力，均可采取主动。但也必须认识到男女性反应生理和心理的现实差异，要相互理解和配合。

一厢情愿的两性性爱误区

1. 误区一：性迁就

李小姐从小被家人溺爱，脾气有些被惯坏了。工作以后，同事们都知道她的性格，也尽量少惹她，更加助长了她的大小姐脾气。她看上了厂里的工程师张先生，首要的一条就是张先生脾气好、能迁就她。结婚后，张先生在性生活方面也是尽量迁就她，尽量使她满意。她希望他在每次做爱前尽量延长事前调情及抚摸的时间，要求他不要这么快射精，他都尽量做到；经过长时间的调情及抚摸，他已经迫不及待地要求进入性交阶段，但她还是坚持要他再等待，他也尽量忍着。时间久了，他觉得非常单调乏味、疲倦厌烦，渐渐地对性生活失去了兴趣。尽管还是尽量使李小姐满意，但看得出是很勉强的。由于丈夫对性生活的兴趣不大，使得妻子对性生活的兴趣也减少。最后，他们好几个星期才过一次性生活。李小姐开始怀疑丈夫在外面有了外遇，但经过一番侦察，也没有发现什么线索。后来，听从女友们的劝告，她开始找心理医生咨询。

希望丈夫在每次性生活中都迁就自己是不现实和不公平的，认为丈夫应该迁就自己是一种误区。丈夫不是机器，心理及生理状态时刻都在变化，即使再迁就妻子的丈夫，有时也会想用自己喜欢的方式过性生活，妻子应当理解。夫妻之间在性生活中互相迁就，才能保持性生活的和谐。

2. 误区二：考虑了她的感受

王先生和张小姐是同班同学，两人大学期间就确定了恋爱关系。那时的王先生聪明好学，人又热情，是她心中的“白马王子”。他们最终成了眷属。但婚后不久，张小姐对王先生的印象就彻底转变了，“白马王子”成了“自私、无情的人”。为什么会这样呢？原来在做爱过程中，她很照顾丈夫的情绪，很注意弄清楚丈夫的意图和心态。当丈夫上床后与她紧紧拥抱时，不出十分钟，阴茎就会勃起。她很清楚地意识到丈夫的性欲已经唤起，有了性交的欲望。她就积极地配合丈夫，尽量使丈夫满意。她觉得丈夫也应当和她一样，很清楚自己的性愿望和性欲状况，积极配合。但丈夫常常在她还没有性交欲望时，就已开始性交。她觉得丈夫完全不考虑妻子的感受，自私、无情。对此，王先生觉得很委屈，因为他觉得自己在性生活过程中的每一个阶段，都是在确信妻子没有反对的情况下，才进行下一步的。比如在性生活中，他先与妻子调情，待妻子的阴道已经湿润后才进行性交，妻子也不反对。他觉得已经很照顾妻子的感受了，为什么还被说成“自私、无情”呢？

上面的例子中，与其说丈夫无情，还不如说他无知。自以为了解妻子的性反应，其实总是从自己的感觉出发，对妻子的性反应与性感受一无所知，因此作出了错误的推测。比如关于阴道湿润的问题，一个正常女性在受性刺激后的10~30秒内就会出现阴道湿润。这只能作为早期性欲唤起的标志，并不

代表已经做好了性交准备。再比如“妻子没有反对”的问题，很多女性不愿用语言来表达自己的性感受，也不愿意向丈夫表明自己的性要求，或者其性要求本来就很含糊，因而不反对，但并不代表同意性交。丈夫要了解女性的这些特点，真正弄明白妻子的性感受，才能做到性和谐。

3. 误区三：性屈从以讨好丈夫

刘先生自创了一家公司，这几年业务有了很大发展，挣了很多钱，家里搞得很气派。大家都羡慕刘太太，说她有福气、有眼光。可是，刘太太真的幸福吗？

结婚以后，刘太太觉得丈夫处处比自己强，因此小心翼翼侍候丈夫，生怕丈夫对自己有什么不满。这几年，丈夫有了钱，名气也有了，再加上经常耳闻有钱人包二奶的故事，刘太太更加诚惶诚恐、惴惴不安。她与丈夫过性生活时，有很多担心。她觉得丈夫在过性生活前用于夫妻调情的时间太短了，很想把这种心情告诉丈夫或者明确提出延长要求，但担心丈夫不满甚至拒绝。她已经很久没有达到性高潮了，但是也不敢告诉丈夫。更甚者，她有时假装达到性高潮来讨好丈夫。

例子中的这位太太充满着被丈夫抛弃的恐惧，压抑自己的性要求，被动地让丈夫独自掌握性控制权，也就是说她总是处于一种性屈从状态。这样真的就能讨好丈夫吗？恰恰相反，她这样做可能给丈夫性冷淡、性生活乏味枯燥的感觉，觉得她没有情调，从而更容易出去找别的女人。

4. 误区四：性生活是丈夫的责任

杨女士的爸爸特别能干，大事小事都是爸爸做主，里里外外都是一把好手。杨女士都工作了，回家还让爸爸给她洗衣服。在她的心目中，爸爸是世界上最好的男人。她在找对象的时候，自然而然地要找一个像她爸爸那么能干的人。与先生结婚后，她觉得先生其他方面都挺不错，就是在性生活方面总是不能使她满意。因为她觉得，结婚两年了，丈夫一点都不懂得关心自己，以致两年来自己从来没有达到过性高潮，丈夫却浑然不知。

杨女士的丈夫也有一堆苦衷，说妻子平时一点主见都没有，家里大小问题都要丈夫出主意，性生活也不例外，也希望丈夫一包到底，可这不是单方面想包就能包好的。

例子中的杨女士有“恋父”情结，希望丈夫像父亲一样能干，一切统统交给丈夫做主，连性生活也成了他的责任。她不去关心自己的性反应，对自己的性要求不了解，只是被动地等待丈夫解决问题。这种想法和做法是错误的。要知道，性生活的和谐美满必须靠两个人的共同努力，女性也要发挥自己的性潜能，认识和提出自己的性需求，在性生活中掌握一定的自主性。那位杨女士没有主动地去争取性愉悦，也是负有责任的。

心有灵犀一点通，和谐性爱两相悦

性生活过程中，夫妻表现出许多复杂的心理活动，使性行为有明确的选择性和指向性，并且能预见到性行为可能产生的后果。夫妻之间通过性生活进一步增加相互之间的感情，使爱情巩固和发展。

研究表明，夫妻对婚姻的满足程度与获得性满足的水平息息相关。性生活不美满，夫妻很难感到婚姻的幸福；反过来，夫妻婚姻关系不好，也很难获得满意的性生活。

那么，夫妻怎样才能达到性满足呢？性满足受哪些心理条件的影响呢？

1. 保持性吸引力

夫妻要相互保持性吸引力，需做的事情很多，比如性接触不要过于频繁，要适度分床而居，提高性敏锐度；夫妻都要保持肌肤和内衣清洁；不随便在配偶面前赤身裸体；双方尽量表现自己的积极品质、克服消极品质等。

2. 从爱情出发

有爱情基础的夫妻性生活才是美满的性生活，才能让双方尤其是女方感

觉到愉悦。没有爱情的性生活是不可能得到心灵和肉体的满足的，而仅仅是一种性欲的发泄。性行为在本质上是一种心理现象，如果心理不平衡，有恐惧、担心、紧张、忧虑、厌恶、气恼等不良情绪，性交满意度必然受到影响。

3. 体谅和配合

夫妻双方的性要求往往是有差异的，对性愉快、性交频率、性偏好等问题的认知也不完全一致。夫妻不要苛求对方符合自己的意愿，而应相互体谅，否则难以获得性满足。“存异”的同时，更应该“求同”，双方应互相学习、主动交流，使性认识一致，以便更容易获得性满足。

4. 经常的“爱情表达”

夫妻之间经常进行“爱情表达”，是维持性吸引力、获得性满足的一个好方法。爱情表达必须是真诚的，可以直接说“我爱你”，也可以通过亲吻和爱抚等非语言行为进行。真诚的爱情表达能体现内心的快乐感，象征了性欢乐和爱的联系，使夫妻性生活自然、热烈而和谐。

高品位性心理，高品质性生活

夫妻性生活和谐与否，与双方的感情状态、性经验及默契合作等几个因素密切相关。性生活和谐，夫妻感情才能融洽、家庭才能和睦；不和谐的性生活会引起夫妻双方性功能障碍，造成感情破裂，甚至导致离婚悲剧。

和谐性生活如此重要，有几个必备条件必须注意。

1. 身体健康，精神良好

性生活是高强度的身体运动，伴随心率增快、血压升高、呼吸急促、肌肉运动等生理变化，大量消耗热能，因而必须有健康的身体；性生活又是一个复杂的心理过程，故而离不开良好的精神状态。身体欠佳或精神不振时，

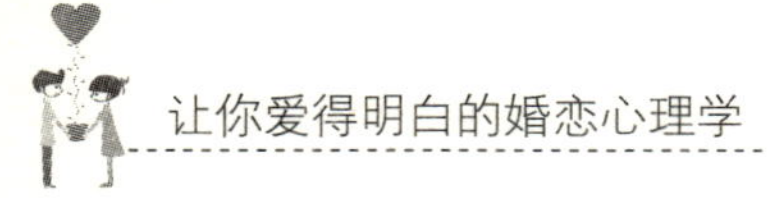

性功能极易出现障碍，难以获得和谐的性生活。

2. 掌握规律，相互体贴

通常，女性的性冲动处于潜伏状态，男性应主动调动女性性欲，做好性交前的爱抚准备。男性要轻柔抚摸女性阴蒂、乳房、乳头等性敏感区，充分利用视觉、听觉、触觉，多方面激发女性性欲，待女性有性交要求后再进行，使男女能够同时或相继达到性高潮。男性射精后不应倒头就睡，要继续拥抱女性一段时间，充分爱抚、相互交谈，使女性获得心理满足。

3. 夫妻爱情牢固

夫妻爱情新鲜、感情牢固，是性生活和谐的先决条件；必须建立有道德原则的两性关系，才能促进性生活的和谐。夫妻双方是有个体差异的，如年龄、职业、体质、气质、文化水平、性格、思想意识、行为特点以及性意识、性反应等，都可能有所不同。这就需要建立真挚、忠诚、尊重、体谅和平等的夫妻关系来弥补。

4. 双方自愿、平等

进行性生活必须以双方自愿、平等为基础。在性生活上，夫妻双方并无主从之分，不能认为“妻子必须满足丈夫”或“丈夫必须满足妻子”，双方更不能抱“应付”态度。

5. 时间和频率适宜

多数学者认为，性生活最好选择在晚间入睡之前进行，以便有充分时间恢复体力；性生活的次数应该适当掌握，至今虽尚无统一标准，但应以性生活次日夫妻双方均不感到疲倦甚至觉得身心舒适、精神愉快为适宜。

6. 注意非语言交流

性生活中的非言语交流，是一种无声的信息传递，可使性生活更富有想象力、感染力，给人以含蓄美的享受。

（1）拥抱、接吻、含情脉脉的目光、缠绵的低语，都在发出求爱的信息。

（2）当妻子拥抱你更紧或者身体更贴近你时，表示她需要你更强的刺激，当她缓缓推开你时，你也应该识趣。

（3）预先规定好暗号，比如双方可以手掌相贴，根据对方在掌心上用力的大小，来调整性行为的姿势和幅度。还可以事先拟定一个女方高潮来临时的性暗号，这样既迅速又准确地把握女方的性高潮，从而双双进入高潮期，达到性生活的最大美满。

7. 善于排除心理干扰

心理平衡、互相信任、真诚相爱，是性生活和谐的首要心理因素，排除心理干扰，至关重要。这必须首先做到双方心理上的平等。

选择适宜的环境是排除心理干扰的重要途径，如卧室安静，白天有窗帘使室内光线柔和，晚间用小度数灯光，床铺应舒适，床上用品要干净，尽量选用自己喜爱的款式和颜色，等等。

第18章

用心经营婚姻后花园，让婚姻保鲜如初

婚姻是爱情的延续

人们常说“婚姻是爱情的坟墓”，意思是说进入婚姻后的男女，爱情最终会死亡。婚姻果真是爱情终结的“杀手”么？非也。爱情的产生与消失有其复杂的原因，但并非是婚姻扼杀了爱情；而是爱情以婚姻的方式走入现实的生活。

对爱情的理解，虽然人各不同，但爱情是一种激情，是普遍公认的事实。男女结婚，成为夫妻，同吃同住、同床共枕、两情相悦、恩爱缠绵。俗话说“一夜夫妻百日恩”，事实上许多夫妻结婚时间越久，夫妻感情越浓。那么，为什么仍然有许多人认为“婚姻是爱情的坟墓”呢？持这些观点的人，其实是忽视了一个爱情哲理：爱情之花需要经常喷水、施肥，不然，它会逐渐枯萎，直至死亡。如何给爱情时常喷水、施肥呢？简言之：爱，关心，呵护，帮助。

1. 家庭和睦的先决条件是夫妻恩爱

在家庭中，有不少关系类别，如夫妻关系、父子关系等。每一种关系都

很重要，但是各类关系的主轴是夫妻关系。有人认为妻子可以再嫁，丈夫可以再娶，但他们的父母却不能再换，所以为了孝顺而舍弃夫妻之情。可到头来，也许最后还是苦了自己的父母。有人为了子女的将来，不惜夫妻两地分居，最后导致家庭破裂。其实，夫妻关系是任何亲情关系都不可取代的。

2. 家庭无可取代

分析目前很多家庭不幸福的主要原因，是夫妻双方认识不到家庭的重要性。不少人认为工作比家庭重要，结果夫妻感情日渐枯竭；不少人认为客户比子女重要，结果亲子关系横逆日生；不少人认为赚钱比婚姻重要，结果家庭关系濒于破裂。而那些深谙家庭重要性的人，则想方设法都要安排出更多的时间给家里人，他可能因此而失掉不少赚钱的机会，但得到的是全家人的欢乐相聚。

3. 培养良好的情绪

培养良好的情绪，目的不是不许家人发脾气、闹情绪，而是要让每个人学会何时哭、何时笑、如何哭、如何笑。拥有幸福家庭的人通常活得很轻松，可是却不放肆。谁都可以发泄情绪，却不能沦为“情绪化”，因为极端的“情绪化”很容易对他人进行人身攻击。如果家庭中出现了矛盾，大家可以坐下来讨论，不妨让一个人先讲3分钟，然后另一个人再讲。若是其中一方情绪正处于激动状态，应待稍微冷静后再谈，以免在“火头”上彼此恶语相加。

4. 避免过分纠缠“对、错”问题

其实，每个人因成长背景不同，所形成的价值观、消费观也不同，在此不必过分纠缠谁对、谁错，要学会适当地协调、让步。

美国两位婚姻和家庭顾问最近通过问卷调查，发现25个州的3 000个家庭在问卷中都提及了保持家庭和睦的六个秘诀。

1. 自我克制

任何和睦家庭中最关键的因素与其说是时间、精力和感情的投入，不如

说是自我克制精神。每个家庭成员都要努力使自己的家庭成员富裕和幸福，并且悉心将家庭维持下去。

2. 共度时光

当1 500名儿童被问及“你们认为怎样创造一个幸福的家庭”时，他们不列举金钱、汽车或好房子，他们的回答是：“在一起做些事。”

和睦家庭的成员都同意这个观点，喜欢花很多时间在一起工作和娱乐。“做什么并不重要，”他们认为，“关键是要在一起共度美好的时光。”

3. 互相欣赏

渴望被人欣赏是人类最基本的心理需求之一，有的夫妇正是用互相欣赏的做法改变了他们的生活。“我们在婚姻上过早地陷入了一种困境。”一位妻子认为，“部分的原因是由于我们目睹了不少夫妇常互相刻薄地挖苦对方，特别是还当着别人的面。我们也不知不觉地染上了这种恶习，不知不觉地伤害了夫妻感情。现在我们使自己多看自己已有的东西，而少看我们还缺什么。”

4. 真诚交流

心理学家认为，良好的交流有助于创造一种亲密感，维护家庭的稳定。良好的交流需要花时间和反复实践才能实现。

5. 注重修养

注重自身的修养也是维持家庭和睦的重要因素。它能使我们得到别人的爱和同情心。和睦家庭的重点是在日常生活中注意塑造自己丰富的精神世界。

6. 战胜危机

和睦的家庭并非没有难题，但是他们有能力去迎接生活中必然会出现的挑战。

在一个女人的一生里，不管她爱过几个男人或者有几个男人爱过她，老公都是她生命里最重要的人。女人与自己老公的感情，是世界上最踏实的一种感情，它不但包括了在某一个时刻的怦然心动，更包括了细水长流的生活。

婚姻是爱情的归宿，是爱情之舟靠岸的港湾，而婚姻给予爱情之花有更多的条件来喷水、施肥，使爱情之花能够长久保持旺盛的生命力，如唐诗吟咏的那样："在天愿作比翼鸟，在地愿为连理枝。"

夫妻关系是家庭生活的运转中枢

有一对平凡的夫妻平淡地生活着。妻子怀孕大概六七个月的时候，有一次她弟弟找不着了。在接到她父母家的电话通知后，她不顾一切地冲出屋子四处寻找，尽管当时外面正下着大雨。丈夫惊恐地跟在妻子后面，看着她怀有身孕却拼命疾跑的背影，尽管没有说一句话，可内心充满了责怪与痛苦。还有一次，她的父亲生病了，她就丢下同样也在生病的丈夫和嗷嗷待哺的孩子，整日守在父亲身边。类似的事情很多很多。后来，丈夫提出离婚，之后找了一个似乎各个方面都不如前妻的女子结婚。他原来的妻子很不理解，丈夫就对她说：当你怀着我们的孩子拼命寻找你弟弟的时候，我有一种强烈的感受，我们爱情的结晶竟不如你那早已成人的弟弟重要；当你丢下我和孩子去照看你父亲的时候，我觉得自己、孩子在你的心目中远不如你的父亲重要；当……我忍受不了这样的生活。

一定要摆正夫妻关系在家庭生活中的位置，正是这个故事所要警告我们的，所谓夫妻关系，是指男女两人通过合法的结婚手续在性生活、社会生活和经济等方面过着共同生活的关系。在众多的家庭关系中，如父子关系、母女关系、婆媳关系、妯娌关系等，夫妻关系应该是第一位的。这首先由夫妻关系的特征所决定：

1. 夫妻双方以公认、合法的形式进行性生活，这是夫妻关系的最大特征

尽管性生活只是夫妻关系的一部分，但没有性生活的夫妻关系显然是不正常的；其他家庭关系是无法和夫妻性关系相比较的。夫妻双方以身相许，男欢女悦，因性生活的特殊亲密性而构成特别的关系，从而产生无间的信任感。而这种信任感能越过性本身而促进双方在生活上的亲密性，同时构成夫妇间推心置腹的相互依赖性。除了经常进行性生活，如果夫妻在人格上也互相敬爱，他们相互间自然会产生一种纯朴真挚的亲密感。母子之间也有亲密感，但那是因养护和依存关系而产生的，和夫妻之间的亲密感不同。夫妻间的亲密感是其他关系所不能具有的。

2. 夫妻双方在社会、经济和家庭生活中是一体的

一方的社会地位被看成是另一方的社会地位，一方的经济生活决定了另一方的经济生活。夫妻的一体性超越了父母和子女的关系。虽然现实中的夫妻未必都能做到这种一体性，但它是大家公认为合理和正确的。

3. 生儿育女、养育后代，是夫妻关系的第三个特征

一般地，养儿育女是只有夫妻关系才能完成的一种独特的共同工作。孩子的出生会使夫妻关系发生巨大的变化。多数情况下，在体验了养儿育女的甜蜜与艰苦之后，夫妻关系会更加完善。

另外，要知道，亲子关系、婆媳关系等家庭关系均是由夫妻关系派生出来的，没有夫妻关系，也就不存在其他关系。良好的夫妻关系是建立其他关系的基础：只有夫妻相爱，孩子才会在爱的家庭中长大，从父母的关系中学会什么是爱；夫妻双方相爱，才会基于对他们的责任更爱对方的家人。

可是在中国，夫妻关系似乎难以摆在家庭生活的第一位置上，总体上出于以下的原因：

（1）是否尊重和爱戴自己的家人仍然是我们很多人恋爱、择偶乃至维系夫妻关系的重要依据。就是说夫妻关系的好坏往往要靠其他关系来体现。这种情况下，夫妻一方对另一方家人的态度和行为常常成为夫妻矛盾的导火线，甚至由此导致离婚。

（2）目前仍然有许多中国的父母坚持认为，结婚的目的就是养育子女、延续香火。而望子成龙也是中国父母的人生目标。父母活着就是为了抚养孩子长大成材、光宗耀祖。于是，孩子成了家庭生活的中心，甚至有的父母自己的发展和幸福完全由孩子的发展和未来来决定。这种家庭生活中，亲子关系自然在夫妻关系之上。

（3）中国人喜欢几代同堂，尽管近年来随着经济和社会诸多方面的改革，这种家庭大大减少，但仍为不少家庭的现状。几代同堂的家庭中，家庭关系复杂，夫妻关系难以摆在首位。

那么应该如何将夫妻关系摆在家庭生活中的首要位置呢？改变人们的意识是最根本的。家庭中的每个人都应该具有夫妻关系第一的意识和观念，而且要理解夫妻关系第一并不等于不尊老爱幼，不等于忽视其他关系。其他家庭关系包括亲子关系在内，都非常重要，但都不应该是家庭关系的中心。

怎样才称得上成熟的夫妻关系

什么算是健康的夫妻关系？一般认为，健康的夫妻关系中，夫妻双方都应达到以下要求。

1. 性意识成熟

对异性的认知现实化；具备较好的性生理、性心理和性关系等方面的知识；正确认识和对待性欲问题，能够进行健康和谐的性生活。

2. 情绪成熟

情绪稳定、成熟，能够自我调控、维持情绪平衡，有自信心，待人处世热情而乐观。

3. 思想成熟

思想上比较客观、现实，人生观积极向上，行为理智，能够做到相互尊重、相互理解、相互忠诚、相互宽容。

4. 社会适应成熟

性格外向，乐于交往，能妥善处理人际关系，能够为他人着想，对社会持适应、奉献的态度。

夫妻关系的健康、美满，不仅需要各自的成熟与完善化，而且还需要双方共同努力、相互适应。夫妻双方在文化品位、思想修养、道德情操等方面，原先可能旗鼓相当；也可能存在差异，此时不可轻视埋怨、独善其身，而需要相互帮助、共同提高。

丈夫心中的好妻子

萧伯纳说过："选择一位妻子，正如制定作战的计划一样，只要错误一次，就永远失败了。"人们也常说一句话："每一个成功的男人身后，总有一个伟大的女性。"而又有多少本来很有前途的青年，因为一段并不美好的爱情或者婚姻，最后走向平庸，甚至发生悲剧。可见，选择妻子对于男人来说的确是一生中非常重要的事。

新时代好女人都有哪些特质呢？男人们可以用下面几个标准来评价。

1. 独立

独立是新时代女性的特点。新时代女性有着完整独立的人格，在经济上，不依靠任何人，因为她懂得坚实的经济基础是维护自我尊严必需的。通过经济的独立，她享受着获得成就的满足感；在精神境界上，她不是某个男人的附属品，而更加具有自我意识，她们追求自我的价值、自我的目标。虽然拥有一个幸福的家庭还是不少女性的追求，但是有些成熟的女性已经不再会为不爱自己的男人流泪，也不会因为男人的承诺而用一生去等候。新时代的独立女性只相信自己。

2. 宽容

新时代的女性更具有包容心，她们懂得尊重别人的选择，也认同别人的生活方式，她们允许不同生活理念的存在。她们的心胸比以前更加开阔，她们懂得大千世界无奇不有，奇闻怪事出现又有什么关系？世间万象，本来也没有对与错的绝对概念。每个人都有自己往高处走的方法，也许道路不同，但最终还会站到同一个制高点上。

3. 自信

自信是女人的魅力，自信的女人一定美丽。自信的女人相信超越男人的方法，不是把他们压迫在自己的霸权之下，而是活得跟他们一样地舒展；自信的女人不会整天向男人发出战书，或者摆出一副“皇帝轮流坐，今年到我家”的进攻态度；自信的女人不会整天张狂霸气，她们自信但不自大，她们永远相信自己，对自己充满信心。

4. 美丽

女人天生爱美丽，这一点是不变的，也不应该变。美丽的女人不一定天生丽质，但肯定知道如何装扮自己。新时代的女性懂得让每一天的心情跟着衣妆一起亮丽起来，她们美丽着，不为取悦男人，不是虚荣的表现，而是热爱生活与维护自尊的表达，是对生活表现出的极高自信。

5. 果断

新时代的女性总是充满创新精神，她们对工作非常积极认真，行事干练果断，绝不拖泥带水。若发生纠纷，只对事不对人，没有自满，不因循守旧，重视创造性。

6. 旺盛的精力

旺盛的精力一直是男人的优势，现代化的劳动强度其实并不亚于前工业

时代的劳动强度，脑力的角逐背后有着体力这头看不见的小狐狸。优秀的现代女性，其生活方式中一定包括了强健身体，健身像维生素一样重要。聪明的女人会懂得放弃，放弃那些需要付出体力、精力又没有多大意义和价值的事务。

7. 时时充电

身处日新月异的科技世界，不进则退。新时代的好女人明白这点，所以她们不断充实自我，提升自我的知识和技能。她也许没有天生的优势，但绝对相信后天的创造。她们比男人更加努力进取，不是对自己没信心，而是比男人更有雄心。所以，男人开始有紧迫感。

除此之外，勤俭、心灵手巧、能说会道、温顺斯文、富有修养等特点也是评价一个好女人的重要方面。

妻子心中的好丈夫

你知道妻子最想要一个什么样的丈夫吗？怎样才能让妻子更欣赏你呢？了解妻子眼中的好男人，是有效改善夫妻关系的第一步。

1. 男人要能拿主意

女人很懒，所以有些时候不愿在事情的决定上费脑子——反正不关乎自己的美貌，何必费神影响心情呢？因此有主见的男人也就成了妻子的依靠，而且女人再强也希望被男人所呵护、所疼爱。所以作为一个男人，就需要对生活、对未来有自己的主见，有自己的人生目标，并逐渐地使自己强大起来，从而成为妻子的依靠。男人就要有男人的个性，男人有主见，就会安排好一切，让妻子不烦心。

2. 男人要尊重妻子

因为各种原因，男女真正的平等是做不到的。所以男女平等，更在于男女之间如何相处，一个懂得尊重女性的男人是值得妻子信赖的。你因为阳刚之气十足，当然可以有点“大男子主义”，但却不可以独断独行，要设身处地地为妻子着想，不让妻子受委屈，把妻子放在与你平等的位置看待，这样的男人妻子才喜欢。

3. 男人要有阳刚之气

有人说奶油小生是女人的偶像，但没有人说他们是女人的结婚所爱。女人们都比较喜欢具有男性气质、阳刚气十足的男人。如果身边的男人比她还具有“女人味”，娘娘腔十足，做事忸忸怩怩，举止女里女气，这会让妻子们觉得十分痛苦。这样的男人，女人不仅是瞧不起，简直就是想躲得远远的，一辈子都不要见到他！

4. 男人要有温柔情怀

温柔的男人也是女人眼里的理想对象，但这个温柔与“娘娘腔”可大不一样。尽管温柔是女人特有的本质，因为女人向来都是以弱者的姿态出现的。但温柔的男人应该是那种能够给予妻子极大安全感的男人，他们似乎不会侵犯女人。也就是说，温柔型的男人是女性心目中最具安全感的典型男人。和这种男人相处时，妻子不必有高度的防御心理，所以他们深受妻子的喜爱。

5. 男人要重感情

对妻子来说，感情比任何东西都重要，所以找一个重感情的男人是最重要的，当然重感情可不是滥情。现代社会的发展，女人们都有自己的工作，能够自立自强，不需要再靠男人来养活，所以经济条件、家庭背景等，都已经不再是最重要的择偶条件了。而且社会开放，人的思想也跟随着开放，外面的诱惑越来越多，如果没有真感情，就难免会动摇。所以对妻子来说，一个重感情的男人无疑是理想的对象，也是对幸福家庭的保障。

6. 男人要有自己的独特之“美”

妻子还喜欢在男人眼中俗不可耐的男人，例如：在男人的眼里，某个人

可能装模作样、俗不可耐，但是，他却意外地让妻子很容易产生幸福感。

（1）他能与妻子制造“亲密感”，不论在任何场合见面，嘴上还经常挂着使人不觉拘束的微笑，话也是圆滑流畅的。他能直觉地看出妻子的兴趣，巧妙而恰当地恭维妻子，使对方心情愉快。这样的男人，妻子怎么会不喜欢呢？

（2）这类男人对女性具有亲和力，他们往往能够体贴入微，细心周到，他绝不会指责妻子的不对，也绝不会说出有损夫妻感情的话。

男人要满足妻子小小的愿望

我们都有实现愿望的经历，那是愉快而美妙的心灵体验。为你爱的人，你的妻子实现一个小小的愿望，你也会感到快乐。满足妻子的小愿望不会花费多少金钱和时间，却可以表达你对她浓浓的情意。她的愿望也许是阳台上的一盆花，一个有你陪伴的安静而美丽的黄昏，一顿你们一起做的晚餐。男人应该知道妻子正期待着什么。如果你不知道，不妨婉转地问问她，再去为她实现。

马文是数学教员，做任何事都像对待数学公式那样，一板一眼。妻子是音乐教师，她的性格就像一串流动的音符。他们走到一起是受互补原则的影响，妻子喜欢他的“沉默是金”，他喜欢妻子的活泼好动。

生活在他面前就是一道数学公式，他每天都有周密的安排，然后按部就班地去做每一件事。虽然妻子心血来潮时会给他制造些“意外”，但这些“意外”并没有打乱他的生活。

周末，妻子充满期待地问他：“你有什么安排？”

“有两个讲座，我得参加。你想做什么？”他问。

“我想有什么用，你的时间又不肯分给我。”妻子以前也常这样抱怨，但这次，她落寞的眼神让他觉得自己真的做错了。

参加完讲座回来，一张音乐会的海报吸引了他。妻子很喜欢听音乐会，怪不得她那天那么失望呢。谈恋爱时他们听过两次，不幸的是他都睡着了，后来就再也没听过。他突然意识到自己为妻子做得太少了。

买了两张票，他兴冲冲地回家，献宝似地递到妻子面前："下周的，我提前约你，不能负约哟。"妻子兴奋地拥抱了他。那些天里，妻子特别开心，对他也格外地好。

什么是幸福呢？这就是吧。自问自答之后，他开始留意妻子的下一个愿望了。

妻子有时候就像个孩子，她抱着一个空盒子来到你面前，等着你把为她实现的愿望放进去，眼里全是期待。你每放一次，她都会对自己说：看，他是爱我的，他对我多好。她担心爱会疏远，所以需要不断地证明。男人每满足她一个小小的愿望，就是"你爱她、你在乎她"的凭证，是你在向她表明：我正跟随着你的愿望，和你肩并肩走在一起。而为了体察妻子的心意，男人会更关注妻子的生活，主动去了解她。这样，夫妻间的交流又会进一步加深。

列一张单子，写上妻子希望你为她做的事，随时发现，随时补充，每隔一段时间就去给她一个心灵安慰。持之以恒，你会看到生活的改观，也会在不知不觉中，成为一个体贴妻子的好老公。

体贴是很现实的事，越现实的体贴，越能使爱人感受到温暖。男人们要了解这一点，女人虽然浪漫，但还不至于浪漫到无边无际，在生活中的大部分时间里，她们是很现实的，更关注眼前的生活。老公的体贴也要贴近生活，满足她一个小小的愿望，是男人体贴妻子的好方式。

男人取悦妻子的最高心理法则

与女性相处的最高法则，就是要极大限度地表示你的关怀。这样你们的

相处就能变得愉快而轻松。本着这一目的，男人可以采纳下列15种方法。

1. 尝试一下赞扬她

告诉她，你喜欢把她的一张近照放在相夹里，给工作单位的同事们看，因此要为她拍摄几张静坐的照片。拍照时，让她多换几件衣服，然后看看你最喜欢哪几张。这种信息会使女人认为："他想让每个人都知道我是他的妻子，他一定认为我很漂亮，否则，他不会这么干的。"也可以在下一次你们和另一对情人在一起时，在他们面前赞美你的妻子，她可能会不好意思，但内心里她会喜欢。记住，当一句赞美的话是当着另一个人的面说时，会产生三倍的效果。

2. 特意为她买些特殊的礼品

去超级市场买一些她喜欢的食品和花儿，带回家，告诉她，你想让她把花插在她的床边，今晚轻轻松松地躺在床上，吃她心爱的糖块、看她心爱的杂志。

3. 圈住你们约会的日子

买一本日历，任选4天圈起来。告诉她计划在这些日子里，你与她有一个个特殊的晚上。买票去听音乐会或看戏，外出过夜，要尽量提前选定日子，使你有足够的时间做好一切准备。女人喜欢你只为你们俩拥有的这个晚上，未卜先知就已经得到一半欢喜。

4. 让她觉得你是真的关心

比如在星期五晚上，把一身干净衣衫和一张纸条放在她的枕头上，写上："恳请你从现在起愿干什么就干什么，或上街逛商店，或游戏都行！家务全部留给我。"

5. 偶尔来点激情动作

当你俩一起走到门口时，你乘其不备，突然把她抱在怀里跨过门槛。当她不知所措地笑着问你干什么时，告诉她你在抱你心爱的新娘过门槛，因为，你比结婚时更爱慕她。

6. 制造一些温馨的细节

等到百货商店削价甩卖床单、枕套、桌巾等家庭生活用品时，买一些纯棉质地的床上用品，包括底下铺的、上面盖的和枕套等，悄悄地把它们放在床上；可能的话，把一件丝织睡衣盖在她的枕头上。你就等着享受那天晚上她上床来给你满足吧。

7. 抽出一天时间给她

从繁忙中抽出一天时间给她，这将真正证明你爱她。告诉她，你这一整天都是她的。叫干啥就干啥，包括帮她一起做家务，或散步、上街，要提前作出决定，这是给予，也是接受。

8. 公开展示你的爱

如果你俩一起出入公众场合，你要拉着她的手，吻她，用手臂搂着她的肩，向世人显示你喜欢和她亲近。

9. 给她一个泡沫浴

买点芳香泡沫剂，晚上为她准备好热水，在淋浴间放一些蜡烛。不要电灯，帮她洗完后，再给她说一些轻松愉快的情话。

10. 一起出去下馆子

安排一次和她吃午餐的约会。你从百忙中抽出时间约她吃午餐，会使她有与众不同的感觉。如果你告诉她，你已把约会时间写在你的约会日历上，这会使她觉得自己更重要。

11. 给她送一件出人意料的礼物

把一件礼物或一束花，出人意料地送到她的办公室，让她的同事知道，有个人深深地爱着她。对女人来说，这就是浪漫。为了令她吃惊一场，你还

可以把玫瑰花瓣或别的芳香的花放在她的洗澡水中，她会乐意描述你当时所说的话，并且在你以后的生活中，一直这样做。

12. 在月光下散步

告诉她，你更愿意和她一起做一次美好的长时间的散步。手拉着手，对着星星发誓，给她一个深深长长的吻。

13. 登广告表示你的爱

在一家地方报纸的个人栏目里登一则广告，告诉她你爱她，在你的生活中，她占据着举足轻重的地位。

14. 一同参加社会活动

例如，同她一起参加舞蹈学习班、电脑学习班、健美学习班等。开始，你的热情也许没那么高，但是，从一个晚上两个人一起出去这一点看，就有回味无穷的快乐。你愿意单独和她在一起做事这个事实本身就使她高兴。

15. 安排一次出远门

如果你们从来也没有外出旅行过，不妨尝试一下这种无与伦比的办法——度假。通常旅行社会带你们到有异域情调的地方买东西和观光，这是一种理想的度假方式，回来后你们会比离开时更相爱。

已婚女性的七大心理误区

女人的一个共性就是重爱情，爱情引领着女人尤其是少妇们的精神生活。情感生活和谐，女人自身、女人与男人乃至人与自然的关系才会和谐，才会感觉到幸福与愉悦。然而，更多情况下，女人为情所困，不仅怀春少女如此，已婚女性也不例外。许多已婚女性没有找到应对婚姻生活的积极、合理、有效的生理、心理及行为模式，并且在认知上存在种种误区，从而导致了各种不同程度的“为夫妻感情所困”。

1. 误区一：结婚了就什么都定型了，不用再在男女问题上费神了

很多已婚女性认为，结婚了他就是自己的了，为自己服务是理所当然的，不用再去经营双方关系了。其实这是一个心理误区。结婚不是爱情的终点和坟墓，而是爱情的现实满足方式。把一切视为应该或必需的想法，无疑会把动感的生活“定型”，使其僵化，使夫妻双方都因结婚而失去自我。要记住，天下没有什么事情是“应该”的。婚姻需要经营。

2. 误区二：夫妻之间无需敬待，说话可以无所顾忌

有些已婚女性无意中把丈夫当成了孩子、动物或机器，不懂得尊重或者不够尊重丈夫，说话肆无忌惮。有一对夫妻，丈夫的哥哥曾经因外遇而离婚，妻子就经常拿此事来说三道四，还讽刺丈夫，说他们家风气不正、风水不好，并警告他不要学哥哥等等。她自己倒没把这个当回事，认为夫妻之间说什么都不过分，何况婆婆也经常这样说。然而“说者无心，听者有意”，丈夫深受其痛，最终因此和妻子断绝了关系。

3. 误区三：强加于人

很多已婚女性总是用女人的标准来要求男人，喜欢把自己的意志强加给丈夫。比如，要求丈夫必须喜欢看肥皂剧，必须喜欢抱猫咪，必须一天洗一次头发，必须一天换一件衬衫，必须……如果丈夫不喜欢多说话，她或许会说：“你怎么这样？哪个男人像你一样不喜欢交际？”如果男人喜欢多说几句话，她又会说：“你怎么这样？啰里啰唆，像个女人一样。”……结果搞得丈夫在家里感到非常有压力，体验到了太多的失败感，对妻子的感情也会越来越淡薄。此时，妻子们倒困惑起来：“这个死人怎么不喜欢回家了？怎么对我越来越冷淡了？难道是有了情人……”

4. 误区四：错误理解夫妻快乐的责任

很多妻子认为，让自己的男人快乐就是尽到了妻子的责任。其实这完全

是一种误解。男人是很容易达到兴奋点的，而且快乐、满足了之后就会找不到南北而忘记了作为一个丈夫的责任。合乎男女生理和心理特点的夫妻快乐责任分配机理是：男人负责让自己的妻子快乐，女人负责告诉男人如何才能让女人快乐。

5. 误区五：对丈夫看管太严

这是妻子的通病，就是对丈夫看管得太严，什么事都要过问，什么事都想控制，即使自己根本力不能及。有的妻子喜欢搞出丈夫的电话清单来研究，甚至亲自或雇人对丈夫进行跟踪。其实这样只能把丈夫推得远离自己，本来没问题也搞出问题来。妻子需要控制，但不要乱来，控制不了的事情就不要管它，否则换来的只是自己的惶恐不安和丈夫的冷目以对。

6. 误区六：主张“女主内，男主外”

很多妻子仍抱着传统观念不放，主张“女主内，男主外”，包办生活中所有的家务，且不论观念的对错，至少犯了固执的毛病。夫妻分工格外明确，结果丈夫在家成了闲人，事业忙的时候倒也无所谓，比如创业阶段，很多妻子为了支持丈夫而把所有的家务都承担下来，让丈夫把更多的精力投放在事业上，这很好。可等丈夫事业有成，多余的精力就放在了寻花问柳的事情上了。

7. 误区七：付出就应该得到回报

很多已婚女性，认为自己怎样对丈夫好，他就应该怎样对自己好，即付出就应该得到回报。比如，丈夫在外面有了情人，有的妻子就会这样抱怨：“当初他穷的时候，我跟他好，家里人都反对，我仍然和他结了婚。可现在他发达了，没有良心地在外面找了‘狐狸精’，把我当年的好忘得一干二净！我不想活了……”这种心理误区，很容易导致妻子的心理失衡。其实，既然选择了嫁给一个男人，就应该明白这是选择了他的一切，就应该做好承受可能不幸的心理准备，如此才不致到时候心里那么困顿。

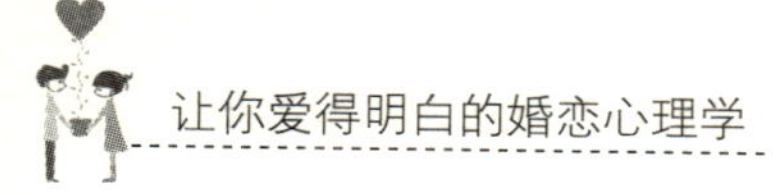

女人要适当分担男人的责任

好女人应该善解人意、通情达理，有一个温柔的胸怀，能让身心俱疲的男人在你的温柔里如沐春雨，在男人需要理解和帮助的时候，以自己柔弱的肩膀撑起男人疲惫的脊梁。

几乎天下所有的男人都怕吵，害怕女人永无休止的唠叨和抱怨，尤其是在她们很疲惫的时候，一旦这个死穴被踩到了，再有修养的人，也会抓狂变脸，要和你拼个死活。

有一个脾气很好的男人，他很善良，对人彬彬有礼，对家里也很照顾，是个尽责又有修养的好男人。

可是，就在他结婚几年后，竟然被老婆告到警察局，说他殴打她，因此向法院起诉离婚。这件事传出来，认识他的人都很诧异，心想他脾气这么好，怎么会是有家庭暴力行为的人呢？

有一天，他的一伙朋友约他吃饭，想问个明白，他闷了半天才说，他这个人什么都可以忍，就是不喜欢人家唠叨和抱怨，尤其是在他很疲惫或身体不舒服的时候。他说，他的这些死穴以前就对他的前妻说过，但他的前妻根本不把他放在眼里，当然更不会放在心里。

几乎每天他从公司一回到家，说话像九十厘米口径超级机关枪的太太，就开始抱怨不休了，从抱怨他不关心孩子到抱怨家里的杂事太多，这些话像陈年老片一样一播再播，让人听了抓狂。就这样，他的前妻总是先想到要发泄自己不满的情绪，根本没有心思去关心男人想要讲些什么。

那一天，他工作不顺被老板骂了半天，人又很疲惫，加上可能太累熬夜身体不舒服，回到家后就躺在沙发上休息，家里那台移动式的“自动机关炮”也不管他死活，看到他就开始唠叨起来，他叫她先不要吵，自己要休息一下，结果他的前妻以为他是在骂她，就火力全开，把他骂得狗血淋头，他一气之下，就出手打了她一巴掌。

事情就是这么简单，他们就因此离婚了。

男人成家后，家庭责任和社会责任两个负担在身，活得非常沉重，他们被女人和社会的眼光逼迫着，哪怕只是一朵含苞待放的花骨朵，也绝不能没有开花的迹象，他们使劲地硬撑着，做妻子的骄傲，做孩子眼里的英雄，他们要让自己像正午的太阳一样发光，燃烧自己照亮别人。即使苦了、累了也要硬撑着，有时候有苦说不出，只能往肚子里吞。难怪乎那首《男人哭吧哭吧不是罪》的歌会引起那么多人的共鸣。

其实，男人是一种表里不一的动物。当男人嘴里说着“没问题”的时候，他的腿说不定正在发抖；当男人说他挺得住的时候，也许他已经撑到了极限，轻轻一碰便会折断。身心疲惫的男人，回到家里，最需要的不是身体的按摩，而是心灵上的抚慰。

男人拖着社会责任、家庭责任、生命责任等一大堆重负在最陡、最险、最高的山坡上吃力地爬行，但很多女人从男人身上看到的只是风光，只是辉煌，只是穿着西装的风度，却没看到他们背后的无奈和艰辛，她们没有给予男人理解和关怀，却只有冰冷的抱怨和严厉的指责。

男人在外打拼了一天，好不容易回到家，全身瘫在沙发上时，聪明的女人应该知道这时候的男人是最放松、最需要休息的，因为家是他最安全最温馨的避风港和休息站，他不用再绷紧神经戴着面具，应付各种各样的人，这时的男人就像是正在充电，需要把消耗的能量补充回来，因此，聪明的女人就是要尽量让他舒服自在，这才是最到位的关怀，也是牢牢抓住男人心的最佳时机。

但是很多女人不但不能体会男人的疲惫，还要强迫男人专心扮演一个好听众，她们心里想的就是自己，自己已经憋闷了一天，所以要找人吐吐闷到臭掉的酸水。然后她们就开始喋喋不休地抱怨，“你看人家男人天天陪老婆孩子逛街散步，而你却老是看不见人影”“你看人家的生活过得多滋润，开的都是豪华轿车，再看看我们，我跟你真是倒了八辈子霉了”……连一点鸡毛蒜皮的琐事，也都要和已经累得快死掉的男人计较，男人让她们不要再说了，她们却充耳不闻，也从不关心别人的气色是否不好，非要自己一吐为快才罢休。这样的女人不但毫不通情达理，而且没有任何气质风度，很容易失去男人的爱情。

记住，责任和生活的重担不仅仅是男人的事，女人也要伸出自己的肩头，扛一扛，担一担，重担自己会减轻，麻烦定然更容易解决。逢山开路，遇水架桥，等到过了桥，上了山，常会有一片新的天地。当男人疲惫时，女人就不要抱怨，否则幸福就会毁在你的嘴巴上。

女人不要抱怨，而要多给男人一些鼓励。

1. 生活中妻子要给男人以鼓励

自古以来男人在家庭中都占有主导地位，这是不能否认的，之所以有家的存在，这是因为家是由男人和女人组成的，而男人又不可避免地成为了家庭生活中的顶梁柱。所以女人要学会在生活中给男人自信，让男人能够身板挺直。男人做了一餐极为简单的饭菜，不要只是一个微笑了事，给男人一个紧紧的拥抱，告诉他这是你吃过的最幸福的一餐。男人擦了一次地板，不要只是一句感谢了事，深深的一个热吻，告诉他自己找到了一个最贴心的男人。要男人知道自己在这个家庭中永远是必不可少的。学会给男人奖励的女人才最幸福。

2. 事业上男人需要妻子的鼓励

事业对男人可以说是极为重要的事情，家无男人不成家，男人没有事业不成气。女人要学会在事业上给男人自信。男人事业如意了，不要泼男人冷水，恭维的话是必需的，要男人能在你的支持下更上一层楼。男人事业失败了，不要冷嘲热讽，不要埋怨唠叨，鼓励的话是必要的，要男人能在你的支持下从逆境中走出来。聪明的女人懂得扶摇直上；愚笨的女人会使男人在自己的埋怨声中就此萎靡不振。学会给男人自信的女人才最智慧。

3. 交际场合中妻子要学会鼓励男人

今天男人的公司有酒会，都将携伴出席。女人要在酒会上给男人足够的

面子。要明白酒会是为何而办，要明白自己应该穿什么款式的礼服，配什么款式的首饰，化什么样的妆。你的足够美丽就是你给男人足够的面子；舞池中你的翩翩起舞就是给男人足够的面子；交谈中你的轻松自然就是给男人足够的面子……学会给男人面子的女人才最美丽。

善于满足的女人才能懂得给男人鼓励，她们知道男人身上的重量，给男人脆弱时候需要的胸怀和温柔的抚摩，给男人以鼓励和安慰，把握住彼此之间的爱。

幸福，就是用心做一些小事

什么是幸福？范伟扮演的范德彪有一句经典台词："幸福就是，我饿了，看见别人手里拿个肉包子，他就比我幸福；我冷了，看见别人穿了件厚棉袄，他就比我幸福；我想上茅房，就一个坑，你蹲那儿了，你就比我幸福。"范德彪不是哲学家，可是他说的话却很有哲理，跟哲学家说的"幸福是人的目的性自由实现的一种主体生存状态"差不多是一个道理——幸福就是人生命中一件件的小事情，这些小事有来自爱情的，有来自婚姻的，有来自子女的，有来自家庭的，有来自朋友的，不管来自哪里，都会让人在得到满足后感觉出精神上的愉悦和幸福。

男人常说，男人啊，真是世界上最累的动物，不但要参与竞争，还要承担养家糊口的重担，否则就会被说成没有男人气，被认为是不负责任的男人。所以，追求事业成功成了男人要用毕生的精力去做的事情，再软弱、无能的男人或是再鄙视金钱的男人，他也需要事业成功。倘若男人的本质是刚强的，那么事业成功会让他从骨子里变得坚强，让他真真切切地获得满足。

可是，满足归满足，满足不等于幸福。当有人问男人幸福是什么时，男人多半不会从成功谈起，相反，他们会诗意地说，幸福是成功之前自己女人给予的一声声的真心肯定和默默的支持；是年迈但却健康的父母眼中流露出

的那一丝慈祥的关怀；是遇到困难时朋友那充满力量的坚定目光；是辛苦打拼时有人给你递上的那一杯热热的苦咖啡；是给妻子买菜回家的路上顺便买的那一支玫瑰花；是回家后那个可爱的小宝贝喊的那一声“爸爸”……幸福之于男人的目标绝对是成功的事业、温馨的家庭、健康的父母、快乐的孩子和珍贵的友情，但那幸福的感觉则来源于那一件件、一桩桩的小事。

女人不像男人，女人的精神支柱是家庭以及家庭中的男人和孩子。从男人那儿她们体会着被爱着、被宠着、被疼着的幸福，从孩子那儿她们享受的是做母亲的满足以及生命在自己的呵护下一步步成长的感动。诗意的女人会说，女人的幸福是有一个可以让她哭让她笑、让她牵肠挂肚一辈子的人，并且这个人还会对她说“我不怕下地狱，我怕的是地狱里没有你”；有一个可以在孤单的时候陪伴在身旁的身影，有一个流泪的时候能为自己抹去眼泪的温柔手指，有一副累了的时候可以让自己依靠的肩膀……女人想要的幸福其实就是一个可以不大但足够温暖的家、一个自己爱，同时也爱自己的丈夫和一个有事没事就喊妈妈的孩子。看来，幸福之于女人的意义同样来源于一桩桩、一件件的小事。

“男怕入错行，女怕嫁错郎”，这句俗语似乎得到了最有力的论证——只有入对了行，只有嫁对了郎，男人和女人的幸福才能得到保障。但这也只是幸福的前提而已，入对了行的男人和嫁对了郎的女人，一生能不能真正拥有幸福，还在于能不能做好入了行、嫁了郎之后的那决定幸福的一件件小事。

张明文是个很有事业心的人，经过几年的打拼，他已经成了国内一家有名企业的业务经理。他常对妻子开玩笑：“老婆，感谢老天吧，赐给你一个这么好的丈夫。”可是，他那生孩子后就一直赋闲在家的妻子却不领情，自从孩子上了幼儿园，就总会寻机说想再去找份工作。

对此，张明文很不感冒：“这么大岁数了，别瞎折腾了，缺你吃缺你喝了？我多签一个合同就顶你几个月的工资了。”妻子却不以为然：“可是我不觉得这是幸福。我虽然没你本事大，挣的钱不会有你多，但关键时候说不

定还能给你帮上大忙呢。”倔强的妻子还是找了份工作。

不知是不是妻子乌鸦嘴，没过多久，张明文真就遇到了麻烦。新领导一上任就放话，所有的业务经理必须从业务员做起，否则走人。张明文受不了窝囊气，就递交了辞职报告。

当天晚上，张明文咬牙切齿地诉说完公司的无情后，他的妻子淡淡地说：“工作没有了，再找就是。”

妻子的冷漠有点让张明文恼火，他已经被失业压得喘不过气来，妻子却好像没事人一样！他跳了起来：“我没了工作，我们家失去了经济来源，你却那么轻松？”

妻子仍然淡淡地回答：“就凭你这么多年的锻炼和积累，找个工作还不容易？只不过是调整方向重新出发而已，我相信你的能力。”张明文的心平静了一些。

可是，他的求职并不顺利，他变得烦躁不安。好在他每天回到家里，妻子、女儿还有美味的晚餐总是一如往常地等着他，他心里很是安慰。他的妻子说：“我赚的钱足够日常开支，你耐心找工作，别委屈自己。”张明文的心情放松下来。

张明文一家的生活发生了改变，现在每天出门上班的人是妻子，而待在家里的人变成了张明文。妻子从不安排张明文做家务，只是在带女儿出门时提醒他下午按时去幼儿园接女儿。

有一天，他接女儿回家路过一家小摊，女儿说：“我和妈妈常常在这里吃面。”张明文不爱吃面，妻子做饭就从不做面条。那天晚上，他特意为妻子做了手擀面。

可是，没想到就在要把面条下锅的时候，妻子发来“要加班，不回家吃饭”的短信。他气愤至极，一下子就把面条摔在了案板上。这时，女儿说：“爸爸加班不回家吃饭，妈妈就不会生气。”他为自己没来由的怒气感到可耻，以前自己不也常常发这样的短信给妻子吗？张明文变得心平气和了，他一直等着妻子，并且陪着妻子一块儿吃了手擀面。那晚，妻子甜蜜地说：

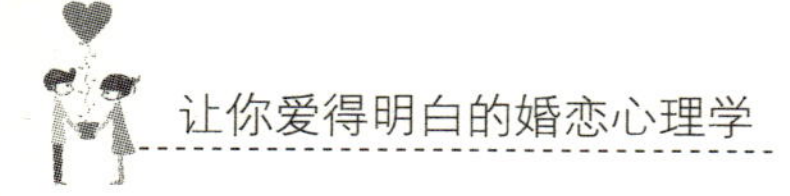

“幸福来得太多，都有点不真实了。”

张明文感慨地说：“夫妻之间并非只有大事，倒是那些微不足道的小事总能不时地让人感到温暖和幸福。”他还说：“男人不仅能从妻子身上学到从容，还能在妻子的信任中变得更加自信。就为这个，我也要感谢我的妻子，这是妻子给我的幸福。”

张明文从“甩手掌柜”变成了“家庭妇男”，妻子做了很多年的，他也认为理所应当的事，现在都转到了他的手上。他做菜煲汤，准点接送女儿；遇到妻子加班，他会到公交车站等候妻子；遇到降温，他还会顺便给妻子带件御寒的外衣……他觉得这些一直被他忽略的小事，每件都是增加他和妻子幸福感的大事。虽然，后来他重新工作后变得更忙了，但是他都会记着为妻子做些小事：抽空为妻子做顿手擀面；下班回家为妻子捎点她爱吃的水果；特殊的日子，还会给妻子买束鲜花或者巧克力……

经过那一场变故，张明文明白了一个道理：要想获得幸福，不管是男人还是女人，都要勇敢地承担起自己作为爱人的另一半、父母的子女、子女的父母、朋友的朋友等责任，并尽可能多地付出自己的理解、关爱、细心、耐心和责任心，出色地完成那组成幸福的一件件小事。

毛泽东说过，一个人做一件好事不难，难的是一辈子做好事。对于人生幸福，我们是不是可以将这句话篡改成“做好一件小事不难，难的是做好所有的小事。”

难吗？用心生活的人会认为不难，珍爱幸福的人会认为不难，渴望享受人生的人会认为不难。只有那些想让小事毁了自己幸福的人才会觉得很难。

爱是深深的理解和接受

婚姻学家认为：包容与感恩是夫妻间和睦相处的前提，更是幸福婚姻的基础。俗话说：“金无足赤，人无完人。”没有不犯错误的人，夫妻生活在

一起，如果你的左口袋里装的是包容，右口袋里装的是原谅，那么今天会在你的左口袋里收获幸福，明天会在你的右口袋里收获快乐，时间久了，身边充满着幸福与快乐。如果在你的左口袋里装的是埋怨，右口袋里装的是嫉恨，那么今天会在你的左口袋里出来痛苦，明天在你的右口袋里出来烦恼，时间久了，身边都是痛苦和烦恼了。妻子能包容丈夫的缺点，丈夫能原谅妻子的问题，这就是一种爱。

现实生活当中，经常能够看到一些夫妻为一点点的小事而吵架，有的因为爱人回家抽烟吵架；有的因为爱人挖鼻孔吵架；有的因为爱人没有做好饭吵架；有的因为爱人没有收拾屋子吵架；有的因为与爱人教育孩子有分歧吵架；有的因为爱人上床没有洗脚吵架；有的因为忘记了爱人的生日吵架；有的因为爱人没有及时看望老人吵架；有的因为爱人没有接自己下班吵架；有的因为爱人丢了东西吵架；有的因为电视遥控器吵架。生活中还能看到一些夫妻因为一点小事大打出手，闹得天翻地覆，使家庭陷入痛苦的深渊。生活中还有一些夫妻，仅仅因为一个小误会而走上离婚之路。

仔细分析这些吵架的原因，其实都不是原则上的大事，就是一些鸡毛蒜皮的小事，使得夫妻之间吵来吵去，究其原因就是夫妻之间缺乏包容与感恩。

有人经常感叹自己的婚姻没有幸福，抱怨自己的爱人一无是处，其实这都是没有包容之心造成的消极心态。如果这种心态发展下去，恐怕永远也得不到婚姻的幸福。要寻找婚姻的幸福，怨恨、牢骚、指责都没有用处，一定要学会包容与原谅。有了包容与原谅，美好的事物就会多起来，幸福也会围绕在你身边。

有这样一对夫妻，男的鼻子上贴着创可贴，女的头上缠着绷带，两个人谁也不理谁。原来前天晚上夫妻两人正在家看电视，丈夫一会儿用手挖鼻孔，一会儿用手抠脚趾。妻子在一边实在看不过去，就站起来厉声地说：“多恶心呀！你妈怎么教育你的？”丈夫一听急了，站起来大声地说：“你妈怎么教育你的？你怎么这么跟老公说话？”妻子看老公敢顶嘴，气得恼羞成怒，举起手中的遥控器就砸了过去，正好砸在丈夫的鼻梁骨上，当即鼻子出血。丈夫一看鼻子出血了，随手捡起遥控器就砸了过去，由于用力过大，正好砸在妻子的太阳穴上。“扑通”一声，妻子倒在地板上。丈夫慌了，急忙叫了救护车，这场“战争”才算结束。

妻子指着丈夫，哭着说：“这日子没法过了。坏毛病一大堆，睡觉起来不叠被子，不爱按时起床，没有时间观念，不懂女人心，也没有经济头脑，不爱说话，总之，怎么看怎么别扭，真是不可救药了。怎么办呢？这日子没法过了。”

丈夫也有委屈，满腹牢骚，说妻子太苛刻、太挑剔、太较真、太霸道了，一点也不温柔。现在幸福感一点都没有了，很苦恼。

夫妻双方究竟是怎么了？为什么没有幸福感呢？是什么问题呢？

夫妻双方都有问题。妻子的问题有三个：一是没有包容之心，眼睛里看的全是缺点，不能容忍丈夫的缺点和陋习，产生了厌烦感；二是没有原谅之心，心胸不宽广，越来越爱把不满的情绪发泄出来；三是说话刻薄，不尊重爱人，不尊重长辈。丈夫的问题是：没有良好的卫生习惯，妻子发火，自己不冷静，心胸狭窄，以怒对怒，以暴制暴，不懂得宽容妻子。

试想一下，如果丈夫看到妻子发火，就承认自己不对，妻子也就消气了。妻子看到丈夫挖鼻孔、抠脚趾很生气时，当即躲进书房、卫生间，丈夫也会领会妻子的暗示，得以改正。如果当时妻子的口气轻柔一些，诚恳地说：“为了你的健康，不要挖鼻孔，不要抠脚趾好吗？”丈夫会觉得妻子有宽容之心，会更爱她。

一位好心的邻居过来劝架，认真地对他妻子说：“难道你老公没有优点吗？”妻子说：“没有，他一点优点都没有。”邻居说：“你认真思考一下，如果他没有优点，你为什么要嫁给他呢？”邻居这一问，她冷静了一下说：“多少还有点优点，只是我想不起来了。”邻居让她用笔认认真真地写下丈夫的优点。让她吃惊的是丈夫的优点还真不少：热爱本职工作，孝敬父母，不抽烟，不喝酒，有家庭责任感，比较勤快，在外面尊老爱幼，在单位

勤勤恳恳、任劳任怨。

妻子看着纸上的优点，不好意思地说："他怎么有这么多优点啊？"心理学上就把这个现象叫作漠视倾向心理。夫妻生活在一起习惯了，优点看不到，看到的都是缺点和错误，如此下去，夫妻之间就容易产生隔阂，发生矛盾，甚至彼此反感。

夫妻之间平时要经常记着彼此的优点，这样夫妻之间遇事就不容易产生强烈的摩擦，也不会因为一点小事打架了。经过一番劝解，夫妻两人互相道了歉，丈夫表示以后一定要改掉不良习惯，遇事多忍让妻子，妻子也表示，以后一定要多多关心丈夫。

如果你是一个有心的人，就要学会睁一只眼，闭一只眼。为了婚姻幸福，家庭团结，睁一只眼看爱人及全家人的优点，脑子里浮现的就都是爱人的优点，也就有幸福感了；闭一只眼不看爱人的缺点，直到在你的眼里看不见爱人的缺点为止，你就不会对爱人失望了。

夫妻一起生活多年，难免为鸡毛蒜皮的小事生气，如何避免加剧矛盾，互相包容呢？要做到包容与感恩，记住一个字"心"就可以了。因为心里面它会容纳很多的事情。你的心态如果良好，你就是阳光的，那么你爱人在你的心里面就是阳光的，就是高大的。你的心里如果没有阳光，你就会觉得爱人哪儿都不好。

夫妻间要常怀包容之心

夫妻之间生活在一起，为了幸福与快乐，拥有包容之心很重要。要有包容之心，就要学会用放大镜看优点，把优点牢记在心。在夫妻关系上，千万不要小看放大镜的作用。聪明的人会把放大镜的倍数调高，倍数越高，看到的优点越多、越大，甜蜜感越强烈，就会从内心对配偶产生敬意、尊重。有包容心体现在两方面：一要承认性格上的差异；二要原谅爱人犯的错误。

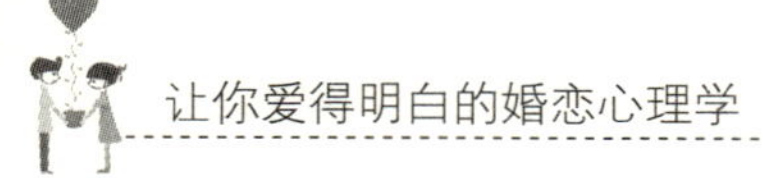

1. 要承认性格上的差异

现实生活中，性格不同的人比比皆是，夫妻也不例外。很多性格不同的夫妻，日子甜甜蜜蜜，这是什么原因呢？很简单，就是夫妻之间能互相包容，能互相原谅。幸福的夫妻，在经过数年的磨合后，逐渐懂得一个道理：在夫妻关系中，试图扭转对方的性格是非常困难的，也是徒劳的，最终会使自己筋疲力尽，痛苦难耐。

有两个好姐妹，性格都比较内向，两位的老公却都是急性子。两个女人一起聊天，大姐说："你这个大姐夫，太没男人样子了，整天唠叨，一会儿嫌我出门慢，一会儿嫌我上卫生间慢，一会儿嫌我化妆慢，一会儿嫌我做饭慢，总是说我慢。今天，他急匆匆地从楼上下来后，才发现车钥匙没带，又返回来，我正好下电梯，说：'这不是钥匙吗？'结果他还埋怨我说：'都是因为你慢，我一急就忘了。'"妹妹则慢慢地说："我老公真好，总知道让着我，我有时候梳头慢，他就静静地看着我说，慢点好，慢点我多看会儿美女。我做饭慢，他就说，做饭慢好，省得这个粥里面有沙子，省得做不熟。我出门慢，他说，出门慢好，出门慢安全，不是常说，宁停三分，不抢一秒，再快能快到哪里去呢？"

你看，情况相同的两对夫妻，一对是性格互不相融，一对是性格互补。由于他们有不同的包容心，他们过着不同的生活。

因此，有包容之心，你就要承认性格差异，因为夫妻性格完全相同的几乎不存在，急性子与慢性子各有各的好处，你认识到了性格的不同，心里就有准备去接纳对方，容忍对方，容易用自己的优点去影响对方，感化对方，这样才能达到双方性格的统一和感情的和谐。

2. 原谅爱人犯的错误

允许对方犯错误，这是婚姻美满的关键。夫妻双方哪有不犯错误的呢？夫妻之间无论谁犯了错误都不可怕，怕的是改正错误的大门被你无情地关上，婚姻幸福的大门也就无法开启了。爱人犯了错误，可以提出来，但一定要考虑爱人的心理承受能力。采取生硬、简单的办法，只会把问题激化。

一次朋友聚会，王军和朋友一起打车去的，下车后发现两人的手机都丢在车上了。这个手机已经是第三个了，是妻子前几天刚买的，王军心里觉得很不是滋味，暗怪自己太不小心了，硬着头皮走进那家餐厅。妻子她们是提前到的，进去以后，妻子就说："你怎么不接电话呢？就等你们两个人了。"王军无奈，承认说手机丢了。当时还以为妻子会当着众人的面生气，可她却说："手机丢就丢了，人不丢就行。"妻子这么一说，大家都说，你老婆真是心胸宽广，能原谅你的错误。看着妻子没有生气，王军长出了一口气。

朋友的妻子却站起来大声地说："你这人怎么总丢三落四的？跟个孩子似的，家早晚得让你败光了，气死我了。"她这么一嚷嚷，这位朋友面子挂不住了，站起来就走了。

前一段时间，王军还犯了一个挺大的错误。他整理家里的古董柜子，蹬着凳子刚一打开柜子，有一个特别好的玉器，就摔了下来。当时特心痛，同时也怕妻子生气。

结果妻子听到响声，立刻跑进来，一看玉器碎了，特别平静地说："人没摔吧？人没摔就好，东西碎了没事，岁岁平安。"此后，王军对妻子多了一份感激，感激她原谅自己的过错。

因此，为了使婚姻幸福，夫妻之间生活在一起，一定要尽可能地原谅对方犯的错误。

3. 容忍生活习惯不一样

夫妻之间有包容心就要承认差异性。人与人的生活习惯不一样，南方和北方不一样，城市与农村也不一样。既然不一样，就会有差异，如何对待差异就是一个艺术问题了。

李俊以前有一个邻居，丈夫是南方人，妻子是北方人，天天能听到他们家因为吃饭吵架。"怎么又吃馒头"之类的话每天重复多次，好像不吵就没法吃饭似的。后来他们家搬走了，又搬来一个邻居，同样，丈夫是南方人，妻子是北方人，从来没听到他们夫妻吵架。

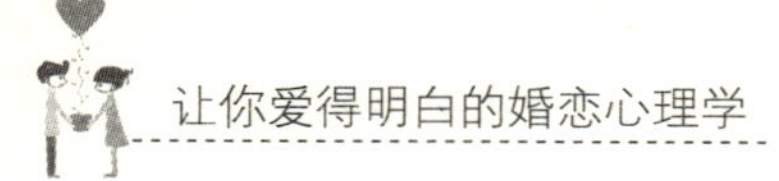

有一天李俊就问那个丈夫，你们两口子，地域有这么大的差距，怎么不见你们因生活习惯等问题闹矛盾呀？他说："男人心胸不宽广一点还行啊？她不给我做米饭，我吃馒头也挺好。我们小时候，抱着两个窝头，就着咸菜，吃饱了就不错了。现在能吃上馒头了，还挑什么呀！"

这些话很朴素，但让人听起来觉得很受启发。有时候幸福的婚姻，不是别人教给你的，也不是你去抢来的，就是通过在生活中的互相理解、互相包容、互相支持换来的，夫妻之间只要互相理解、互相包容、互相支持，那就能把幸福包容到心里面了。

为咖啡加点糖，调情是婚姻的甜点

调情，其实就是制造情趣，却向来是中国人感到难以启齿的字眼，内敛含蓄的个性使我们都爱把热情埋藏在心底，只有"举案齐眉"、"相敬如宾"才被尊为夫妻相处的典范。

中国人，特别是中国女人，忽视调情久矣，难怪鲁迅先生要慨叹，中国女人有母性没有妻性。一旦情感稳定进入婚姻，就会成为任劳任怨的家庭主妇，丝毫不懂得调情，任凭激情在单调岁月中消磨殆尽。

婚姻是一段极为漫长的岁月，从执子之手算起，一般要共同走过三十年甚至更久的时光，悠悠岁月里，真正做到相看两不厌的恐怕是少之又少。聪明的女人，应该做婚姻里的千面女郎，时刻注入新鲜感，偶尔展露出一点儿不同的风情，保管会让丈夫欣喜若狂，仿佛自己淘到了一个难得的宝贝一般。

在西方社会里，"调情的艺术"是女孩子们的必修课，其重要性远远超过经济学和企业管理。

据说，像温莎公爵夫人、杰奎琳·肯尼迪等西方名媛在幼年时，她们的母亲就开始教授、训练她们如何优雅地与上流社会的男人调情，这样的训练

也帮助她们在成年后成功俘获了世界上最引人注目的“钻石王老五”。

科学家通过研究发现，女人具有一种男性缺乏的“社交基因”，她们敏感细腻，能够迅速理解他人行为的含义，并据此作出相应的反应，女人性格中天生便具备善于调情的素质。

最让人回味的一个有关调情的故事是这样的：聪明的女人穿着性感的衣服，躺在床上等待晚归的丈夫，当满心疲惫的男人走进家门的时候，在客厅的餐桌上看到一张纸条：亲爱的，饭在锅里，我在床上。这实在是一幅令人遐想的场景，半掩的卧室门也许还泄出几缕温暖的灯光，多少的疲惫都能一扫而空，胸中涌动的是无限温柔的旖旎情思。

和男人调情时肢体语言不可少。明明在他怀里，却一边撒娇一边要他抱抱你，明明耳鬓厮磨，却咬着他的耳垂轻声细语告诉他：我是你的唯一。这样的“小动作”对于刺激情爱的作用非同小可。

比肢体语言更让男人着迷的是女人温言软语的情话，所谓精神调情。

为什么热恋时女人的一个温柔眼神都会让男人回味无穷？当你与一个异性产生一见钟情的感觉，其实就是精神调情的结果，而且这种调情比肉体上的调情产生的磁场大无数倍。精神调情的首要一点是欣赏。

调情的言语从肯定开始，谁都喜欢甜言蜜语，真诚的赞美尤其动听。如果实在拙于言语，就让肢体语言流露心中的情意吧！

不妨大大方方地直视对方的眼底，或斜眸凝睇、或频频用眼睛瞟着对方，等攫获对方的视线后，再低垂双眼，缓缓抬眼望着对方，更进一步到目光交缠，主动玩起调情的游戏。

当你欣赏一个男人时，看他的眼神一定充满魅力和柔情，这会让男人所有细胞都产生舒服、受用的感觉，继而，大脑反馈给他一个结果——他是很棒的男人，他想要征服你。当精神调情一旦发挥作用，男人就会身不由己，很快被女人的温香软玉所俘虏。

有时候女性拨拨发丝、甩甩头发、努嘴舔唇、挑起眉毛、频频点头微笑、摸着颈项胸口等小动作，都带有邀请的意味，鼓励彼此继续互动。在好

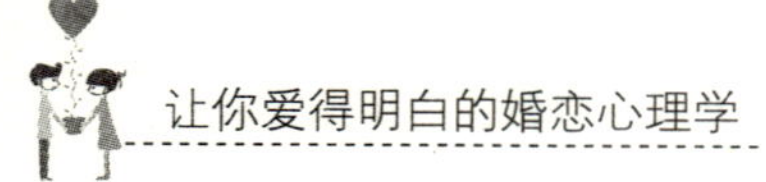

感和矜持之间，有些女性会出现抱臂、弓身、双腿紧闭的防卫动作，但好感的讯号却会从张开的手指头、放松的肌肉中流露出来。

调情，应该是搔首弄姿的最高境界，是身段、眼神、技巧的结合，是有风情而不轻浮，柔情而不矫情。想要练得一举手一投足就流露出风韵，想要眉眼神情里充满魅力，需要内涵修养来支撑，也需要岁月阅历来打磨。

调情高手也许并不需要依靠美貌，仪态语言可能是最有效的调情手段，再辅助一些精美的调情道具，就能调配出美满幸福的婚姻生活。

第19章
越“吵”越幸福，相爱一辈子的争吵秘诀

爱情也有春夏秋冬

西方婚礼上的神圣誓言就是一对夫妻对彼此一生的全部承诺：“我们永远拥有、热爱和珍惜对方，直到死亡将我们最终分开。”但是任何人都知道，这种宣誓并不能带给彼此一段美好的婚姻，幸福的婚姻还需要双方在现实中努力构建。婚姻就像是一座迷宫，重重紧闭的门，都在等待我们开启。门后面，也许是惊喜，也许是甜蜜，也许是无奈；也许是第一次经历健康危机的彷徨，也许是初次争吵的恼怒，也许是第一次迎来孩子的温馨……找到开启大门的钥匙，人们就能携手走过这座婚姻的迷宫。爱情的变化规律就是这样一把钥匙。

情侣的亲密关系就像是一座花园，想让花园枝繁叶茂，及时地浇灌并给予精心的照料是必需的。不过，作为这座花园的园丁，你必须要考虑到不同的季节、无法预料的天气以及各种植物的发展状况，灌溉才能产生好的作用。也就是说，你必须了解爱情的变化规律，满足爱在不同时期的特殊需要，否则，就可能无法使爱情之树枝繁叶茂。

1. 爱情的春天

美妙的恋爱就是爱情中的春天。在这个季节中，你对你们的未来充满憧憬，你觉得你和对方会永远幸福。在彼此的眼里，对方都是充满朝气的，也非常有吸引力，彼此充满了好奇。你无法想象你会不爱对方，一切都那么完美无缺，毫不费力。你们快乐和谐地载歌载舞，享受着生命的恩赐、青春的好运。不过，“一年之计在于春”，享受快乐的时光固然重要，但也不要忘记这是一个播种、耕耘的季节。完美的梦境总是容易破碎，你们应该用心呵护这段脆弱的感情，为美好的未来打下坚实的基础。

2. 爱情的夏天

夏天是一个成长的季节。通过春天的浪漫之火，你们开始发现对方原来并不像想象中那么完美，你的沮丧和失望也随之而来。杂草需要铲除，在烈日的炙烤之下，你们的感情更需要悉心浇灌。爱的给予和接受、彼此的敏感，已经不像以前一样明显。

你发觉，有时候你并不总有幸福的感觉，你也并不总是爱着对方，你甚至会怀疑这并不是你期待的爱。那些不切实际、幻想着爱永远是春天的情侣，开始对对方产生怨气，对目前的这段感情感到失望，甚至想到了放弃。但是，一时的困难未必是坏事，因为这证明你们正在一步步地成熟。每个人都会犯错误，在某些方面，我们的确并不尽善尽美。你们应该开始发现彼此间存在的一些问题，并且致力于改善两个人的关系。

爱，并不是一劳永逸的，也不是唾手可得的，那些挚爱就更是如此。你们需要顶着烈日劳作，你们需要满足对方的各种需求，因为这时候他更加需要你的爱。所有这些，都是需要努力才能得来的。

3. 爱情的秋天

秋天永远是收获的季节，爱情的秋天也是如此。在过去的季节里，你们悉心播种、耕耘、灌溉，所有的悉心照顾在这个季节有了回报。这是黄金的季节，能带给你们苦尽甘来的满足感。当然，并不是说这个季节的爱情已经

完美，但是你们的爱情已经成熟。你们能够理解也能接受不完美的一面，就好像你可以接受自己的不完美一样。在这个季节里，和你的伴侣分享彼此幸福的感觉，共享爱的果实，这将让你们的爱情历久弥坚。

4. 爱情的冬天

在你们爱的四季里，一定也会有严冬的到来。冬天总是意味着寒冷和贫瘠，一切都好像死气沉沉。在这个季节里，你们正处于一场悬而未决的痛苦和压抑之中，等待你们的结果亦未可知。是否能够抵抗严冬，这一切都取决于你们。这是挑战，也是机遇；这是寒冷的季节，也是休息、反省和更新的季节；这是受伤的季节，但也是疗伤的季节。在这个季节里，许多悬而未决的老问题、新问题都将光顾你们，痛苦的感觉开始涌出。你们唯一能够度过这个寒冬的方法就是相互理解、宽容并相互扶持。

相信在你们的努力之下，度过了黑暗的寒冬之后，下一个春天会再次归来。正是因为有磨难，你们的爱情才更加稳定和醇久。在这次历练之后，你们的感情将更加经得起考验。

要使你们的情感走向圆满，你就必须理解爱情存在的季节性规律。在不同的季节里，有时候爱的来临自然而然，你过多的呵护反而有“揠苗助长”的危险，而在另外一些时候，它却需要你们付出相当多的努力。不要以为你们的爱情会一成不变，不要以为伴侣永远会以最恰当的方式来爱你。针对不同时期的特点，作出适当的举动，是让你们的爱情关系永恒的关键。

是什么让两口子关系日趋紧张

1. 期待与现实的冲突

青年男女双方或一方在结婚前往往对婚姻充满憧憬和期望，以为会多么幸福、美满、浪漫又温馨，然而婚后琐碎的现实生活会让他们很失望，于是

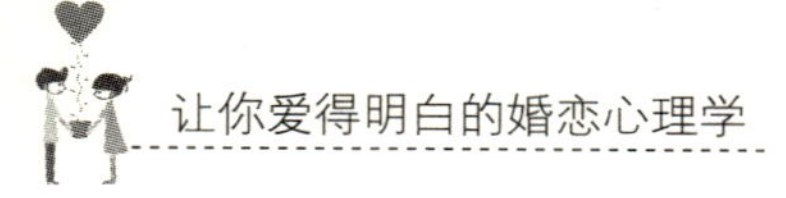

夫妻矛盾多了起来。婚前的期待越美好，婚后的矛盾就越多、越激烈。

2. 夫妻生活习惯的差异

恋爱的时候，双方通常只知道花前月下、卿卿我我，并没有在一起真正生活，也不十分了解对方的生活习惯。婚后的共同生活让生活习惯的冲突凸显出来。因此结婚头几年既是夫妻甜蜜期，也是互相适应不同个人习惯的磨合期。对于习惯的冲突，你越是注意，它们就越是显得讨厌。最好的办法是不要去介意它们，把注意力放在对方令你陶醉的优点上。

3. 财务管理问题

夫妻纠纷几乎大部分都集中在财务问题上。夫妻对待家庭财物的态度往往受各自父母的影响：如果妻子在出嫁前总是见到父亲掌管财务，尽管可能她在这方面比丈夫更能胜任，常常仍然会理所当然地把管钱的事交给丈夫；如果妻子的母亲掌管财务，结婚后妻子可能就会独揽家庭经济大权，不管丈夫愿不愿意。另外，双方的花费习惯也受原家庭的影响而有差异。总之，家庭财务管理问题是夫妻矛盾的主要根源之一。

4. 不平衡的夫妻关系

夫妻关系不平衡主要表现在中年期。到了中年期，夫妻双方发展的不平衡日益凸显，丈夫可能事业有成，妻子可能只是照顾孩子和家庭生活；或者丈夫一无所成，妻子却具有自己的追求和事业。如此一来，双方会突然发现互相之间的距离越来越远，于是心理开始不平衡，夫妻关系紧张起来。

5. 妻子的事业心

日常生活中经常可以听见妻子的抱怨，她们对充当贤内助角色不满。妻子总想发挥自己的才能，渴望有一番事业，积极追求自己的人生理想。有些丈夫支持妻子，有些却对此深感不安，于是极力反对和嘲笑妻子的愿望，结果引起夫妻关系紧张。

男人对女强人“畏之如虎”

可以说，天下男人都不喜欢“女强人”。男人之所以害怕“女强人”，并且不愿娶她们为妻，究其原因大致有3条。

1. 怕自己不如妻子，显得不像个男子汉

有一位美丽而能干的美国女士说，当她在一家银行工作一帆风顺时，引起了丈夫的不满。他认为她把他“比下去了”。另一位太太则说，她决定永远不接受可以使她比丈夫收入更多的工作，“因为那意味着他将觉得自己不那么像个男人了”。

为了不伤丈夫的自尊心，许多女士不得不放弃自己的晋升机会或有前途的职业，以避免丈夫由于在职业地位上不如自己而感到难堪。

这是已婚女人的心态，她们必须作出让步，否则可能导致婚姻悲剧。

那么，未婚者的情况又如何呢？在204名男性征婚者同时刊登于同一报纸的广告中，仅有8个要求女方“有事业心”。耐人寻味的另一情况是，在征婚女性中，每13人中仅有1人在广告中介绍了自己的经济情况；而男性中则是每100人中有73人在广告中介绍自己的经济情况。

这个情况间接反映了一个问题：男人不指望妻子的经济能力，因而也不需要女强人。

2. 对家庭劳动的畏惧

一项有权威性的调查结果表明：90%的男大学生赞成传统的家庭角色分工，认为自己的任务是养家和取得成就，妻子则负责养育子女、料理家务。但其中有一半的人赞同改良的传统方式，即妻子的道路是工作—养子女—工作。

一些男人认为，在事业上有成就的女性，必然忽略料理家务和照顾丈夫与儿女。他们还认为，专注于事业的女性会由于社会上激烈的竞争环境和工作压力而失去女性的温柔。

3. 受传统观念的影响

传统观念中关于建立美满婚姻的条件，莫过于“郎才女貌”。女人被认为不需要像男子那样靠“才”谋生，男人除了传宗接代和满足欲望外，对女子没有其他依赖。有才的女子往往被看作是非女性化的和不正常的，不守本分的。哲学家尼采甚至认为，一个女人若想研究学问，她的性别器官一定有毛病了。

这种偏见在广告中也很常见。例如，一则推销手表的广告推崇女式表的用词是“漂亮”，推崇男式表的用词才是“准确”。

总而言之，在女性解放浪潮的冲击下，男性已处于进退维谷的境地。他们既感到聪明能干的新女性是自己的好伙伴，又感到她们对于自己是个威胁，害怕失去男性享有的传统优势。无论在事业上还是家庭里都是这样。

人到中年，慎防婚姻风暴来临

夫妻关系不是静态不变的，从相识、相爱、结婚、生育子女到共度夕阳，要经过几个重要的发展阶段，而且每一个阶段都有特别需要解决的问题。如果不能较好地处理这些问题，夫妻关系就有可能提前终止。

人的中年期是指35~55岁这段时期，是夫妻关系的多事之秋。国内外统计资料表明，中年期是离婚的高发阶段。“朝如青丝暮成雪”，人到中年，多了许多对过去的追悔、对生活的感叹。社会文化、身体变化、个人发展、经济收入、儿女问题等诸多因素都有可能是中年期夫妻生活矛盾的导火线。

1. 社会变迁对夫妻生活的影响

经济的发展、社会的变迁往往会导致社会心理的剧变、家庭心理的失衡。我国新的市场经济体制及其相应的社会体制、文化观念正在形成，社会道德、家庭伦理观念也随之发生了剧烈变化。虽然中年期夫妻的心理及社会适应能力已经比较成熟，但也难免承受不住社会变迁带来的压力，产生夫妻

关系危机。

例如20世纪70年代结婚、目前仍属中年期的夫妻，当时人们的择偶和婚姻观念具有很强烈的时代色彩。那时候的青年男女择偶，首选“根红苗正”或政治思想坚定的异性作为自己的伴侣。与“工农兵”结合是当时的风尚。改革开放之后，我国经济体制逐渐转轨，西方文化逐渐渗透，人们的道德观、价值观和审美观随之改变，使今日之中年期夫妻关系变得十分复杂。以前被世人所唾弃的离婚、婚外情、未婚同居等现象越来越普遍，越来越被一部分人所接受，甚至还出现了试婚的风尚。洪流冲击之下，很多50岁以上的中年期夫妻开始反思过去，怀疑自己曾经的选择。很多人产生了“再活一次”的想法，渴望在有生之年得到自己从未有过的东西、体验自己从未体验过的生活。这成了中年期夫妻关系产生危机的一大导火线。

2. 原有矛盾的爆发和压力的释放

很多夫妻当初为了打理生活、抚养孩子和避免闲话，将一些夫妻矛盾和压力暂时搁置起来。人到中年，夫妻双方心理素质和生活能力趋于成熟，经济上有了改观，孩子也已经长大成人，于是当初积累的矛盾和压力开始爆发。将自己前半生都献给相夫教子和处理夫妻关系的女人，心中的事业种子发芽，执拗地要做些体面的事业；曾经只管打拼养家的男人，突然开始追求起家庭的温馨和男女之间的柔情蜜意。如果一方拼命地维持原有夫妻生活模式而另一方急于作出突然或者极端性的改变，或者双方的变化无法同步，将导致婚姻危机。

3. “中年期回顾和展望”心理引发的夫妻问题

到了中年，人们会出现一些生理变化，如精力下降、头发脱落、面部出现皱纹、体态臃肿等，使人有强烈的衰老意识。另外，可能已经经历了父母、家人、朋友的死亡，加强了死亡意识。这时，人们容易产生“中年期的回顾和展望”心理：回顾过去的得失，展望未来的渺茫，急迫希望在有生之年去体验和补偿自己曾经错过的一切，尝试新生活。婚姻模式僵化、矛盾比

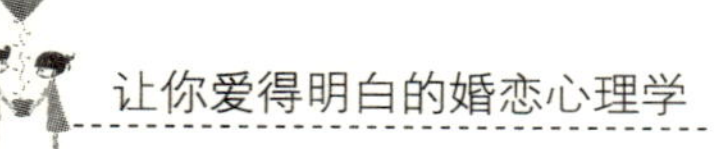

较多的夫妻不可避免地会受到“中年期的回顾与展望”心理的冲击。

4. 儿女对中年期夫妻关系的冲击

中年期夫妻的孩子多进入青春期或青年期，这对其夫妻关系也是一个冲击和挑战。进入青春期或青年期的孩子面临很多的问题，比如性问题、对异性的爱慕、性格的叛逆、考大学、择偶等。这需要父母的帮助、引导。有时候还需要忍辱负重，耗费大量的精力，还容易因此而引发夫妻矛盾。比如对孩子的教育方式、早恋问题的处理、大学的选择、择偶的标准等等方面，夫妻双方往往各执一词、互不相让，继而争吵不休。另外，孩子旺盛的活力以及对异性的渴望往往勾起夫妻对久已遗忘的梦想和曾经激情的顾念，容易产生夫妻矛盾。

在这个问题上，夫妻双方应努力避免引起感情冲突，善于与子女平等相处，学会了解子女、尊重子女，创造良好的家庭氛围。

5. 经济收入对中年期夫妻关系的影响

我国目前的中年期夫妻很多是在“文革”中长大的。文化知识和专业技能的缺乏使他们在逐渐激烈的经济生存竞争中处于弱势，很多人下岗失业。经济收入是婚姻家庭生活的保障，没有了工作收入，夫妻关系定然受到负面影响。而且，我国中年期夫妻多数“上有老，下有小”，既要照顾年迈的父母又要养育子女，使其“囊中羞涩”又“精疲力竭”，夫妻矛盾多发。研究发现，贫穷夫妻的离婚率是富裕夫妻的两倍。一些比较富裕的中年期夫妻，较高的收入也会冲击夫妻关系：物质的满足使他们追求更高层次的精神生活，于是一些人希望矫正或弥补过去的“错误”，给夫妻关系带来了阴影。双方经济收入有较大差距的情况下，夫妻关系也不稳定。比如，钱多权重的丈夫可能嫌弃老婆人老珠黄又没用，而在外面包二奶，一旦露馅，夫妻关系将不保。

6. 性生活问题对中年期夫妻关系的影响

中年期是夫妻性生活的黄金期，也是很容易出现问题的时期。男子的性

欲在一生中变化简单，大体上是在青春期达到高峰，以后随着年龄的增长而逐渐衰退。女子的性欲高低和男子不同，性欲高峰不在青春期，而是在40岁左右。女子结婚后，在夫妻生活中有了性生活经验，性欲可维持在较高水平上；但是有了孩子后，她们的精力会较多地投入家庭、孩子，以及柴米油盐等问题上，在这个阶段出现性欲的“低潮”，有时甚至会对性生活感到厌烦。处于这个阶段的男子，性欲还维持在较高的水平，常会感到“性饥饿”。女人到了40岁左右，孩子长大了，生活舒适了，终于有精力顾及性生活，性欲的高潮也到来了。在这个时期，她们对性爱有一种如饥似渴的狂热追求。而此时的丈夫因过了性欲高峰期，对性生活的艺术又不十分热衷，就会因工作忙、身体累而冷淡了妻子，久之会导致夫妻感情不和，甚至第三者插足，致使婚姻破裂。

夫妻双方要承认和正视这种生理上的“错位”，并早作准备。丈夫应注意调理身体，不要等性功能不行了，才急着看病求医。掌握合适的性生活频率，做到房劳有度。根据不同的身体情况，只要性兴奋自然而非强刺激下产生，这样的性生活就不算过度。一方有“困难”，另一方要理解和支持，在性生活上保持协调。性生活中，丈夫应该多讲究性生活艺术，千方百计地满足妻子的性欲望，使她获得最大的欢娱和享受。高质量的性生活可以弥补性交次数减少的不足。

冷战来袭，用心化解

夫妻间的冷战经常发生。冷战对于夫妻的感情非常有杀伤力，是幸福婚姻的一大杀手。聪明的丈夫懂得阻止冷战的进行，他们都是怎么做的呢?

1. 不要急躁

当不知对方沉默的原因时，会急得束手无策，这时你一定要冷静，分清对方的沉默是有意用来攻击自己，还是出于无心，不要不问青红皂白就大发脾气，迫使对方开口还击。沉默的背后隐藏着愤怒的情绪，急躁只能火上浇油，要耐心疏导，而不能操之过急，激化矛盾。

2. 不要甩手了之

有时对方也想自己打破沉默，却缺乏勇气。只有当对方要求独处一会儿时，你才可以暂时撤离。如果这时你赌气拂袖而去，会使对方产生无助的感觉，加深沉默的程度，甚至会由于你的撤离而使共同苦心营建的爱之大厦顷刻间瓦解。

3. 不用沉默对付沉默

一方沉默，另一方用沉默作为反击，这是一种相当恶劣的沟通方式。应当主动地和对方讨论如何解决有关问题，态度要诚恳，措辞要委婉。

4. 转移注意力

当一方沉默时，另一方最好能用听轻音乐、看电视等娱乐形式来转移对方的注意力，减轻其心理压力。一旦时过境迁，沉默的冰块也会随之融化。

5. 不要逼对方说话

当一方沉默时，另一方逼其说话，会造成她更沉默或发脾气。你不妨开诚布公地向对方说："我不知道做了什么错事，让你不愿和我说话。"

6. 避其锋芒

面对对方的攻击，不要正面迎头阻挡，应该采用避实击虚的方法。如果对方说："我对你和孩子都腻烦透了。"你可采用柔和的语调应答："是啊，这小东西太顽皮，我们把他送走好吗？"对方听了会吃惊，这时便容易跟对方对话了。

7. 让对方听好话

好话会使对方紧张的神经松弛下来，并能使对方想听到更多有关这方面的话。假如对方穿了一件漂亮的衣服，你就说，这件衣服很漂亮。假如邻居

曾夸对方某个优点，你就把这话转告给对方。也许对方还会提一两个问题，这样，双方就容易进行对话了。

8. 尽可能多接近对方

你不仅不能甩手就走，而且如果容许的话，可以轻轻地、充满情爱地触摸对方。如果还难以做到，那么，当你想同对方讲话时，坐得靠近些，保持双方的目光接触。如果是争吵后的沉默，通常比想象的要复杂得多，你应自责两人之间的争论。也许，双方都有某些道理。你不可能指望对方会欣然接受你的看法，除非你也愿意听取对方的意见。因此，多作自我分析，多听取对方的意见，有助于打破沉闷的气氛。

9. 学对方的话

如果你实在没招数了，不如机械一点。你试图引对方说话，对方却嚷道：“走开！烦死了！”这时有没有其他办法？办法是：重复爱人说的最后几个字，然后反问：“烦我，是吗？”对方可能会说：“是的，你就不能让我一个人清静清静吗？”你可以接着说：“你想清静清静，是吗？”你要设法让对方多说话，话不间断，对方就同你对话了。不过，说话时一定要充满情意，并有耐心。

制定吵架公约，冷战不再升级

夫妻一起过日子总会磕磕碰碰的，牙齿和舌头还打架呢，更何况是两个有思想、有情绪的人。所以夫妻之间的吵架、怄气是在所难免的，再恩爱的夫妻也会吵架。相反，那些平常不吵也不闹的夫妻反而可能不长久。在这里可以借用鲁迅的一句话，“不在沉默中爆发，就在沉默中灭亡”。

有一位已成家的男士曾经说道：“我们两个只要有一段时间不吵架就不行，因为我们所有的问题都通过吵架来解决。吵架了，你就可以把平时的不满、痛苦说出来，这样我们就可以一起去解决、去面对。哪一天我们不吵架了，那就说明我们都不再在乎对方了，因为我们连吵架的激情都没有了，这日子还怎么过下去啊！”

这位男士的话虽然有点偏激，但是却不乏道理。是啊，如果夫妻之间连架都懒得吵了，这样的日子还能继续吗？所以夫妻之间偶尔地吵吵架，不仅不会伤害感情，反而有利于双方发泄自己的不满，甚至还可以增进双方之间的亲昵感，这就叫“欢喜冤家”！

一位哲人说过，争吵是家庭夫妻生活中的一把盐，没有它婚姻便会失去许多滋味和乐趣。民间曾有不争不吵不亲热、争争吵吵白头到老的妙喻。问题是这把盐放得不多不少，恰到时候和好处确实是一门很深奥的学问，直接关系和影响到婚姻质量和家庭幸福。盐放多了整天争吵不休使人厌倦甚至有家庭破裂、夫妻双方分道扬镳的危险。

所以吵架也要讲究技巧或者说是“艺术”，处理不好很可能影响婚姻的质量。其实每一对夫妻每一次吵的事情都是微不足道、鸡毛蒜皮的小事，可是婚姻里面无小事，任何一件小事都可以成为下一次吵架的导火线。那么该怎么理智地处理这婚姻生活中必然的、挥之不去的吵架事件，从而让每一次的吵架不仅不会伤感情，反而能给婚姻“锦上添花”呢？

千万别动不动就提“离婚”两字，这是最值得注意的一点，务必谨记在心！因为这两个字的分量太重，太伤人心了，你说着说着哪天它就变成真的了，想收回都来不及。

有一对小夫妻，经常吵架，一吵架双方就开始叫嚣：“这日子没法过了，离婚！”“离就离！明天乡镇府见，谁怕谁？”小两口就这样吵了好，好了吵，每次吵架必定提到离婚，果然结婚还不到一年，曾经恩恩爱爱的小两口，就真的“离婚”了！

因为“谁怕谁啊”！如果你拼命不离婚，那你多没有面子啊，你咽得下这口“恶气”吗？其实只要他们双方有一个人能够低下头来，就不会出现那样的结局，可是他们都说顺溜了，想改口都来不及了！

此外，吵架以后女人不能动不动就离家出走或者回娘家。俗话说“夫妻

没有隔夜仇”，“床头吵架床尾和”。夫妻之间的吵架都是为一些琐碎的小事，过了一定的时间它就能自行消化、分解的，但是一旦你离家出走或者回娘家了，就等于把那些小问题带出家门了，一旦家人或亲戚朋友介入其中，那么它马上就会扩大化、复杂化！而且越多人介入，问题就会变得越复杂，越难以收场！

尤其对于一吵架就回娘家的女人，这样会让男人很为难：去接吧，又怕在丈母娘家吃闭门羹，娘家人总是为女儿着想，以为女儿受了委屈从而为难女婿；不去接吧，自己的媳妇儿不在家里总是不对劲，难免旁人说三道四的，这样的事情一旦发生在过年过节就更加棘手！

有一对夫妻，他们每次吵架，女的都跑回娘家，让男人进退维谷，所以每次的过节对他来说都是“过劫”，是一次次的劫难！最后他们离婚了！因为男人受不了女方家人的处处为难与百般数落！

清官难断家务事，解铃还需系铃人。夫妻之间的事情要靠夫妻自己去解决，除非矛盾的性质已发生变化，否则不要去投亲告友，不要向左邻右舍扩散。本来很简单的事，一经扩散就可能演变成无法逾越的障碍。

吵架没有合理的模式可参考，但只要牢牢记住以下几点吵架公约，就能预防婚姻的裂缝，让爱情在争吵中升温。

1. 动口不动手

无论发生什么纷争，都要“君子动口不动手”，做到不打人、不骂人、讲事实、摆道理，一动手矛盾就会激化，性质就会变化。

2. 避让老小

当着老人或孩子的面争吵是极不明智的，这样不但会让家中男人为之担忧，而且容易在孩子心中留下一生的阴影。吵架中还特别注意，一事归一事，千万不要拿老人或孩子出气。

3. 不提旧事

发生争论时，应就事论事，是什么问题就解决什么。不要总是“提起葫芦根也动”，上挂下连，旁敲侧面击，翻陈年老账，提往日旧事。

4. 不摔物品

有的夫妻一争吵起来就爱打砸东西，这是一种相当愚蠢的行为。有了问题就分析，然后解决问题，何必拿自家东西出气呢？再说了，摔坏的东西还要花钱买回来，既伤身体又伤财，岂不是很亏？

5. 不以拒绝性生活为惩罚

夫妻吵架后，往往几天不说话，更别提性生活了。可人体的正常生理需要却无法停止，尤其是当有一方想和好却放不下架子时，有时会希望通过身体的接触达到愿望。这时，如果另一方冷淡地拒绝，就会大大伤害伴侣的自尊心，使原本可以结束的冷战无限期地拉长。

6. 谁先认错

吵架后，双方心里都不好受，都希望能结束冷战。此时，谁先作出让步，先开口说话甚至认错，绝对会让你的伴侣欣喜，进而更加欣赏你的风度和豁达，并为自己的小气感到愧疚。所以，不要吝啬那句“对不起”，它能使吵架后的夫妻感情迅速升温。

既然婚姻里的吵架是难以避免的，那么就好好地讲究一下吵架的“艺术”吧。让“和谐”的吵架成为婚姻生活里的润滑剂，让感情越吵越深厚，爱情越吵越甜蜜，一直吵到天荒地老！

攻克危机，婚姻天长地久

婚姻中难免出现危机。夫妻双方都要对婚姻危机的出现负责。当出现婚姻危机时，双方要努力解除危机，达到夫妻双方的和谐。一般而言，可以从下面几个方面努力。

1. 婚后夫妻双方保持适当的距离

结婚之后，夫妻间应保持一种恰当的距离。莎士比亚有句名言：“最甜的蜜糖，可以使味觉麻木，不太热烈的爱情才能维持久远。”不太热烈就是说要在亲密的同时，保持一定的距离，即要亲密有间。一对夫妻，天天厮守在一起，重复着同一套生活模式，难免不生出厌倦乏味的感觉。正如赫尔岑所说：“人们在一起生活太密切，彼此之间太亲近，看得太仔细、太露骨，就会不知不觉地、一瓣一瓣地摘去那些用诗歌和娇媚簇拥着个性所组成的花环上的所有花朵。”适当的分别，有利于保持夫妻间的神秘感和新鲜感。我国自古就有“小别胜新婚”的说法。现在，有人提倡夫妻分床睡觉，既有利于休息，又会使夫妻双方保持各自魅力，让相互的爱情在若即若离、不冷不热中久远维持。而国外的一些专家也发表自己的观点，认为每周见一次面的夫妻感情最好，关系最稳定。

对于大多数夫妻来讲，要保持距离并不难，但往往难的是要保持多大的距离，这一点人们不是很确定。保持心理距离，就是让夫妻保持各自个性上的闪光点。让夫妻各自保留心中的一块自由活动的绿地，谁也不要试图挖空心思地去改造对方，而是要设法适应对方，让对方有独立的人格、独特的个性和适度的自由的生活圈。

当然，夫妻间应保持的这个距离不应太远。那么，究竟保持在什么样的程度呢？有个作家说过：“当我痛苦或迷惘时，不要让我牵不到你的手。”离开他一点距离，但别让他牵不到你的手。

2. 婚姻不需要沉默

男女双方在结婚前经常有说不完的话，每时每刻在一起似乎都觉得不够，但当结婚组成家庭后，亲密的话不知不觉变得越来越少了，夫妻之间似乎变得没话可说了，语言简练到令人吃惊的地步：“饭做好了吗？”“孩子衣服脏了！”“该睡觉了。”

在一个幸福的婚姻中，夫妻间的情话是不能少的。经常说情话可以增强夫妻沟通，一方说句笑话，或开一个玩笑，一下子就使气氛活跃起来了；表

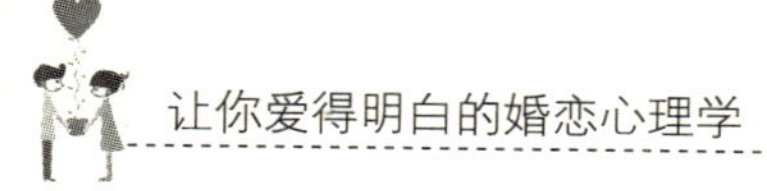

示一下亲热，说一句温柔体贴的话，立即唤起对方心底的春潮；一句抱歉和亲切的抚慰，立刻化解了对方的怨气；争论不休的问题，却因一句甜蜜的情话和温柔的爱抚而变得心平气和。

情话会产生奇妙的动力，处于冷战中的夫妻不妨试一试，肯定能使对方和自己都感到幸福！你们的生活亦会从此变得可爱起来。

3. 面对矛盾首先要容忍

婚姻生活不可能每天都美好如初，天下没有不吵架的夫妻，尤其婚姻到了一定的年限，彼此在一起待得时间久了，大家都不愿意再刻意掩饰缺点，吵架就开始成了家常便饭。

吵架刚开始时一方一定要忍耐，没有耐心是不会有幸福的婚姻生活的。夫妻矛盾是很平常的，但处理时不一定要“气壮山河”，只要在矛盾没有激化前先忍耐一下，许多矛盾自然会化解，生活会变得更加意味深长。

4. 委婉表达自己的意思

委婉是一种颇有奇效的粘合剂，是以坦诚开放的沟通来对待对方的方式。委婉意味着依赖他人，尊重他人的感受。委婉有三大要素：一是诚恳与信赖；二是意识到或注意到他人的感觉，并且给予相当的重视；三是不去利用人，占别人的便宜，而是对人关怀与体贴。

在夫妻生活中怎样做到委婉相待呢?

1. 说话不要粗声粗气

说话粗声粗气起码有三个害处：一是损害对方对自己的看法，认为自己是不受欢迎的人；二是使受侮辱的人感到愤怒；三是证明你是个粗鲁无礼的人。

2. 态度要诚恳

委婉不是“虚假的骄傲”，委婉要求夫妻双方都要心悦诚服地接受自己的缺点，不辩驳自己对问题该负的责任。委婉的态度，就是诚恳的态度，就

是要诚恳地接受对方的意见，诚恳地承认自己的错误，诚恳地向对方道歉。

3. 善于表达情感

夫妻之间不要刻意掩饰感情本身。有人误认为委婉便是虚伪或压抑感情，其实委婉完全不涉及爱情的掩饰和压抑。只有借助于委婉的表白和诚挚的态度来关怀体贴对方，才能建立真正亲密的关系。

4. 己所不欲，勿施于人

你想要求别人如何对你说话，你就应该如何对别人说话。

这是学会委婉的一条根本原则，离开这条原则，委婉便成为一种摆设。

5. 委婉也不等于夸张地认错

夫妻在争论中，常常可以听到一方说：“好啦，都是我一个人的错！”这种不分是非的态度，不是委婉的态度，而是一种圆滑的态度，这种态度并不能有效地改善夫妻关系。

最后，夫妻间的任何一方在作出某一决定或要求时，最好能解释原因，这样好让对方明白自己的心意，避免发生不愉快事情。

乐于享受平淡生活

有句话说得好，平平淡淡才是真，但平淡的生活往往又令浪漫的人觉得“乏味”，比如一日三餐，比如孩子老人。婚姻需要两个人用心经营，用心呵护。更为重要的是，置身于婚姻当中的人，一定要学会用感恩的眼光来看待一切，世界每天都在变，千万不能把什么都想成是理所当然的。要学会享受平淡的生活、平实的幸福，并在平淡与平实中添加一些温馨的色彩。婚姻不是索取，也不是纯粹的奉献，夫妻双方要学会在婚姻中共同成长。

细细品味，平淡的婚姻犹如一捧细沙，它也需要我们小心地珍惜与呵护。无论是抓得过牢还是过松，它都会从你指缝间溜走。

在平淡的婚姻中，夫妻如同乘一列火车观光的朋友，在旅途上，他们相互照料、相互体恤。如果给他们的爱情打分，他们的激情和浪漫程度也许只能打60分，如按婚姻的和谐持久来打分，则可打90分。他们的爱情也许永远无法建立那种爱和恨都深入骨髓的关系，可他们却能经受住各种严峻考验。你说它平俗，可它却很实用、很真实、很可靠。

夫妻间的生活犹如两盘石磨之间的磨合，不是他去适应你，就是你去适应他。你们一起经历风雨，穿越荆棘，走出沼泽，最终踏上的路是一马平川。无论是你最失意还是最成功时，你都会发现：她才是你最大的牵挂。

当你晚年站在婚姻这座围城之巅，你会自豪地发现一个不变的真理：原来平平淡淡才是真。你才是婚姻的主宰者，而你的婚姻是那么真实、那么清晰、那么叫你感动不已。

婚姻不单单是两人世界，婚姻讲求实际，就是实实在在地过日子，每天开门七件事：油盐柴米酱醋茶。在婚姻里，责任和理智是非常重要的，走过初始的“两人世界”，新婚的柔情蜜意渐趋淡化，“小天使”的即将降临人间尤其让人感到肩上的分量。于是，婚姻之舟这才算是真正驶出了港湾。

这种平淡的婚姻是值得珍惜的，它是对现实婚姻和人的情感规律的一种透彻的认识和省悟，是一种难得的豁达和乐天知命。和最爱的人相伴终生，真是非常浪漫的一件事情。

越活越年轻：更年期夫妻关系的调适

更年期是一个生理过程，是每个人必须经历的一个生命历程。

尤其是女性，如果适应得好就不会出现很明显的症状；如果自身调节不好，就会出现相应的心血管方面的问题，像血管收缩症状，一阵一阵的脸红，出大汗、烦躁，再有耐心的人，到这时往往也不能控制自己。这时候，丈夫的工作小有成就，很忙、很累，回家后不见了妻子的温柔善良，只见到

怨声怨气或大发雷霆，自然心里很不高兴。此时的妻子还很多疑，常偷偷跟踪丈夫，使丈夫产生反感。妈妈的反常，有时也影响到子女。如果是正值青春期的女儿，情绪波动也很频繁，遇到更年期的妈妈，家里会有多乱，可想而知；如果是儿子，可能对母亲更不理解。所以，更年期是夫妻和家庭关系矛盾迭起的时期，夫妻双方共同努力、调适心理是十分重要的。

1. 理解和正视更年期特点

夫妻双方首先要理解和正视这一过程中的生理与心理变化。如果双方对更年期的生理及心理变化不了解，对配偶由此引起的烦躁、猜疑、发无名火等一反常态的表现，就会大惊小怪、疑神疑鬼，甚至采取火上浇油的行动，结果使他（她）的反应越来越强烈，会产生许多不应有的矛盾。双方感情也会产生裂缝，严重的会导致夫妻关系破裂。

理解了更年期特点，在遇到配偶的更年期异常反应时，应该采取正确对策，对他（她）宽容大度，主动照顾、体贴关心，从精神到行动积极配合和帮助他（她）顺利度过更年期，之后一切就会恢复正常。

2. 需要互相体谅和关照

更年期夫妇为社会、为家庭奔波了大半生，面临退休回家安度晚年时，夫妻间更需要互帮互助、恩恩爱爱。然而，有的夫妻往往不注意调适夫妻关系，认为老夫老妻发生点矛盾没有什么大不了的，结果是越闹越糟，造成夫妻关系的不和谐，甚至破裂。夫妻恩爱、和睦相处，就能保持良好的精神状态，对身体健康大有裨益。相反，如果夫妻感情不和，整天闷闷不乐、充满忧郁，则会使体内环境失衡，导致高血压、动脉硬化、代谢障碍等一系列疾病。所以，更年期夫妻要相互体谅，相互照顾，相敬相爱。相互体谅和关照，需要感情上的充分沟通，还需要在日常生活中互谅互让。特别是一方因更年期反应而发脾气的时候，更需要另一方的谅解、帮助和体贴。

3. 利用空闲时间多干一些家务活

到了更年期，人们也大都从工作岗位上退下来了，空闲时间会相对多一些。夫妻双方可以利用空闲时间多干一些家务活，多分担一部分家庭的责任。这样做既可以解除心理上的孤寂感，减少对身心健康不利的因素，又可以增强体质，保持旺盛的精力。更重要的还在于调适夫妻关系，使之觉得对方知冷知热，家庭里有温暖感。总之，多干一些家务活可以增加家庭日常生活的情趣，融洽夫妻感情，帮助对方顺利度过更年期，使生活美满、家庭和睦。

霜叶红于二月花：夕阳之下的黄昏爱

俗话说“少年夫妻老来伴”，患难与共大半辈子的生活伴侣对一个老年人来说尤为重要。但生活伴侣不意味着可以忽略感情，老年夫妻更需要恩爱。只有这样，晚年生活才会幸福美满。以下是一些老年夫妻的恩爱艺术。

1. 彼此应常说“我爱你”

幸福美满的夫妻常用语言表达对对方的钟情和爱慕。不要认为老夫老妻说这话没多大意思。一句简单的话语，可以唤起双方对最幸福的时光的美好回忆，在不知不觉中感到神清气爽，对身体健康也大有好处。

2. 朝夕相伴

幸福的夫妻奉行“活到老，爱到老”的座右铭，总想多与对方待在一起。他们深知爱需要行动、需要时间。只有朝夕相伴，才能让对方更多地了解自己，也加深了对对方的了解，从而调节彼此间的感情和言行，使夫妻生活更加和谐、完美。老年夫妻更需要朝夕相处、互相照顾，尤其是只有老年夫妻单独生活的家庭更应当如此。

3. 相互宽容

夫妻出现矛盾是很正常的事情，但对矛盾不见得都能正确地处理。夫妻双方应该本着仁爱之心和宽容胸怀来对待，不要吹毛求疵、自寻烦恼；双方

要求大同、存小异，力求不囿于对方缺点而影响夫妻关系。家庭生活方方面面，具体而又琐碎，老年夫妻朝夕相处，难免有时意见相左，凡遇到这种情况，一定要以夫妻情谊为重，多谅解、多忍让，千万不要埋怨指责，更不应算老账、揭伤疤。

4. 相互尊重

老年夫妻不论原来职位高低、能力大小、健康状况好坏，在家庭生活中应该互相尊重和平等相待。家中有重大事情，夫妻要共同商量，耐心说明解释可能出现的分歧，不要独断专行。在子女和外人面前，要注意尊重对方，千万不要有互相贬低、批评的言行。

5. 相互体贴

随着年龄的增长，老年人的生理和心理机能逐渐衰退，自理能力也随之减弱，因此需要在生活上有人照应。

而老伴的照顾往往是最周到、最贴心的。老年夫妻要共同承担家庭义务、关怀彼此的衣食住行；当老伴身体不适时，另一方应悉心护理，积极协助治疗，助老伴早日康复；当老伴情绪不好时，另一方应予以安慰劝解。老伴才是真正的生活依靠和精神支柱。

6. 相互信任

老年夫妻的感情虽然经历了长时期的考验与磨砺，但仍需通过相互信任来加以巩固和发展。夫妻双方应当襟怀坦荡，有了疑虑要及时交换意见，认真消除误会与隔阂。在这一方面不妨学习一下伟大革命导师列宁和夫人克鲁普斯卡娅的做法：他们在共同生活中，曾制定两条“准则”，即“互不盘问”和“如果相互有意见，绝不隐瞒”。他们恩恩爱爱，既是生活上的好伴侣，又是革命事业中的好战友。

7. 相互恩爱

相互恩爱是老年夫妻巩固感情、保持身心健康的重要条件。许多老年夫妻感情不仅没有随着岁月的流逝而逐渐冷淡，反而爱更浓、情更笃，真正做到了“霜叶红于二月花”。马克思和燕妮夫妇应该是相互恩爱的楷模：他们在长期的艰苦生活中始终恩恩爱爱、相互鼓舞、相互支持，燕妮病危时，马克思在重病中去看望燕妮，双方“在一起又变得年轻起来，像是一对正在共同走进生活、热恋的少男少女，而不像一个被疾病摧毁了的老翁和一个行将就木的老妇正在彼此永远诀别”。

8. 保持和谐的性生活

健康、和谐的性生活不仅能给老年人带来身心愉悦，更是老年人身体健康和生活质量高低的重要标志，但这并不表明所有的老年人都适宜过性生活，也不表明老年人在任何情况下都可以进行性生活。

在下列情况下，老年男人不应该进行性生活：

（1）刚洗完热水澡、长途旅行归来、过度疲劳、高度兴奋、过度悲伤、没有进行局部的清洁卫生和酗酒后。

（2）多种疾病急性期、重病期的患者，患有性传播疾病如淋病等，以及感冒发热、心肌梗塞的发作期。

（3）一般认为，高血压患者出现头痛、头昏时不宜过性生活，以免引起脑血管意外。

（4）患有某些疾病或愈后，应明确身体是否能够承受性生活的负担，并应在专科医生指导下进行性生活，例如心脏病康复后。

老年人的性生活是点缀晚年生活的色彩，而不是生活的主旋律，切莫本末倒置。因为过度的性生活也是一种伤害，应该适当节制。此外，性爱的表现形式绝对不只是性交。老年人的性生活应更偏重感情需要、爱抚和依恋。多进行情感、精神上的沟通和相互满足，这也是点燃激情和维护婚姻的重要方式，是性生活的重要组成部分。